LANGUE POLONAISE

COURS

DE

LANGUE POLONAISE

COURS

DE

LANGUE POLONAISE

PROFESSÉ

A

L'Ecole Polonaise des Batignolles

PARIS
LIBRAIRIE POLONIA
3 *bis*, RUE LA BRUYÈRE, 3 *bis*

1919

BIBLIOTHÈQUE NATIONALE
R.F.
IMPRIMÉS
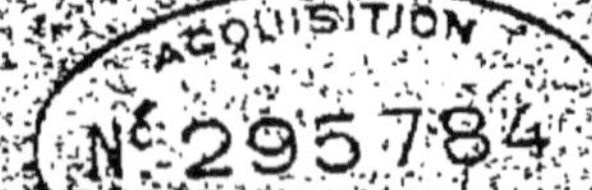
ACQUISITION
N° 295784

Première Leçon (Pierwsza Lekcya).

INTRODUCTION (WSTĘP)

La langue polonaise compte quarante-cinq sons, dont les uns s'expriment par une seule lettre, et les autres par deux ; ce sont :

A a, Ą ą, B b, B' b', C c, Ć ć, Cz cz, D d, Dz dz, Dź dź, Dż dż, E e, Ę ę, F f, F' f', G g, H h, Ch ch, I i, J j, K k, L l, Ł ł, M m, M' m', N n, Ń ń, O o, Ó ó, P p, P' p', R r, Rz rz, S s, Ś ś, Sz sz, T t, U u, W w, W' w', Y y, Z z, Ź ź, Ż ż.

Il y a en polonais six voyelles : *a*, *e*, *i*, *o*, *u*, *y*, auxquelles il faut ajouter deux nasales *ą*, *ę*, et une accentuée *ó*.

Les consonnes se divisent en consonnes dures, en consonnes molles et en consonnes demi-dures ou demi-molles.

Les consonnes dures sont amollies à l'aide de l'accent (') comme on le voit ci-dessus, ou, au milieu d'une syllabe, à l'aide de la voyelle *i*.

Quatre consonnes qu'on regarde comme essentiellement dures, savoir : *d*, *ł*, *r*, *t*, ainsi que les consonnes gutturales *g*, *h*, *ch*, *k*, ne suivent pas la règle générale de l'adoucissement.

Le tableau suivant indique l'adoucissement de toutes les consonnes.

Dures.	Molles *ou* 1/2 moll.	Dures.	Molles *ou* 1/2 moll.	Dures.	Molles *ou* 1/2 moll.
b	b' (bi)		j	r	rz
d	dź (dzi)	k	c, cz	s	ś (si)
f	fi	ł	l	t	ć (ci)
g	dz *ou* ż	m	m' (mi)	w	w' (wi)
h	ż	n	ń' (ni)	z	ź (zi)
ch	sz	p	p' (pi)		

Toutes les consonnes doubles de l'alphabet ci-dessus appartiennent à la classe des consonnes demi-molles. La consonne *dź* est molle.

En outre, il y a quatre consonnes qui sont molles ou demi-molles par elles-mêmes ; ce sont : *j*, *l* (molles), *c*, *ż* (demi-molles).

Toutes les consonnes molles, amollies, doubles et quelques-unes des lettres simples ont dans la langue polonaise un son particulier qu'il est presque impossible de représenter par la prononciation figurée. Il ne reste donc aux élèves qu'à apprendre à les prononcer de vive voix, ainsi qu'à saisir l'accent tonique qui, dans les mots composés de deux ou plusieurs syllabes, se place pour la plupart sur la pénultième ; on ne peut acquérir cette accentuation qu'en écoutant et imitant les personnes qui parlent bien.

Dans les différentes modifications des mots, les consonnes dures, suivant une loi d'affinité naturelle, se transforment, ainsi qu'on le voit dans le tableau cité plus haut, en consonnes molles, comme *d* en *dź* : *woda*, eau, *w wodzie*, dans l'eau ; *g* en *ż* : *mogę*, je peux, *możesz*, tu peux ; *g* en *dz* : *droga*, chemin, *na drodze*, sur le chemin ; *ch* en *sz* : *strach*, effroi, *straszny*, effroyable, etc.

De même que les consonnes dures se changent en consonnes molles, de même les voyelles se transforment en se substituant les unes aux autres, *a* en *e* : *siać*, semer, *sieję*, je sème ; *a* en *o* : *bać się*, craindre, *boję się*, je crains ; *ą* en *ę* : *mąż*, mari, *męża*, du mari.

Tous ces changements ont lieu dans les déclinaisons, la formation des comparatifs, les conjugaisons et dans les mots dérivés.

Maintenant on ne place plus le signe de l'adoucissement sur les consonnes *b*, *m*, *p*, *w*; mais celles-ci n'en ont pas moins un son doux à la fin de quelques mots, comme *gołąb*, pigeon ; *gap*, badaud ; *krew*, sang. Au milieu de mots, elles sont adoucies par la voyelle *i* : *gołębia*, du pigeon, etc.

Les consonnes molles *ś*, *ń*, *ć*, *ź*, suivies de la voyelle *i*, perdent leur signe d'adoucissement, parce que c'est cette voyelle qui les adoucit : *część*, partie, *części*, de la partie; *koń*, cheval, *konia*, du cheval ; *gęś*, oie, *gęsi*, de l'oie ; *rzeź*, carnage, *rzezi*, du carnage.

Les consonnes simples *c*, *ż*, et les consonnes composées *ch*, *cz*, *dz*, *rz*, *sz*, sont toujours suivies dans les inflexions des substantifs de la voyelle dure *y* : *noc*, nuit, *nocy*, de la nuit ; *straż*, garde, *straży*, de la garde ; *duch*, esprit, *duchy*, les esprits ; *ciecz*, fluide, *cieczy*, du fluide ; *twierdza*, forteresse, *twierdzy*, de la forteresse ; *burza*, orage, *burzy*, de l'orage ; *grusza*, poirier, *gruszy*, du poirier.

Les consonnes dures *g*, *k*, ne sont jamais suivies de la voyelle dure *y*, mais de la voyelle molle *i* : *ubogi*, pauvre; *słodki*, doux, laquelle sert aussi à séparer ces consonnes de la voyelle *e* qui ne les suit jamais immédiatement : *ogień*, feu ; *okiennica*, volet.

Leçon II (Druga Lekcya.

DES PARTIES DU DISCOURS

(O CZĘŚCIACH MOWY).

Les grammairiens reconnaissent dans la langue polonaise dix espèces de mots, auxquelles ils donnent les noms suivants :

1° Nom ou substantif (*Imię rzeczowne* ou *Rzeczownik*) : *ojciec*, père ; *matka*, mère ; *koń*, cheval ; *dom*, maison.

2° Adjectif (*Przymiotnik*) : *dobry*, bon ; *biały*, blanc.

3° Nom de nombre (*Liczebnik*) : *jeden*, un ; *dziesięć*, dix ; *sto*, cent.

4° Pronom (*Zaimek*): *mój*, le mien ; *twój*, le tien ; *ona*, elle.

5° Verbe (*Słowo*) : *jeść*, manger ; *pić*, boire; *spać*, dormir; *chodzić*, marcher.

6° Participe (*Imiesłów*) : *kochany*, aimé; *czytający*, lisant.

7° Préposition (*Przyimek*) : *dla*, pour ; *na*, sur ; *pod*, sous.

8° Adverbe (*Przysłówek*) : *dobrze*, bien ; *źle*, mal.

9° Conjonction (*Spójnik*) : *i*, et ; *ale*, *lecz*, mais ; *aby*, *ażeby*, afin que ; *gdyby*, si.

10° Interjection (*Wykrzyknik*) : *niestety* ! hélas ! *ach* ! ah !

On appelle ces mots les parties du discours et on les divise en mots variables et en mots invariables.

Les mots variables sont ceux dont la terminaison peut changer ; tels sont le substantif, l'adjectif, le nom de nombre, le pronom, le verbe, le participe.

Les mots invariables sont ceux dont la terminaison ne change jamais ; tels sont l'adverbe, la préposition, la conjonction et l'interjection.

Remarque. — Quoique nous ayons placé l'adverbe parmi les mots invariables, cependant en polonais cette partie du discours change dans la formation des degrés de comparaison : *godnie*, dignement ; *godniej*, plus dignement, *najgodniej*, le plus dignement.

En français, seuls quelques adverbes subissent une telle modification : bien, mieux ; — mal, pis, pire.

Leçon III (Trzecia Lekcya).

DU GENRE ET DU NOMBRE DES SUBSTANTIFS

(O RODZAJU I LICZBIE RZECZOWNIKÓW).

Les substantifs polonais ont trois genres : le masculin, le féminin et le neutre.

Tout substantif désignant un être mâle, ainsi que tout substantif terminé par une consonne dure, est du genre masculin : *sędzia*, le juge ; *stół*, la table.

Tout substantif désignant un être femelle, ainsi que tout substantif terminé en *a*, ou en *i*, est du genre féminin : *matka*, la mère ; *pani*, la dame.

Enfin, tout substantif terminé en *o*, *e* et *ę* est du genre neutre ; *pióro*, la plume ; *serce*, le cœur ; *dziecię*, l'enfant.

Les substantifs terminés par une consonne douce sont tantôt du genre masculin, tantôt du genre féminin ; l'usage seul apprendra à en connaître le genre. On désignera dans le cours de cet ouvrage le genre de ces substantifs à mesure qu'ils se présenteront.

(Ici les élèves devront trouver le genre des noms suivants) :

Chleb, le pain.	Gospodyni, l'hôtesse.	Twierdza, la forteresse.
Drzewo, l'arbre.	Droga, le chemin.	Burza, l'orage.
Cukier, le sucre.	Strach, l'effroi.	Grusza, le poirier.
Papier, le papier.	Gołąb, le pigeon.	Okiennica, le volet.
Mięso, la viande.	Koń, le cheval.	Ojciec, le père.
Woda, l'eau.	Gęś, l'oie.	Matka, la mère.
Pióro, la plume.	Duch, l'esprit.	Dom, la maison.

Le nombre est la propriété qu'ont les substantifs de représenter l'unité ou la pluralité. Un substantif qui ne désigne qu'un seul individu, qu'une seule chose, est au singulier ; ex. : *koń*, un cheval ; *siodło*, une selle ; il est au pluriel, s'il désigne plusieurs individus, plusieurs choses ; ex. : *konie*, des chevaux ; *siodła*, des selles.

Leçon IV (Czwarta Lekcya).

DE LA DÉCLINAISON DES SUBSTANTIFS

(O PRZYPADKOWANIU RZECZOWNIKÓW).

La langue polonaise n'ayant pas d'article, la déclinaison des noms se fait par le changement des terminaisons, qu'on appelle cas (*przypadki*).

Il y a sept cas en polonais ; on les appelle, d'après l'ordre numérique des nombres ordinaux, ainsi :

Le Nominatif	(Pierwszy przypadek).
Le Génitif	(Drugi przypadek).
Le Datif	(Trzeci przypadek).
L'Accusatif	(Czwarty przypadek).
Le Vocatif	(Piąty przypadek).
L'Instrumental	(Szósty przypadek).
Le Prépositionnel ou Local	(Siódmy przypadek).

Il y a en polonais trois déclinaisons pour les substantifs.

PREMIÈRE DÉCLINAISON

La première déclinaison comprend tous les substantifs masculins.

PREMIER MODÈLE (WZÓR PIERWSZY).

Les substantifs terminés par une consonne dure :
(Rzeczowniki zakończone na spółgłoskę twardą.)

NOMBRE SINGULIER (LICZBA POJEDYŃCZA).

1.	Kto?[1] Anioł qui ? l'ange	co? Kot quoi ? le chat	co? Ząb quoi? la dent	Guzik le bouton
2.	kogo? Anioł*a* de qui ? de l'ange	czego? Kota de quoi? du chat	czego? Zęba de quoi? de la dent	Guzika du bouton
3.	komu? Anioł*owi* à qui ? à l'ange	czemu? Kotowi à quoi? au chat	czemu? Zębowi à quoi? à la dent	Guzikowi au bouton
4.	kogo? Anioł*a* qui ? l'ange	co? Kota quoi? le chat	co? Ząb quoi ? la dent	Guzik le bouton
5.	o! Anie*le* o ! ange	o! Kocie o! chat	o! Zębie o! dent	Guziku bouton
6.	z kim? Anioł*em* avec qui? avec l'ange	z czem? Kotem avec quoi? avec le chat	z czem? Zębem avec quoi? avec la dent	Guzikiem avec le bouton
7.	w kim? w Anie*le* dans qui? dans l'ange	w czem? w Kocie dans quoi? dans le chat	w czem? w Zębie dans quoi? dans la dent	w Guziku dans le bouton

1) *Kto* (qui) se rapporte aux noms d'hommes, de femmes et d'êtres surnaturels; *co* (quoi), à ceux d'animaux et de choses inanimées. Ces pronoms *kto* et *co* n'ont pas de pluriel et s'emploient également avec les deux nombres.

NOMBRE PLURIEL (LICZBA MNOGA).

1. kto? Anieli, Anioły, Aniołowie les anges	co? Koty les chats	co? Zęby les dents	Guziki les boutons
2. kogo? Aniołów des anges	czego? Kotów des chats	czego? Zębów des dents	Guzików des boutons
3. komu? Aniołom aux anges	czemu? Kotom aux chats	czemu? Zębom aux dents	Guzikom aux boutons
4. kogo? Aniołów les anges	co? Koty les chats	co? Zęby les dents	Guziki les boutons
5. o! Anieli, Anioły, Aniołowie o! anges	o! Koty o! chats	o! Zęby o! dents	Guziki boutons
6. z kim? Aniołami avec les anges	z czem? Kotami avec les chats	z czem? Zębami avec les dents	Guzikami avec les boutons
7. w kim? w Aniołach dans les anges	w czem? w Kotach dans les chats	w czem? w Zębach dans les dents	w Guzikach dans les boutons

SECOND MODÈLE (WZÓR DRUGI).

Les substantifs terminés par une consonne molle :
(Rzeczowniki zakończone na spółgłoskę miękką.)

NOMBRE SINGULIER (LICZBA PROJEDYŃCZA).

1. kto? Król le roi	co? Słoń l'éléphant	kto? Wuj l'oncle	co? Piec le poêle
2. kogo? Króla	czego? Słonia	kogo? Wuja	czego? Pieca
3. komu? Królowi	czemu? Słoniowi	komu? Wujowi	czemu? Piecowi
4. kogo? Króla	co? Słonia	kogo? Wuja	co? Piec
5. o Królu!	o Słoniu!	o Wuju!	o Piecu!
6. z kim? Królem	z czem? Słoniem	z kim? Wujem	z czem? Piecem
7. w kim? w Królu	w czem? w Słoniu	w kim? w Wuju	w czem? w Piecu

NOMBRE PLURIEL (LICZBA MNOGA).

1. kto? Królowie, Króle	co? Słonie	kto? Wujowie	co? Piece
2. kogo? Królów	czego? Słoni	kogo? Wujów	czego? Pieców
3. komu? Królom	czemu? Słoniom	komu? Wujom	czemu? Piecom
4. kogo? Królów	co? Słonie	kogo? Wujów	co? Piece
5. o Królowie! Króle	o Słonie!	o Wujowie!	o Piece!
6. z kim? Królami	z czem? Słoniami	z kim? Wujami	z czem? Piecami
7. w kim? w Królach	w czem? w Sloniach	w kim? w Wujach	w czem? w Piecach

(Les élèves avec l'aide du professeur devront décliner soit oralement, soit par écrit, les substantifs du genre masculin, réguliers et irréguliers.)

Leçon V (Piata Lekcya).

SECONDE DÉCLINAISON

A la seconde déclinaison appartiennent tous les substantifs féminins et quelques masculins en *a* ; ces derniers ne suivent cette déclinaison qu'au singulier et appartiennent à la première pour le pluriel.

PREMIER MODÈLE (WZÓR PIERWSZY).

Les substantifs terminés par *a* précédé d'une consonne dure : (Rzeczowniki zakończone na *a* poprzedzone spółgłoską twardą.)

NOMBRE SINGULIER (LICZBA POJEDYŃCZA).

1. co? Cnot*a* quoi? la vertu	Drog*a* la route, le chemin	1. kto? Matk*a* la mère	Bab*a* la vieille femme
2. czego? Cnot*y* de la vertu	Drog*i* de la route	2. kogo? Matk*i* de la mère	Bab*y* de la vieille femme
3. czemu? Cno*cie* à la vertu	Dro*dze* à la route	3. komu? Mat*ce* à la mère	Bab*ie* à la vieille femme
4. co? Cnot*ę* la vertu	Drog*ę* la route	4. kogo? Matk*ę* la mère	Bab*ę* la vieille femme
5. o! Cnot*o* o! vertu	o! Drog*o* o! route	5. o! Matk*o* o! mère	o! Bab*o* o! vieille femme
6. z czem? Cnot*ą* avec la vertu	Drog*ą* avec la route	6. z kim? Matk*ą* avec la mère	Bab*ą* avec la vieille femme
7. w czem? w Cno*cie* dans la vertu	w Dro*dze* dans la route	7. w kim? w Mat*ce* dans la mère	w Bab*ie* dans la vieille femme

PLURIEL (LICZBA MNOGA).

1. co? Cnot*y* les vertus	Drog*i* les routes	1. kto? Matk*i* les mères	Bab*y* les vieilles femmes
2. czego? Cnó*t* des vertus	Dró*g* des routes	2. kogo? Mat*ek* des mères	Ba*b* des vieilles femmes
3. czemu? Cnot*om* aux vertus	Drog*om* aux routes	3. komu? Matk*om* aux mères	Bab*om* aux vieilles femmes
4. co? Cnot*y* les vertus	Drog*i* les routes	4. kogo? Matk*i* les mères	Bab*y* les vieilles femmes
5. o! Cnot*y* o! vertus	o! Drog*i* o! routes	5. o! Matk*i* o! mères	o! Bab*y* o! vieilles femmes
6. z czem? Cnot*ami* avec les vertus	Drog*ami* avec les routes	6. z kim? Matk*ami* avec les mères	Bab*ami* avec les vieilles femmes
7. w czem? w Cnot*ach* dans les vertus	w Drog*ach* dans les routes	7. w kim? w Matk*ach* dans les mères	w Bab*ach* dans les vieilles femmes

REMARQUE. — Les substantifs du *genre masculin* avec terminaison féminine en *a*, appartiennent à ce modèle pour le singulier et font leur pluriel d'après la première déclinaison. Ex. :

SINGULIER (LICZBA POJEDYŃCZA).		PLURIEL (LICZBA MNOGA).	
1. kto Starosta le staroste	Gaduła le bavard	Starostowie les s arostes	Gaduły les bavards
2.kogo? Starosty	Gaduły	Starostów	Gadułów
3.komu? Staroście	Gadule	Starostom	Gadułom
4.kogo? Starostę	Gadułe	Starostów	Gadułów
5.o! Starosto	Gaduło	Starostowie	Gaduły
6.z kim? Starostą	Gadułą	Starostami	Gadułami
7.w kim?wStaroście	w Gadule	w Starostach	w Gadułach

SECOND MODÈLE (WZÓR DRUGI).

Les substantifs terminés par *a*, précédé d'une consonne douce ou de la voyelle *i*, et les substantifs terminés par *i* :

(Rzeczowniki zakończone na *a* poprzedzone spółgłoską miękką lub też samogłoską *i*, i Rzeczowniki zakończone na *i*.)

NOMBRE SINGULIER (LICZBA PROJEDYŃCZA).

1.co? Rola le rôle	Kania le milan	Studnia le puits	ko? Gospodyni la ménagère
2.czego? Roli	Kani	Studni	kogo? Gospodyni
3.czemu? Roli	Kani	Studni	komu? Gospodyni
4.co? Rolę	Kanię	Studnię	kogo? Gospodynię
5.o Rolo!	o Kanio!	o Studnio!	o Gospodyni!
6.z czem? Rolą	Kanią	Studnią	z kim? Gospodynią
7.w czem? w Roli	w Kani	w Studni	w kim? w Gospodyni

NOMBRE PLURIEL (LICZBA MNOGA).

1.Co? Role	Kanie	Studnie	kto? Gospodynie
2.czego? Rol	Kań	Studzien	kogo? Gospodyń
3.czemu? Rolom	Kaniom	Studniom	komu? Gospodyniom
4.Co? Role	Kanie	Studnie	kogo? Gospodynie
5.o Role!	o Kanie!	o Studnie!	o Gospodynie!
6.z czem? Rolami	Kaniami	Studniami	z kim? Gospodyniami
7.w czem? w Rolach	w Kaniach	w Studniach	w kim? w Gospodniach

---

TROISIÈME MODÈLE (WZÓR TRZECI).

Les substantifs terminés par une consonne molle :

(Rzeczowniki zakończone na spółgłoskę miękką.)

NOMBRE SINGULIER (LICZBA PROJEDYŃCZA).

.co? Pieśń la chanson	Kość l'os	Twarz le visage	Noc la nuit
2.czego? Pieśni	Kości	Twarzy	Nocy
3.czemu? Pieśni	Kości	Twarzy	Nocy
4.co? Pieśń	Kość	Twarz	Noc
5.o Pieśni!	Kości	Twarzy	Nocy
6.z czem? Pieśnią	Kością	Twarzą	Nocą
7.w czem? w Pieśni	w Kości	w Twarzy	w Nocy

NOMBRE PLURIEL (LICZBA MNOGA).

1.co? Pieśni	Kości	Twarze	Noce
2.czego? Pieśni	Kości	Twarzy	Nocy
3.czemu Pieśniom	Kościom	Twarzom	Nocom
4.co? Pieśni	Kości	Twarze	Noce
5.o Pieśni!	Kości	Twarze	Noce
6.z czem? Pieśniami	Kościami	Twarzami	Nocami
7.w czem? w Pieśniach	w Kościach	w Twarzach	w Nocach

(Après chaque modèle, les élèves, aidés du professeur, devront décliner oralement et par écrit les substantifs appartenant à cette déclinaison, soit réguliers, soit irréguliers.

Leçon VI (Szósta Lekcya).

TROISIÈME DÉCLINAISON

A cette déclinaison appartiennent tous les substantifs neutres terminés par *e*, *ę*, *o*.

PREMIER MODÈLE (WZÓR PIERWSZY).

Les substantifs terminés en *o* :

SINGULIER (LICZBA POJEDYŃCZA).		PLURIEL (LICZBA MNOGA).	
1.co? Koło la roue	Słowo le verbe	Koła les roues	Słowa les verbes
.czego? Koła de la roue	Słowa du verbe	Kół des roues	Słów des verbes
3.czemu? Kołu à la roue	Słowu au verbe	Kołom aux roues	Słowom aux verbes
4.co? Koło la roue	Słowo le verbe	Koła les roues	Słowa les verbes
5.o Koło! ô roue!	Słowo ô verbe!	Koła ô roues!	Słowa ô verbes!
6.z czem? Kołem avec la roue	Słowem avec le verbe	Kołami avec les roues	Słowami avec les verbes
7.w czem? w Kole dans la roue	w Słowie dans le verbe	w Kołach dans les roues	w Słowach dans les verbes

SECOND MODÈLE (WZÓR DRUGI).

Les substantifs terminés en *e* :

SINGULIER (LICZBA POJEDYŃCZA).		PLURIEL (LICZBA MNOGA).	
1.co? Pole	Serce	Pola	Serca
le champ	le cœur	les champs	les cœurs
2.czego? Pola	Serca	Pól	Serc
du champ	du cœur	des champs	des cœurs
3.czemu? Polu	Sercu	Polom	Sercom
au champ	au cœur	aux champs	aux cœurs
4.co? Pole	Serce	Pola	Serca.
le champ	le cœur	les champs	les cœurs
5.o Pole !	Serce	Pola	Serca
ô champ !	ô cœur !	ô champs !	ô cœurs !
6.z czem? Polem	Sercem	Polami	Sercami
avec le champ	avec le cœur	avec les champs	avec les cœurs
7.w czem? w Polu	w Sercu	w Polach	w Sercach
dans le champ	dans le cœur	dans les champs	dans les cœurs

TROISIÈME MODÈLE (WZÓR TRZECI).

Les substantifs terminés en *ę*, désignant des êtres animés :

SINGULIER (LICZBA POJEDYŃCZA).		PLURIEL (LICZBA MNOGA).	
1.co? Cielę	Źrebię	Cielęta	Źrebięta
le veau	le poulain	les veaux	les poulains
2.czego? Cielęcia	Źrebięcia	Cieląt	Źrebiąt
3.czemu? Cielęciu	Źrebięciu	Cielętom	Źrebiętom
4.co? Cielę	Źrebię	Cielęta	Źrebięta
5.o Cielę !	Źrebię	Cielęta	Źrebięta
6.z czem Cielęciem	Źrebięciem	Cielętami	Źrebiętami
7.w czem? w Cielęciu	w Źrebięciu	w Cielętach	w Źrebiętach

QUATRIÈME MODÈLE (WZÓR CZWARTY).

Les substantifs terminés en *ę*, et généralement en *mię* désignant des choses inanimées :

SINGULIER (LICZBA POJEDYŃCZA).		PLURIEL (LICZBA MNOGA).	
1.co? Ramię	Imię	Ramiona	Imiona
l'épaule	le nom	les épaules	les noms
2.czego? Ramienia	Imienia	Ramion	Imion
3.czemu? Ramieniu	Imieniu	Ramionom	Imionom
4.co? Ramię	Imię	Ramiona	Imiona
5.o Ramię !	Imię	Ramiona	Imiona
6.z czem? Ramieniem	Imieniem	Ramionami	Imionami
7.w czem? w Ramieniu	w Imieniu	w Ramionach	w Imionach

(Les élèves, à titre de récapitulation, devront décliner oralement et par écrit les substantifs des trois genres.)

Leçon VII (Siódma Lekcya).

LE NOMINATIF (PIERWSZY PRZYPADEK)

Le Nominatif nomme ou énonce la personne ou la chose qui fait une action, ou qui se trouve dans quelque état, et il est toujours le *sujet* d'un verbe exprimé ou sous-entendu.

ZADANIE I.

Co to jest? Qu'est-ce?
Kto to jest? Qui est-ce?
To jest, c'est;
ale, lecz, mais;
baran, le mouton;
bardzo, très;
Bóg, Dieu;
chłop, le paysan;
chociaż, quoique;
chudy, maigre;
czasem, quelquefois;
człowiek, l'homme;
czy, est-ce-que;
ćwiczenie, le thème, l'exercice;
dla czego? pourquoi?
drapieżny, rapace;
dzień, le jour;
dziki, sauvage;
gdzie, où;
głupi, sot;
gruby, gros;
indyk, le dindon;
jastrząb, le vautour;
każdy, a, e, tout, chaque, chacun;
kogut, le coq;
koń, le cheval;
kot, le chat;
kozieł, le bouc;
leniwy, paresseux;
lew, le lion;
łagodny, doux;
mały, petit;
nieposłuszny, désobéissant;
nigdy, jamais;
nigdzie, nulle part;
opieszały, lent;
orzeł, l'aigle;
osieł, l'âne;
pies, le chien;
posłuszny, obéissant;
powolny, lent, docile;
pracowity, laborieux;
prawie, presque;
ryś, le lynx;
słoń, l'éléphant;
słowik, le rossignol;
szybki, rapide;
śmiały, hardi;
śmiertelny, mortel;
tłusty, gras;
tygrys, le tigre;
uparty, entêté;
wielki, grand;
wierny, fidèle;
wieśniak, le paysan;
wół, le bœuf;
wszechmocny, tout-puissant;
wszędzie, partout;
zadanie, thème;
zawsze, toujours;
zkąd, d'où;
zuchwały, audacieux.

(*Dnia 2 Października 18..*).

1. Bóg jest wszechmocny. — Człowiek jest śmiertelny. — Co to jest? — To jest koń, baran, kot. — Kot jest dziki. — Baran jest tłusty. — Koń jest szybki. — Wół jest paracowity. — Słoń jest łagodny. — Gdzie jest lew dziki? — Gdzie jest tygrys chudy?

2. Ryś jest zawsze dziki. Pies jest zawsze wierny. — Zkąd jest ten wół leniwy? — Zkąd jest ten pies chudy? — Baran jest zawsze tłusty. — Koń jest czasem leniwy. — Czasem lew jest łagodny. — Często baran jest chudy. — Tygrys zawsze jest dziki. — Kogut jest zawsze żuchwały, ale indyk nie jest zawsze śmiały. — Ten wół jest tłusty, ale tamten jest chudy. — Każdy orzeł jest szybki i drapieżny.

2. Czy każdy słowik jest mały? — Tak jest, prawie każdy. — Czy ten jastrząb jest wielki? — Tak jest, on jest

bardzo wielki. — Gdzie jest ten głupi indyk? — Nigdzie. — Dla czego każdy lew jest drapieżny a (et) prawie każdy osieł leniwy? — Zkąd jest ten wielki wół? — Gdzie jest ten jastrząb śmiały? — Czy ten orzeł jest zawsze zuchwały? — Prawie zawsze. — Dla czego prawie każdy indyk jest głupi? — Pies jest często nieposłuszny, ale osieł jest czasem uparty.

THÈME I.

Est-ce que? czy?
qu'est-ce? co to jest?
Qui est-ce? kto to jest?
l'aigle, orzeł;
l'âne, osieł;
audacieux, zuchwały;
aussi, także;
le bœuf, wół;
le bouc, kozieł;
ce, ten;
celui-là, tamten;
cependant, jednak;
le cheval, koń;
le chien, pies;
le coq, kogut;
désobéissant, nieposłuszny;
d'où, z kąd;
doux, łagodny, słodki;
l'éléphant, słoń;
entêté, uparty;
être, być;
grand, wielki, duży;
gras, tłusty;
laborieux, pracowity;
lent, powolny;
le lion, lew;
maigre, chudy;
mais, lecz, ale;
mon, mój;
le mulet, muł;
obéissant, posłuszny;
oui, tak;
partout, wszędzie;
le paysan, wieśniak;
petit, te, mały, a;
presque, prawie;
quelquefois, czasem;
quoique, chociaż;
rapace, drapieżny;
rapide, szybki, bystry;
le rossignol, słowik;
sauvage, dziki;
souvent, często;
le thème, ćwiczenie, zadanie;
le tigre, tygrys;
ton, twój;
toujours, zawsze;
très, bardzo;
le vautour, jastrząb.

(*Le* 5 *Octobre* 18...)

1. Qu'est-ce? — C'est un bouc, un chat, un tigre. — Le bouc est entêté, le chien est obéissant. — Le mulet est entêté. — Le bœuf est quelquefois lent. — L'âne est souvent laborieux. — Le lion n'est pas toujours sauvage. — Est-ce que le tigre est quelquefois doux? — Oui. — Le cheval est rapide et le chat est aussi rapide.

2. D'où est ce mulet lent et cet éléphant obéissant? — Le paysan est toujours laborieux. — Est-ce que le tigre est souvent doux? — Non, pas souvent. — Le rossignol est toujours très petit, mais l'aigle est presque toujours très grand. — Le bœuf quoique gros est très doux. — Le coq quoique audacieux n'est cependant pas grand. — Quelquefois mon petit rossignol est très sauvage et ton vautour audacieux est très doux. — Ce petit aigle est maigre, mais celui-là est très gras. — Est-ce que partout l'âne est lent, désobéissant et entêté? — Presque partout. — Pas partout.

ZADANIE II.

Albo, ou;
atrament, l'encre;
barszcz, la soupe aigre;
chrzan, le raifort;
cierpliwy, patient;
cukier, le sucre;
często, souvent;
czysty, propre, pur;
długi, long;
dobry, bon;
dosyć, assez;
gdy, quand;
głęboki, profond, creux;
gorzki, amer;
kiedy, lorsque, quand;
klucz, la clef;
krótki, court;
kwaśny, aigre;
mąż, le mari;
mój, mon;
nasz, notre;
natenczas, alors;
nauczyciel, le professeur;
niecierpliwy, impatient;
nieszczęśliwy, malheureux;
blady, pâle;
bo, car, parce que;
bogaty, riche;
nóż, le couteau;
nowy, nouveau;
ocet, le vinaigre;
odważny, courageux;
ojciec, le père;
okrągły, rond;
olej (oliwa), l'huile;
ołówek, le crayon;
ostry, tranchant;
pieprz, le poivre;
pilny, appliqué;
płytki, plat;
przeciwnie, au contraire;
rosół, le bouillon;
scyzoryk, le canif;
skąpy, avare;
smaczny, délicieux;
smutny, triste;
stary, vieux;
stryj, l'oncle (paternel);
swieży, frais;
szczęśliwy, heureux;
brat, le frère;
burak, une betterave;
chleb, le pain;
szeroki, large;
talerz, l'assiette;
ten, ce;
tylko, seulement;
trochę, un peu;
twój, ton;
ubogi, pauvre;
uczeń, l'élève;
waleczny, vaillant;
wasz, votre;
wązki, étroit;
wesoły, gai, joyeux;
więc, donc, alors;
wuj, l'oncle maternel;
wtedy, alors;
wtenczas, alors;
zamek, la serrure;
zeszyt, cahier;
zły, mauvais;
żołnierz, le soldat.

(*Dnia Października* 18...)

1. Co to jest? — To jest mój nóż, twój talerz, nasz chleb i wasz ocet. — Ten talerz okrągły jest głęboki a tamten jest płytki. — Czy twój ołówek długi jest dobry? —Nie, ten ołówek jest zły. — Dla czego wasz zeszyt jest zły? — Bo jest długi a wązki. — Każdy chleb jest smaczny, ale czy każdy olej jest czysty i smaczny? — Nasz barszcz jest smaczny chociaż, trochę kwaśny. — Czy twój długi i nowy scyzoryk jest zawsze ostry? — Gdzie jest wasz nóż szeroki?

2. Chociaż ten talerz jest głęboki, jest jednak bardzo mały, a tamten choć jest płytki, jest jednak dość wielki.— Dla czego ten olej (oliwa) jest zły, a ten pieprz jest dobry, chociaż gorzki?—Bo ten olej jest bardzo stary; a ten pieprz jest świeży. — Czy chleb jest także czasem kwaśny? — Tak, chleb jest często kwaśny. — Zkąd jest ten ołówek i ten zeszyt? — Czy każdy pieprz jest zawsze okrągły? — Zawsze. — Mój ojciec jest dobry. — Twój brat jest bogaty. — Ten mąż jest bardzo cierpliwy. — Nasz stryj jest ubogi.

3. Wasz wuj jest skąpy. — Uczeń, który jest pilny, jest

dobry, a ten, który jest leniwy, jest zły. — Czy twój brat jest zawsze cierpliwy, bo mój jest bardzo często niecierpliwy. — Wasz ojciec jest bogaty. — Jego (son) koń jest zawsze tłusty, chociaż trochę dziki. — Każdy syn, który jest posłuszny, jest dobry a jego ojciec jest bardzo szczęśliwy. — To jest nasz nauczyciel; jego pies jest wierny, tylko bardzo zły i chudy.

THÈME II.

Amer, gorzki;
assez, dosyć;
l'assiette, talerz;
avare, skąpy;
avoir, mieć;
la betterave, burak;
bien, dobrze;
bon, dobry;
le canif, scyzoryk;
la clef, klucz;
court, krótki;
le couteau, nóż;
le crayon, ołówek;
l'élève, uczeń;
émoussé, tępy;
l'encre, atrament;
et, i;
le fils, syn;
fort, mocny;
le frère, brat;
gai, wesoły;
le goût, smak;
heureux, szczęśliwy;
l'huile, olej (oliwa);
jeune, młody;
large, szeroki;
lequel, który, jaki;
long, długi;
lorsque, kiedy;
malheureux, nieszczęśliwy;
mauvais, zły;
neuf, nowy;
ni, ani;
noir, czarny;
notre, nasz;
où, gdzie;
pâle, blady;
paresseux, leniwy;
patient, cierpliwy;
pauvre, ubogi;
le père, ojciec;
le potage, zupa;
le professeur, nauczyciel;
profond, głęboki;
le pupitre, pulpit;
quand, kiedy;
le raifort, chrzan;
riche, bogaty;
rond, okrągły;
la serrure, zamek;
seulement, tylko;
si, tak, jeżeli;
le soldat, żołnierz;
le sucre, cukier;
tranchant, ostry;
un peu, trochę;
vaillant, waleczny;
vieux, stary;
votre, wasz.

(*Le* 15 *Octobre* 18...)

1. Où est votre serrure ? — Laquelle, la neuve ou la vieille ? — La neuve. — D'où est cette assiette ronde et profonde ? — Mon encre est presque toujours noire, et la tienne est très souvent pâle. — La mienne quelquefois est aussi noire. — Notre potage est bon, mais le vôtre est quelquefois très mauvais. — Quand le raifort est fort et amer il a un bon goût. — Le sucre est doux toujours et partout. — La betterave est aussi bien douce. — Quelle (jaki) est votre clef ? — Elle est neuve et courte. — Ma clef est vieille et longue.

2. Votre pupitre, quoique neuf, n'est cependant pas assez large ; et le mien, quoique vieux, est très large ; seulement, il n'est pas assez noir. — Tout canif, petit ou grand, est toujours bon. — Chaque crayon, lorsqu'il est neuf, est un peu long. — Cette huile est, non pas vieille, mais amère. — Quel pupitre est un peu étroit ? le tien ou le mien ? —

le tien, car le mien est neuf et asez large. — Lorsqu'un couteau est large et tranchant, alors seulement il est bon. — Non seulement mon canif, mais le tien aussi. est très émoussé. — Lorsque l'encre est pâle, elle est très mauvaise. — Chaque assiette est profonde ou plate. — Cette serrure neuve est un peu petite.

3. Le fils qui est obéissant est heureux. — Mon oncle paternel, qui est pauvre, est très malheureux; mais ton oncle maternel, qui est très riche et très avare, est heureux. — Est-ce que votre vieux professeur est patient ? car le nôtre, qui est jeune, est très impatient. — Quel élève est donc désobéissant ? celui-ci, ou celui-là ? — Ce n'est pas le grand, c'est le petit. — Votre frère est patient, et son canif est très tranchant. — Ce vaillant soldat est toujours gai, et son petit chien est aussi gai. — Le Polonais est aussi courageux que le Français, seulement le Polonais n'est pas si patient que le Français. — Ce pauvre père n'est ni heureux ni gai, parce que son fils est très lent et paresseux.

ZADANIE III.

Babka, la grand'mère;
babunia, la grand'mère;
biały, blanc;
broń, l'arme;
brudny, sale;
chory, malade;
cielę, le veau;
ciotka, la tante;
czapka, le bonnet;
dziecko, l'enfant;
figlarny, espiègle;
gadatliwy, bavard;
koło, la roue;
kość, l'os;
koszula, la chemise;
kotka, la chatte;
krowa, la vache;
kuchnia, la cuisine;
kura, la poule;
liczny, nombreux;
lwica, la lionne;
matka, la mère;
miłosierny, charitable;
miłosierny, miséricordieux
myśl, la pensée;
okrutny, cruel;
pani, une dame;
papuga, le perroquet;
pole, le champ;
poważny, grave;
ręka, la main;
rodzina, la famille;
siostra, la sœur;
skromny, modeste;
ślepy, aveugle;
śniadanie, le déjeuner;
straszny, terrible;
wiadro, le seau;
wiewiórka, l'écureuil;
wiśnia, la cerise;
wyczyszczony, nettoyé;
występny, criminel;
zdrowy, bien portant, sain
zwinny, agile;
żywy, vif;
żyzny, fertile.

(*Dnia* 20 *Października* 18...)

1. Stara babunia jest chora. — Młoda siostra jest zdrowa. — Twoja ciotka jest wesoła. — Moja dobra matka jest bardzo poważna i łagodna. — Nasza bogata babka jest miłosierna. — Wasza uboga siostra jest cierpliwa. — Gdzie jest moja tłusta krowa ? — Czy ta straszna lwica jest dzika i okrutna ? — Ta mała kotka jest bardzo żywa i wesoła. — Czy ta twoja krowa jest ślepa ? — Nasza gadatliwa papuga jest chora. — Gdzie jest ta wielka kura ?

2. Czy ta zwinna wiewiórka jest twoja ? Ta wiśnia jest wielka. — Nasza kuchnia jest czysta. — Twoja ręka szeroka jest brudna. — Nasza piękna broń jest zawsze wyczyszczona. — Moja rodzina jest liczna. — Każda zła myśl jest występna. — Ta kość jest biała. — Gdzie jest twoja czysta koszula ? — Czy twoja nowa czapka jest mała ? — Ta młoda pani jest bardzo skromna. — Ta biedna pani jest miłosierna. — To koło wielkie jest okrągłe. — Moje wiadro stare jest małe. — Twoje piękne pole jest żyzne. — Nasze śniadanie jest dobre. — Wasze tłuste cielę jest wesołe. — To chore dziecko jest piękne.

THÈME III.

Bien portant, zdrowy;
blanc, biały;
bleu, niebieski;
boiteux, kulawy;
la brebis, owca;
le cadenas, kłódka;
le canon, działo;
le cochon de lait, prosię;
la corneille, wrona;
courageux, odważny;
la dame, madame, pani, dama;
le drap, sukno;
l'eau, woda;
fertile, żyzny;
fier, dumny;
la fille, córka;
le gilet, kamizelka;
la grenouille, żaba;
gros, gruby;
l'hirondelle, jaskółka;
humain, ludzki;
la jeune fille, dziewczyna;
joli, ładny, śliczny;
lourd, ciężki;
la demoiselle, panna;
la mer, morze;
le mouchoir, chustka do nosa;
le nom, imię;
l'oie, gęś;
orageux, burzliwy;
ordinairement, zwykle;
la poitrine, piersi;
le poulet, kurczę;
pourquoi, dlaczego;
propre, czysty;
la prune, śliwka;
la religieuse, zakonnica,
le rôti, pieczeń;
la tante, ciotka;
tendre, czuły, miękki,
triste, smutny;
trop, za bardzo;
la vallée, dolina;
venimeux, jadowity;
vert, zielony;
la vie, życie;
vif, żywy;
vilain, brzydki;
la vipère, żmija.

(*Le* 22 *Octobre* 18...)

1. Cette jeune demoiselle est petite. — Cette petite fille est très bonne. — Pourquoi notre vieille tante est-elle toujours si vive ? — Où est cette pauvre religieuse ? — Cette religieuse est très courageuse. — Cette riche dame est très fière. — Où est votre triste tante ? — Ma brebis boiteuse est très maigre. — Ton hirondelle noire est très jolie. — Cette dame est bien portante. — Votre vipère est très venimeuse. — La grenouille est vilaine.

2. Notre oie blanche est grasse. Cette vallée verte est fertile. Votre bonnet bleu est trop large, et mon gilet blanc est trop étroit. — Où est mon mouchoir propre ? — Est-ce que cette eau est pure ? — Ma prune est grosse. — Où est votre cadenas neuf ? — Ma poitrine est aussi large que la tienne. — Est-ce que ton rôti est tendre ? car

le mien est très dur. — Ce drap bleu est trop gros. — Ce canon est lourd — La mer Méditerranée est orageuse. — La vie humaine est courte. — Mon petit cochon de lait est blanc et assez gras. — Ton petit poulet noir est boiteux. — Notre nom célèbre est connu partout.

Leçon VIII (Ósma Lekcya).

Avez-vous ? — Czy pan ma ? Czy masz ?

La particule *czy* est le signe de l'interrogation. La première de ces deux phrases est composée du mot *Pan*, Monsieur, et de la troisième personne du singulier du verbe *avoir*. C'est ainsi que les Polonais rendent la seconde personne de politesse.

L'expression *czy masz* (1) est familière.

Oui, Monsieur, j'ai. — Mam, Panie.

On n'aime pas en polonais à employer *tak*, oui, pour l'affirmation ; la réponse se fait par le verbe de l'interrogation :

Mangez-vous ? — Czy Pan je ? Czy jesz ?
Oui, je mange. — Jem.

Les pronoms personnels *je*, *tu*, *il*, *nous*, etc., se suppriment dévant les verbes polonais :

Buvez-vous ? — Czy Pan pije ? Czy pijesz ?
Je bois. — Piję.
Voyez-vous ? — Czy Pan widzi ? Czy widzisz ?
Je vois. — Widzę.
Aimez-vous ? — Czy Pan lubi ? Czy lubisz (2) ?
J'aime. — Lubię.

(On dit aussi *kocham*, j'aime, mais ce terme s'applique à un sentiment profond, comme on aime son père, sa mère etc.)

Le chapeau, kapelusz ;
Le pain, chleb ;
Le papier, papier ;
La plume, pióro ;
Le sel, sól ;
La table, stól ;
La viande, mięso.

(1) On peut dire aussi : Czy Pan masz ?
(2) On voit par ces exemples que *sz* est la terminaison caractéristique de la deuxième personne du singulier du présent de l'indicatif et qu'une voyelle termine ordinairement la troisième personne du même temps.

Règle. — Les verbes actifs gouvernent l'accusatif ou quatrième cas, qui, pour les êtres du genre masculin, est généralement terminé en *a* :

J'ai un cheval. — Mam konia (1).
Voyez-vous le chien? — Czy widzisz psa (2) ?

Pour les objets dits inanimés, du genre masculin, l'accusatif est semblable au nominatif :

Je mange du pain. — Jem chleb.

Les substantifs du genre féminin terminés au nominatif en *a* ou en *i* changent ces voyelles en *ę* et en *ą*, à l'accusatif :

Je bois de l'eau. — Piję wodę.
Je vois la dame. — Widzę panią.

Les substantifs du genre féminin terminés au nominatif par une consonne douce ont leur accusatif semblable au nominatif :

J'ai du sel. — Mam sól.

Les substantifs du genre neutre ont l'accusatif semblable au nominatif :

J'ai la plume. — Mam pióro.

THÈME IV.

Aimer, kochać ;
boire, pić ;
manger, jeść ;
midi, południe ;
monsieur, pan ;
voir, widzieć ;

(*Le 25 Octobre* 18.., *à midi.*)

Avez-vous du pain ? — Oui, Monsieur, j'ai du pain. — Mangez-vous de la viande ? — Je mange de la viande. — Avez-vous du sel ? — J'ai du sel. — Aimez-vous le sucre ? J'aime le sucre. — Buvez-vous de l'eau ? — Je bois de l'eau. — Avez-vous du papier ? — J'ai du papier. — Avez-vous une table ? — J'ai une table. — Voyez-vous le cheval ? — Je vois le cheval. — Voyez-vous le chien ? — Je

(1) Quand on ajoute une voyelle au nom terminé par une consonne douce, le signe de l'adoucissement (') se change en *i*.
(2) La plupart des substantifs du genre masculin ayant un *e* dans la dernière syllabe perdent cet *e* dans la déclinaison. Ex. : Pies — psa.

vois le chien. — Avez-vous une plume ? — Oui, Monsieur, j'ai une plume.

Leçon XI (Dziewiąta Lekcya).

DE L'ADJECTIF (O PRZYMIOTNIKU)

DÉCLINAISON DES ADJECTIFS.

Il y a, dans la déclinaison des adjectifs, trois formes, suivant les trois genres. — La première est pour les adjectifs masculins, la seconde pour les féminins, la troisième pour les neutres.

PREMIÈRE FORME (PIERWSZA FORMA).

Genre masculin (*Rodzaj męzki*).

NOMBRE SINGULIER (LICZBA POJEDYŃCZA),

1. wielki, *grand*	mały, *petit*	Sobieski
2. wielki*ego*	małego	Sobieskiego
3. wielki*emu*	małemu	Sobieskiemu
4. wielki*ego*, wielki	małego, mały	Sobieskiego
5. wielki	mały	Sobieski
6. z wielki*m*	z małym	z Sobieskim
7. w wielki*m*	w małym	w Sobieskim

NOMBRE PLURIEL (LICZBA MNOGA).

1. wielcy, wielki*e*	mali, małe	Sobiescy
2. wielki*ch*	małych	Sobieskich
3. wielki*m*	małym	Sobieskim
4. wielki*ch*, wielki*e*	małych, małe	Sobieskich
5. wielc*y*, wielki*e*	mali, małe	Sobiescy
6 z. wielki*mi*	z małymi	z Sobieskimi
7. w wielki*ch*	w małych	w Sobieskich

REMARQUE. — Les noms de famille terminés en *chi*, *dzki*, *ski*, se déclinent d'après cette forme.

SECONDE FORME (DRUGA FORMA).

Genre féminin (*Rodzaj żeński*).

NOMBRE SINGULIER (LICZBA PROJEDYŃCZA).

1. wielka, *grande*	mała, *petite*	Sobieska
2. wielk*iej*	małej	Sobieskiej
3. wielk*iej*	małej	Sobieskiej

4. wielk*ą*	małą	Sobieską
5. wielk*a*	mała	Sobieska
6. z wielk*ą*	z małą	z Sobieską
7. w wielk*iej*	w małej	w Sobieskiej

NOMBRE PLURIEL (LICZBA MNOGA).

1. wielk*ie*	małe	Sobieskie
2. wielk*ich*	małych	Sobieskich
3. wielk*im*	małym	Sobieskim
4. wielk*ie*	małe	Sobieskie
5. wielk*ie*	małe	Sobieskie
6. z wielk*iemi*	z małemi	z Sobieskiemi
7. w wielk*ich*	w małych	w Sobieskich

REMARQUE. — Les noms de famille terminés en *cka*, *dzka*, *ska*, se déclinent d'après cette forme.

TROISIÈME FORME (TRZECIA FORMA).

Genre neutre (*Rodzaj nijaki*).

NOMBRE SINGULIER (LICZBA POJEDYŃCZA).

1. wielkie, *grand*	małe, *petit*
2. wielkie*go*	małego
3. wielkie*mu*	małemu
4. wielkie	małe
5. wielkie	małe
6. z wielkie*m*	z małem
7. w wielkie*m*	w małem

Le pluriel est le même que pour les adjectifs féminins.

(Les élèves devront décliner oralement et par écrit les adjectifs avec les substantifs.)

L'adjectif polonais se met ordinairement devant le substantif, mais on peut le placer après. Il s'accorde avec le substantif auquel il se rapporte, en genre, en nombre et en cas.

Il a par conséquent, comme nous l'avons dit, trois formes, c'est-à-dire trois terminaisons.

MASCULIN.	FÉMININ.	NEUTRE.
en *y* (en *i* après *g* et *k*)	en *a*	en *e* (en *ie* après *g* et *k*)

Beau, belle.	Piękny, piękna, piękne.
Bon, bonne.	Dobry, dobra, dobre.
Joli, jolie.	Ładny, ładna, ładne.
Long, gue.	Długi, długa, długie.

Mauvais, se.	Zły, zła, złe.
Vieux, vieille.	Stary, stara, stare.
Vilain, vilaine.	Brzydki, brzydka, brzydkie.

Piękny koń ; dobra woda ; brzydkie pióro

L'accusatif des adjectifs se forme :

MASCULIN

En retranchant l'*y* (1) et en ajoutant *ego* lorsqu'il se rapporte à un être animé :

Je vois un beau cheval. — Widzę pięknego konia.

Il est pareil au nominatif lorsqu'il se rapporte à un objet inanimé :

Je vois un beau chapeau. — Widzę piękny kapelusz.

FÉMININ

En changeant *a* en *ą* :

Je bois de bonne eau. — Piję dobrą wodę.

NEUTRE

Il est pareil au nominatif :

J'ai une bonne plume. — Mam dobre pióro.

Mon, ma. — Mój, moja, moje.
Votre. — Twój, twoja, twoje (familièrement).
Votre. — Pański, pańska, pańskie (avec politesse).

Les pronoms possessifs (Zaimki dzierżawcze) se déclinent comme des adjectifs :

Nom. m	koń	moja woda	moje pióro
	kapelusz	twoja sól	twoje mięso
Acc.	ego konia	moją wodę	moje pióro
	ój kapelusz	twoją sól	twoje mięso

Les lettres *oj* des pronoms possessifs peuvent être retranchées quand ceux-ci ont plus d'une syllabe dans la déclinaison. Ainsi on dit : ma, me, mego ; twa, twe, twego ; au lieu de : moja, moje, mojego ; twoja, twoje, twojego.

(1) Mais quand l'adjectif est terminé en *i* on ajoute tout simplement *ego*. Ex. : brzydki, brzydki — ego.

Les pronoms possessifs *mon*, *votre* se rendent indifféremment par *swój*, *swoja*, *swoje* ou *swa*, *swe*, toutes les fois qu'ils se trouvent devant un objet possédé par le sujet de la phrase (1) :

J'ai mon chapeau. — Mam swój kapelusz.
Avez-vous votre chapeau? — Czy pan ma swój kapelusz?

Mais quand le sujet n'est pas le possesseur des objets précédés des pronoms *mon*, *votre*, on doit rendre *mon* par *mój* et *votre* par *twój* ou *pański* :

J'ai votre chapeau. — Mam pański kapelusz.
Avez-vous mon chapeau? — Czy pan ma mój kapelusz?

Quel, quelle (pronom interrog.) — jaki, jaka, jakie (zaimek pytający) se décline comme un adjectif.

Quel chapeau avez-vous ? — Jaki Pan ma kapelusz?

On met ordinairement le substantif après le verbe quand la phrase commence par un pronom interrogatif.

ZADANIE IV.

Ja mam, j'ai ;
ty masz, tu as :
on ma, il a ;
my mamy, nous avons ;
wy macie, vous avez ;
oni mają, ils ont.

bót, le soulier;
brat stryjeczny, le cousin;
bystry, vif, rapide;
chłopiec, le garçon;
czarny, noir;
dłoń, la paume de la main;
dobroczynny, bienfaisant;
drugi, l'autre, second;
dziś, aujourd'hui;
dziurawy, troué;
gęsty, épais;
kaftanik, le tricot;
kanarek, le serin;
kędzierzawy, frisé;
koza, la chèvre:
las, la forêt, le bois;
lekki, léger;
list, la lettre;
łaciński, latin;
motyl, le papillon;
oprócz, outre;
oswojony, apprivoisé;
pająk, l'araignée;
pisany, écrit;
płaszcz, le manteau;
poplamiony, taché;
prowincja, la province;
przez, par;
przyjaciel, l'ami;
ptak, l'oiseau;
słownik, le dictionnaire;
sól, le sel;
srebrny, en argent;
szczerze, sincèrement;
szpak, le sansonnet;
tablica, le tableau;
urodzajny, fertile;
usłużny, obligeant;
wełniany, de laine;
władczyni, la souveraine;
wspaniały, magnifique;
zatrudniony, occupé;
zegar, l'horloge, la pendule;
zegarek, la montre;
żółty, jaune;

(1) On peut cependant employer le pronom possessif de la première ou de la deuxième personne, même lorsque le sujet et le pronom possessif de la phrase française sont de la même personne. Ex. : J'ai mon chapeau. — Mam mój kapelusz.

(*Dnia 3 Listopada 18.., po południu*).

1. Ja mam jednego dobrego konia młodego, a drugiego konia starego. — Ty masz jednego psa rudego, a drugiego białego, kędzierzawego. — On ma jednego ptaka wielkiego czarnego a drugiego ptaszka żółtego bardzo małego i oprócz tego on ma jeszcze kanarka pięknego i tłustego. — Wy macie kozła upartego. — Oni mają osła leniwego i osła dzikiego. — Czy ja mam ojca bogatego? — Czy ty masz brata usłużnego? — Czy nasz przyjaciel ma dziś chłopca posłusznego? — My mamy zawsze tego starego i złego szpaka, ale czy wy zawsze macie tego pięknego i lekkiego motyla?

2. Oni zawsze mają tego brzydkiego pająka. Ja mam prawie zawsze nóż ostry, talerz czysty. — Ty masz teraz płaszcz nowy, kaftanik wełniany, ale jeden bót dziurawy. — Karol ma rozum bystry, scyzoryk tępy i atrament blady. — My mamy ołówek długi, trzonek krótki i pulpit obszerny. — Wy macie las gęsty, dom wspaniały i ogród bardzo piękny. — Oni mają wielki srebrny zegar i zegarek mały, bardzo dobry, chociaż trochę za stary. — Oni mają jeszcze klucz stary i słownik łaciński zupełnie poplamiony. — Ja mam list pisany przez mojego dobrego brata stryjecznego.

3. Ja mam tylko jedną kozę czarną, ale tłustą i jedną owcę białą, ale bardzo chudą. — Ty masz krowę bardzo ładną i kurę białą. — Ona ma małą kotkę figlarną i poplamioną lalkę. — My mamy matkę bardzo dobrą i siostrę wesołą. — Wy macie tablicę czarną i szeroką, kredę białą i miękką. — Oni mają młodą zręczną kucharkę i służącą ciągle zatrudnioną. — Czyż ja mam tę gęś głupią? — Czy ty masz dłoń tak szeroką jak ja? — Czy ona ma dobrą i białą sól? — Czy wy macie ziemię urodzajną? — Ja szczerze kocham tę panią skromną, pobożną i dobroczynną, ale czy ty kochasz ową dumną i zarozumiałą władczynię tej rozległej prowincyi?

THEME V.

j'aime, kocham;	nous aimons, my kochamy;
tu aimes, kochasz;	vous aimez, wy kochacie;
il aime, kocha;	ils aiment, oni kochają.

je crois, sądzę;	gris, szary;	le parc, park;
l'aiguille, igła;	hideux, obrzydliwy;	le pavot, mak;
après-midi, popołudnie;	indulgent, pobłażający;	pieux, pobożny;
apprivoisé, przyswojony;	innocent, niewinny;	pleurnicheur, płaczliwy.

d'argent, srebrny;
autre, inny, drugi;
la bague, pierścień;
bossu, garbaty;
le camarade, towarzysz;
le chameau, wielbłąd;
le chevreuil, sarna;
le cuisinier, kucharz;
déchiré, potargany;
dissipé, roztargniony;
l'épingle, szpilka;
la fièvre, febra, gorączka;
le garçon, chłopiec;
le grand-père, dziadek;
le jaune d'œuf, żółtko;
le lévrier, chart;
le lièvre, zając;
le livre, książka;
maussade, ponury;
modeste, skromny;
la montre, zegarek;
de mouton, barani;
non, nie;
l'oiseau, ptak;
l'or, złoto
d'or, złoty
l'oreiller, poduszka;
le palais, pałac;
pour, dla, do, aby;
précieux, kosztowny;
quel (le), który, a;
recevoir, odebrać;
respectable, szanowny;
robuste, mocny;
roux, rudy;
le serin, kanarek;
la souris, mysz;
la tabatière, tabakierka;
tendrement, czule;
vaste, obszerny;
vertueux, cnotliwy;
le vieillard, starzec,

(*Le 22 Novembre* 18.., *après midi*).

1. Avez-vous un vieux chapeau ? — Oui, Monsieur, j'ai un vieux chapeau. — Voyez-vous la belle plume ? — Je vois la belle plume. — Buvez-vous de bonne eau ? Je bois de bonne eau. — Avez-vous un joli cheval ? — J'ai un vilain cheval. — Aimez-vous votre vieux chien. — J'aime mon vieux chien. — Voyez-vous ma belle table ? — Je vois votre belle table. — Quel papier avez-vous ?

2. J'ai de bon papier. — Quel sucre aimez-vous ? — J'aime votre beau sucre. — Quelle viande mangez-vous ? — Je mange de bonne viande. — Quel sel aimez-vous ? — J'aime votre bon sel. — Quel pain avez-vous ? — J'ai mon bon pain. — Aimez-vous mon vieux pain ? — J'aime votre vieux pain. — Quel cheval voyez-vous ?— Je vois votre beau cheval. — Quel chien avez-vous ? — J'ai un bon chien. — Quelle plume avez-vous ? — J'ai une mauvaise plume. — Avez-vous ma bonne plume ? J'ai votre mauvaise plume.

3. J'aime toujours mon bon et tendre frère qui est très malade à présent. — Tu aimes tendrement ton petit frère dissipé Stanislas. — Il aime beaucoup son oncle paternel qui est très indulgent pour lui. — Nous aimons notre vieux grand-père qui a un très beau cheval, un lévrier léger et rapide et un vaste jardin. — Vous aimez votre petit garçon modeste et innocent qui a une belle montre d'or et une bague très précieuse. — Ils aiment ce vieillard respectable, pieux et vertueux qui a un fils très obéissant et très laborieux. — Est-ce que j'aime ce camarade toujours maussade et pleurnicheur ? — As-tu cette hideuse araignée et ce petit serin jaune qui est si apprivoisé ? — Est-ce qu'il a encore ce petit oiseau gris qui aime tant (tak bardzo) le pavot et le jaune d'œuf ?

4. Est-ce que ton frère a encore ce gros chameau bossu qui est si doux et si apprivoisé ? — Avez-vous la lettre de votre oncle maternel qui, quoique vieux, est encore assez robuste, vif et gai ? — Nous avons un chien roux et un autre noir. — Ils ont un beau palais, un bon cuisinier, un parc très vaste et un cheval blanc qui est très rapide et léger comme un lièvre. — J'ai un très beau et très jeune chevreuil. — Tu as une tabatière d'argent. — Nous avons un livre très grand. — Vous avez reçu mon oreiller tout neuf. — Est-ce que j'ai votre cadenas neuf ? — As-tu l'épingle d'or et l'aiguille d'argent ? — Je crois qu'elles ont une petite souris blanche apprivoisée. — Tu as un bon rôti de mouton. — Est-ce que j'ai une poche déchirée ?

Leçon X (Dziesiąta Lekcya).

DÉCLINAISON DES PRONOMS

PRONOMS PERSONNELS (ZAIMKI OSOBISTE

Pour la 1re personne.	*Pour la 2me personne.*
SINGULIER (LICZBA POJEDYŃCZA).	
1. Ja, *je, moi.*	Ty, *tu, toi.*
2. mnie	ciebie
3. mnie, mi	tobie, ci
4. mnie, mię	ciebię, cię
5. (*ne s'emploie pas*)	
6. mną	tobą
7. we mnie	w tobie.
PLURIEL (LICZBA MNOGA).	
1. My, *nous.*	Wy, *vous*
2. nas	was
3. nam	wam
4. nas	was
5. (*ne s'emploie pas*)	
6. nami	wami
7. w nas	w was

(*Pour la troisième personne*).

SINGULIER (LICZBA POJEDYŃCZA).

Masculin.	Féminin.	Neutre.
1. On, *il lui*	Ona, *elle.*	ono, *il, lui.*
2. jego, go, niego	jej, niej	jego, go, niego
3. jemu, mu, niemu	jej, niej	jemu, mu, niemu
4. jego, go, niego	ją, nią	je, nie
5. (*ne s'emploie pas*)		
6. nim	nią	niem
7. w nim	w niej	w niem

PLURIEL (LICZBA MNOGA).

Pour les noms d'hommes.	Pour tous les noms excepté ceux d'hommes.
1. Oni, *ils, eux.*	One, *elles, ils.*
2. ich, nich	ich, nich
3. im, nim	im, nim
4. ich, nich	je
5. (*ne s'emploie pas*)	
6. nimi	niemi
7. w nich	w nich

PRONOMS RÉFLÉCHIS : SIEBIE, SIĘ.

(ZAIMKI ZWROTNE).

Ce pronom ne peut avoir de nominatif parce qu'il est réfléchi, c'est-à-dire qu'il exprime l'action du sujet (nominatif) sur lui-même. Il est des trois genres et le même au pluriel qu'au singulier.

SINGULIER ET PLURIEL (LICZBA POJEDYŃCZA I MNOGA).

2. SIEBIE, — de soi, de lui-même, d'elle-même, d'eux-mêmes, d'elles-mêmes.
3. SOBIE — se, à soi, à lui-même, à elle-même, à eux-mêmes, à elles-mêmes.
4. SIEBIE, SIĘ — se, soi, lui-même, elle-même, eux-mêmes, elles-mêmes.
6. SOBĄ — de soi, avec soi, par lui-même, par elle-même, etc.
7. W SOBIE — dans soi, en lui-même, en elle-même, etc.

PRONOMS POSSESSIFS (ZAIMKI DZIERŻAWCZE)

SINGULIER (LICZBA POJEDYŃCZA).

	Masculin.	Féminin.	Neutre.
1.	Mój, *mon, le mien.*	Moja, ma, *ma, la mienne.*	Moje, me, *mon, le mien.*
2.	mojego, mego	mojej, mej	mojego, mego
3.	mojemu, memu	mojej, mej	mojemu, memu
4.	mojego, mego, mój	moją, mą	moje, me
5.	*Comme le premier cas.*		
6.	moim, mym	moją, mą	mojem, mem
7.	w moim, mym	w mojej, mej	w mojem, mem

PLURIEL (LICZBA MNOGA).

	Pour les noms d'hommes.	Pour tous les autres.
1.	Moi, *mes, les miens.*	Moje, me, *mes, les miens.*
2.	moich, mych	moich, mych
3.	moim, mym	moim, mym
4.	moich, mych	moje, me

5. *Comme le premier cas.*	
6. moimi, mymi	mojemi, memi
7. w moich, mych	w moich, mych

SINGULIER (LICZBA POJEDYŃCZA).

Masculin.	Féminin.	Neutre.
1. Nasz, *notre, le nôtre.*	Nasza, *notre, la nôtre.*	Nasze, *notre, le nôtre.*
2. naszego	naszej	naszego
3. naszemu	naszej	naszemu
4. naszego, nasz	naszą	nasze
5. *Comme le premier cas.*		
6. naszym	naszą	naszem
7. w naszym	w naszej	w naszem

PLURIEL (LICZBA MNOGA).

Pour les noms d'hommes.	Pour tous les autres.
1. Nasi, *nos, les nôtres.*	Nasze, *nos, les nôtres.*
2. naszych	naszych
3. naszym	naszym
4. naszych	nasze
5. *Comme le premier cas.*	
6. naszymi	naszemi
7. w naszych	w naszych

Sur *mój* se décline : *twój*, ton ; *twoja, twa*, ta ; *twoje, twe*, ton ; *swój*, son ; *swoja, swa*, sa ; *swoje, swe*, son ; sur *nasz* se décline *wasz, wasza, wasze*, votre.

PRONOMS DÉMONSTRATIFS
(ZAIMKI WSKAZUJĄCE)

SINGULIER (LICZBA POJEDYŃCZA).			PLURIEL (LICZBA MNOGA).	
Masculin.	Féminin.	Neutre.	Pour les noms d'hommes.	Pour tous les autres.
1. ten ce, cet	ta cette	to ce, cet	ci ces	te ces
2. tego	tej	tego	tych	tych
3. temu	tej	temu	tym	tym
4. tego, ten	tę	to	tych	te.
5. (*n'existe pas*)				
6. tym	tą	tem	tymi	temi
7. w tym	w tej	w tem	w tych	w tych

De la même manière se déclinent *tamten*, celui-là, *tamta*, celle-là, *tamto*, celui-là.

SINGULIER (LICZBA POJEDYŃCZA).			PLURIEL (LICZBA MNOGA).	
Masculin.	Féminin.	Neutre.	Pour les noms d'hommes.	Pour tous les autres.
1. on	ona	ono	oni	one
celui-là	celle-là	celui-là	ceux-là	ceux-là. celles-là
2. onego	onej	onego	onych	onych
3. onemu	onej	onemu	onym	onym
4. onego, on	onę	ono	onych	one
5. (*n'existe pas*)				
6. onym	oną	onem	onymi	onemi
7. w onym	w onej	w onem	w onych	w onych

De la même manière se déclinent *ów*, *owa*, *owo*, celui-là, etc.

PRONOMS RELATIFS (ZAIMKI WZGLĘDNE).

Ces pronoms sont : *kto*, qui ; *co*, quoi ; *który*, *która*, *które*, qui, lequel.

Kto se rapporte aux noms d'hommes et de femmes, *co*, à ceux d'animaux et de choses. Ils n'ont pas de pluriel, et s'emploient également avec les deux nombres.

1. kto, *qui*	co, *quoi*.
2. kogo	czego
3. komu	czemu
4. kogo	co
5. (*n'existe pas*)	
6. kim	czem
7. w kim	w czem

SINGULIER (LICZBA POJEDYŃCZA).

Masculin.	Féminin.	Neutre.
1. który, *qui, lequel*	która, *qui, laquelle*	które, *qui, lequel*.
2. którego	której	którego
3. któremu	której	któremu
4. którego, który	która	które
5. (*n'existe pas*)		
6. którym	która	którem
7. w którym.	w której	w którem.

PLURIEL (LICZBA MNOGA).

Pour les noms d'hommes.	Pour tous les autres.
1. którzy.	które.
2. których	których
3. którym	którym
4. których	które
5. (*n'existe pas*)	
6. którymi	któremi
7. w których.	w których.

Remarque. — Les pronoms : *kto*, qui ; *co*, quoi ; *który*, *która*, *które*, qui, lequel, sont aussi des pronoms interrogatifs.

PRONOMS INTERROGATIFS (ZAIMKI PYTAJĄCE)

Czyj, *czyja*, *czyje* ? à qui ? *jaki*, *jaka*, *jakie* ? quel ? quelle ? ***który***, ***która***, *które* ? lequel, laquelle ? qui sont en même temps **relatifs**.

SINGULIER (LICZBA POJEDYŃCZA).

Masculin.	Féminin.	Neutre.
1. czyj? *à qui*?	czyja?	czyje?
2. czyjego?	czyjej?	czyjego?
3. czyjemu?	czyjej?	czyjemu?
4. czyjego? czyj?	czyję	czyje??
5. (*n'existe pas*)		
6. czyim?	czyją	czyjem?
7. w czyim ?	w czyjej?	w czyjem?

NOMBRE PLURIEL (LICZBA MNOGA).

Pour les noms d'hommes.		Pour tous les autres.
1. czyi?		czyje ?
2. czyich ?		czyich ?
3. czyim ?		czyim ?
4. czyich ?	5. (*n'existe pas*)	czyje ?
6. czyimi ?		czyjemi ?
7. w czyich ?		w czyich ?

PRONOMS INDÉFINIS (ZAIMKI NIEOZNACZONE)

Nikt, personne ; *nic*, rien ; *niczyj*, *niczyja*, *niczyje*, de personne, n'appartenant à personne ; *żaden*, *żadna*, *żadne*, aucun, aucune.

1. nikt, *personne*.		nic, *rien*.
2. nikogo		niczego
3. nikomu		niszemu
4. nikogo	(5. *n'existe pas*)	nic
6. nikim		niczem
7. w nikim		w niczem

Ktokolwiek, *quiconque*.
Cokolwiek, *quelque peu*.
Ktobądź, ktokolwiekbądź, *n'importe qui*.
który kolwiekbądź, *n'importe lequel*.
Czyjkolwiek, *de n'importe qui, de qui que ce soit*.

Cobądź, cokolwiek, cokolwiekbądź, *quoi que ce soit.*	Niektórzy, *quelques-uns.*
Jakibądź, jakikolwiek, jakikolwiekbądź, *quelconque, quel que ce soit.*	Inszy, inny, *autre.*
Którybądź, którykolwiek,	Każdy, *chacun, chaque.*
	Niejaki, *un certain.*
	Wszelaki, *de toute sorte.*
	Wszelki, wszystek, *tout.*

Dans les pronoms composés : *ktokolwiek, cokolwiek, ktobądź,* etc., la première partie se décline, et la seconde : *kolwiek, bądź,* reste invariable.

Ktoś, quelqu'un ; *coś,* quelque chose ; *czyjś, czyjaś, czyjeś,* de quelqu'un, de je ne sais qui ; *jakiś, jakaś, jakieś,* je ne sais quel ; *któryś, któraś, któreś,* je ne sais lequel.

On décline *kto, co, czyj, jaki, który* et on ajoute *ś* : *kogoś, czyjegoś, jakiegoś, któregoś. Ktoś* et *coś,* font au 6e cas, *z kimsiś, z czemsiś,* au 7e cas, *w kimsiś, w czemsiś.*

Leçon XI (Jedynasta Lekcya).

PRONOMS PERSONNELS (ZAIMKI OSOBISTE)

N. Je *ou* moi,	Ja.
Ac. Moi, me,	Mnie, mię.
N. Tu, toi,	Ty.
Ac. Toi, te,	Ciebie, cię.
N. Il, lui, elle,	On, ona, ono.
Ac. Lui, le, elle, la,	Jego *ou* go, ja, je.

Aimez-vous ? — Czy Pan kocha ? Czy kochasz ?
(en parlant d'une affection profonde)

J'aime. — Kocham.
M'aimez-vous ? Czy kochasz mię? *ou* mnie ?
Je t'aime. — Kocham cię *ou* ciebie.

Ne pas, — nie.
Non, — nie.

(*Nie* se met toujours devant le verbe et ne peut en être séparé par aucun autre mot).

Je n'ai pas. — Nie mam.

Règle. — Les verbes actifs, précédés de la négation *nie,* gouvernent le génitif en polonais.

FORMATION DU GÉNITIF

1° *Pour les substantifs.*

Masculin : En ajoutant au nominatif *a* dans la plupart des substantifs animés, ou *u*, dans la plupart des substantifs inanimés.

Plusieurs substantifs ne suivent cependant pas cette règle : chleb, chleba ; kapelusz, kapelusza.

Les substantifs inanimés du genre masculin désignant les outils et les parties du corps humain se terminent en *a*, au génitif.

Féminin : En changeant l'*a* en *y*, quant l'*a* est précédé d'une consonne dure : woda, wody ; ainsi que dans les substantifs terminés au nominatif en *c*, *cz*, *rz*, *sz* : noc, nocy ; ciecz, cieczy ; twarz, twarzy ; ou en changeant l'*a* en *i*, quand l'*a* est précédé d'une consonne douce ou de *g*, *k* : rola, roli ; droga, drogi ; matka, matki ; ainsi que dans les substantifs terminés par une consonne douce : sól, soli.

Neutre : En changeant l'*o*, ou l'*e*, du nominatif, en *a* ; serce, serca ; pióro, pióra.

Les substantifs du genre neutre, terminés au nominatif en ę, forment leur génitif en *ęcia* : dziecię, dziecięcia ; cielę, cielęcia ; excepté les substantifs terminés en *mię* qui forment leur génitif en *mienia* : imię, imienia.

2° *Pour les adjectifs et les pronoms possessifs et interrogatifs*

Masculin : En *ego* : dobry, dobrego ; mój, mojego, mego.

Féminin : En *ej* : dobra, dobrej ; moja, mojej ; ma, mej.

Neutre : Comme le masculin.

3° *Pour les pronoms personnels.*

N. Je *ou* moi, — Ja. N. Tu, toi, — Ty.
G. de moi, — mnie. G. de toi, — ciebie.

N. Il, lui, elle, — On, ona, ono.
G. de lui, d'elle, — jego, go ; jej ; jego, go.

Le bas, pończocha ;
le bas de soie, jedwabna pończocha ;
le bois, drzewo ;
la botte, bót ;
la cuillère, łyżka ;
le fil, nić ;
la fourchette, widelec ;
le fusil, strzelba, fuzya ;
la paille, słoma ;
le ruban, wstęga, wstążka;
la soie, jedwab ;
le soulier, trzewik.

La préposition française, entre deux noms dont le deuxième indique de quoi est fait le premier, ne se rend pas en polonais. On fait du dernier de ces noms un adjectif en le terminant en *ny*, *any*, *ły*, *owy*.

L'argent, srebro ;	d'argent, srebrny.
le bois, drzewo ;	de bois, drewniany.
le cuir, skóra ;	de cuir, skórzany.
le fil, nić ;	de fil, niciany.
la laine, wełna ;	la laine, wełniany.
l'or, złoto ;	d'or, złoty.
le papier, papier ;	de papier, papierowy.
la paille, słoma ;	de paille, słomiany.
la soie, jedwab ;	de soie, jedwabny.
la terre, glina, ziemia ;	de terre, gliniany.

THÈME VI

(*Le 20 Novembre 18.., le soir.*)

1. Quel sucre avez-vous ? J'ai votre sucre. — Quel sel avez-vous ? — J'ai mon sel. — Avez-vous ma viande ? J'ai votre viande. — Quel pain avez-vous ? J'ai mon pain. — Quelle eau buvez-vous ? Je bois votre eau. — Avez-vous un bon chapeau ? Oui, Monsieur, j'ai un bon chapeau. — Avez-vous ma mauvaise table ? — Je l'ai. — Avez-vous mon joli couteau ? Je n'ai pas votre joli couteau. — Avez-vous ma belle fourchette d'argent ? Non, Monsieur, je ne l'ai pas. — Avez-vous mon vilain papier ? Je l'ai. — Aimez-vous la viande ? Je n'aime pas la viande. — Quelle viande aimez-vous ? J'aime la bonne viande. — Aimez-vous le vieux pain ? Je ne l'aime pas.

2. Quelle plume avez-vous ? J'ai votre belle plume d'or. — Avez-vous ma cuillère d'argent ? Je n'ai pas votre cuillère d'argent. — Quelle cuillère avez-vous ? J'ai ma vilaine cuillère de bois. — Avez-vous mon beau cheval ? Je l'ai. — Quel chien voyez-vous ? Je vois votre joli chien. — Avez-vous ma table de bois ? Je ne l'ai pas. — Quel

bas avez-vous ? J'ai mon bas de soie. — Quel chapeau avez-vous ? J'ai mon vilain chapeau de papier. — Voyez-vous mon bas de laine ? Je ne le vois pas. — Quel soulier avez-vous ? J'ai mon soulier de cuir. — Mangez-vous de mauvais pain ? Non, Monsieur, je ne mange pas de mauvais pain. — M'aimez-vous ? Je vous aime. — Voyez-vous Monsieur S... ? Je ne le vois pas. — Voyez-vous Madame W... ? Je ne la vois pas.

Leçon XII (Dwunasta Lekcya).

N. Quoi? (pronom interrogatif) Co?
G. de quoi? czego?
Ac. que *ou* quoi? co?

Je veux. — Chcę.
Voulez-vous? — czy Pan chcesz *ou* czy chcesz ?

Règle. — Le verbe vouloir gouverne le génitif en polonais.

Que voulez-vous? — Czego Pan chce ?
Je veux du pain. — Chcę chleba.

Je lis. — Czytam.
Lisez-vous ? Czy Pan czyta ? czy czytasz ?

Quelque chose. — Coś (*se décline comme* Co).
Rien. — Nic.

Nic, comme tout régime polonais, peut se mettre avant ou après le verbe, mais la négation *nie* précède toujours le verbe.

Quelque chose de bon. — Coś dobrego.
Rien de mauvais. — Nic złego.

Après *coś* et *nic*, les adjectifs polonais se mettent au génitif du genre neutre.

L'acier, stal ;
d'acier, stalowy ;
le café, kawa ;
le chandelier, lichtarz, świecznik ;
la crême, śmietanka ;
le drap, sukno ;
de drap, sukienny ;
le fer, żelazo ;
de fer, żelazny ;
le fromage, ser, sera ;
l'habit, frak, ubiór ;
la maison, dom ;
la plume de fer, stalowe pióro;
la redingote, surdut ;
le savon, mydło ;
le thé, herbata ;
le vin, wino.

Ce. cette (pronom démonstratif).	Ten, ta, to (zaimek wskazujący).
G. de ce, de cette	tego, tej, tego.
Ac. ce cette.	tego (devant les noms animés) *ou* ten (devant les noms inanimés), tę, to.

Le voisin. — Sąsiad.
La maison du voisin.—Dom sąsiada *ou* sąsiedzki dom.

Le génitif français marquant la possession se rend ordinairement en polonais par l'adjectif possessif formé du nom possesseur, comme on le voit dans les exemples ci-après :

Le tailleur, — Krawiec.
Le drap du tailleur, — Krawieckie sukno.
Le boulanger, — Piekarz.
Le pain du boulanger, — Piekarski chleb.
Le père, — Ojciec (génitif Ojca).
Le livre du père, — Ojcowska książka.
La mère, — Matka.
La sœur, — Siostra.
Celui *ou* celle du voisin, — Sąsiedzki, a, ie.

Quand *celui* ou *celle* remplace en français l'objet possédé, il ne se rend pas en polonais. On répète plutôt le substantif qu'il remplace :

J'ai le chien du voisin.	Mam sąsiedzkiego psa.
Je n'ai pas celui du tailleur.	Nie mam krawieckiego *ou* nie mam psa krawieckiego.
Le ruban de ma sœur.	Wstęga mojej siostry.

Quand le nom possesseur est précédé d'un pronom possessif, il faut le mettre au génitif :

Le thé de ma bonne mère, — Herbata mojej dobrej matki.

Et, — i.
Ou, — Albo, czy, czyli.

La conjonction *ou*, se rend invariablement par *czy* dans les phrases interrogatives :

Avez-vous mon cheval *ou* celui du voisin ? — Czy Pan ma mego *czy* sąsiedzkiego konia ?

THÈME VII.

Le cordon, sznurek ; lire, czytać ; vouloir, chcieć.

(*Le 22 Novembre 18.., en classe.*)

1. Avez-vous mon ruban ? Je ne l'ai pas ; j'ai celui de ma sœur. — Voulez-vous quelque chose ? Je ne veux rien. — Voyez-vous ma plume de fer ? Je ne la vois pas. — Quelle plume avez-vous ? J'ai ma bonne plume d'argent. — Que mangez-vous ? Je ne mange rien. — Que buvez-vous ? Je bois de l'eau, de la crème, du vin et du thé. — Avez-vous votre habit de drap ? Je l'ai. — Avez-vous mon savon ? Je ne l'ai pas. — Quel savon avez-vous ? J'ai celui du voisin.

2. Voyez-vous le chien du tailleur ou celui de votre voisin ? Je vois celui du tailleur. — Avez-vous mon chandelier d'argent ? Je n'ai pas votre chandelier d'argent.— Quel chandelier avez-vous ? J'ai mon chandelier d'or. — Quel cordon avez-vous ? J'ai celui de ma bonne mère. — Buvez-vous mon bon vin ? Je ne le bois pas. — Aimez-vous la bonne ou la mauvaise crème ? J'aime la bonne. — Lisez-vous ce livre ? Je ne le lis pas. — Mangez-vous cette viande ? Je ne la mange pas. — Voyez-vous ce chien ? Je ne le vois pas. — Mangez-vous ce pain ? Je le mange.

THÈME VIII

(*Le 29 Novembre 18.., chez le Direcleur.*)

1. Quelle eau buvez-vous ? Je bois celle du boulanger.— Avez-vous quelque chose de bon ? Je n'ai rien de bon. — Qu'avez-vous de joli ? J'ai un joli ruban d'or. — Qu'avez-vous de vilain ? Je n'ai rien de vilain. — Avez-vous quelque chose de mauvais ? Je n'ai rien de mauvais, j'ai quelque chose de beau. — Qu'avez-vous de beau ? J'ai le beau chien du voisin. — Prenez-vous du thé ou du café ? Je prends du café. — Quel fromage mangez-vous ? Je mange le bon fromage du tailleur. — Aimez-vous le vieux fromage ? Je l'aime.

2. Quel livre lisez-vous ? Je lis le bon livre du voisin. — Mangez-vous mon pain ou celui du boulanger ? Je mange celui du boulanger. — Avez-vous votre habit ou celui du tailleur ? J'ai celui du tailleur. — Quelle fourchette avez-vous ? J'ai celle de ma mère. — Quelle cuillère avez-vous ? J'ai la cuillère d'argent de ma bonne sœur. — Voyez-vous ce chandelier de bois ? Je ne le vois pas. — Vou-

lez-vous mon cheval ou celui du boulanger ? Je veux celui du boulanger. — Quel bas avez-vous ? J'ai le bas de soie de mon voisin. — Avez-vous mon couteau d'argent ? Je ne l'ai pas. — Que voulez-vous ? Je ne veux rien.

Leçon XIII (Trzynasta Lekcya).

DU DATIF (O TRZECIM PRZYPADKU)

Règle. — On met au datif l'objet qui marque le but d'une action, et il répond ordinairement à la préposition *à*.

Il se forme :

1° *Pour les substantifs.*

Masculin : En ajoutant à la dernière consonne du nominatif la terminaison *owi* : nóż, nożowi ; koń, kóniowi.

Ce cas a cependant une autre terminaison contractée en *u* : brat, bratu ; ojciec, ojcu.

Cette terminaison appartient surtout aux substantifs suivants : *Bóg,* Dieu ; *brat,* le frère ; *chłop,* le paysan ; *chłopiec,* le garçon ; *czart,* le démon ; *djabeł,* le diable ; *łeb,* le front ; *kiep,* le fou ; *kat,* le bourreau ; *ksiądz,* le prêtre ; *kwiat,* la fleur ; *ojciec* (*ojcu*), le père ; *pan,* le seigneur ; *świat,* le monde ; et dans tous les noms monosyllabes du genre masculin qui retranchent l'*e*.

Féminin : En changeant l'*a* du nominatif en *e* et en adoucissant la consonne qui précède cet *a*. L'adoucissement de la consonne se fait de la manière suivante : *ba* change en *bie* : baba, babie ; *da* en *dzie* : woda, wodzie ; *fa* en *fie* : szafa, szafie ; *ga* en *dze* : noga, nodze ; *ha* en *że* : braha, braże ; *cha* en *sze* : socha, sosze ; *ka* en *ce* : matka, matce ; *ma* en *mie* : plama, plamie ; *na* en *nie* : rana, ranie ; *pa* en *pie* : kopa, kopie; *ra* en *rze* : góra, górze; *sa* en *sie* : kresa, kresie ; *ta* en *cie* : chata, chacie ; *wa* en *wie* : wdowa, wdowie ; *za* en *zie* : koza, kozie.

Les substantifs féminins terminés au nominatif en : *c, cz, ca, dza, rz, rza, sz, sza, ża,* forment leur datif en *y* : noc, nocy ; cieez, cieczy ; świeca, świecy ; rdza, rdzy ; etc.

Les substantifs féminins terminés au nominatif par une consonne douce, en *ia*, *la*, *i* ont leur datif en *i* : sól, soli ; rola, roli ; suknia, sukni ; koszula, koszuli ; pani, pani.

Neutre : En changeant l'*a* du génitif en *u*. Ex. : N. pióro, G. pióra, D. pióru ; — N. dziecię, G. dziecięcia, D. dziecięciu.

2° *Pour les adjectifs, les pronoms possessifs et interrogatifs.*

Masculin : En *emu*, *iemu* (après g, k).

Féminin : En *ej*, *iej* (après g, k).

Neutre : En *emu*, *iemu* (après g, k).

3° *Pour les pronoms personnels.*

N. Je ou moi,	Ja.
D. à moi,	mnie, mi.
N. Tu ou toi,	ty.
D. à toi,	tobie, ci.
N. Il ou lui, elle.	on, ona, ono.
D. à lui, à elle,	jemu, mu ; jej ; jemu, mu.

Le pronom interrogatif *co* ? ainsi que son dérivé *coś* fait au datif : *Czemu*, à quoi ; *Czemuś*, à quelque chose.

L'ami, przyjaciel ;
le bâton, kij, a ;
la bourse, sakiewka ;
la canne, laska ;
le chocolat, czekolada ;
la clef de montre, kluczyk od zegarka ;
le cordonnier, szewc ;
le dé, naparstek ;
le marchand, kupiec.

Il a, — on ma,
elle a, — ona ma,
il ou elle a (au neutre), — ono ma.

Les pronoms *on*, *ona*, *ono*, peuvent être supprimés devant le verbe :

Il ou elle mange, — je,
il ou elle boit, — pije,
il ou elle voit, — widzi.

L'ami a-t-il ? Est-ce que l'ami a ? — Czy przyjaciel ma ?

Lorsque le sujet de la phrase interrogative est un substantif, le second sujet de la phrase française (il, elle) ne se rend pas en polonais.

Je donne, daję ;	Je prête, pożyczam ;
tu donnes, dajesz ;	tu prêtes, pożyczasz ;
il ou elle donne, daje.	il ou elle prête, pożycza.

RÈGLE. — Ces deux verbes veulent leur régime indirect au datif :

Donnez-vous un livre à votre ami ?	Czy Pan daje książkę swemu przyjacielowi ?
Lui prêtez-vous un crayon ?	Czy Pan mu pożycza ołówek ?

Je suis, — jestem,
tu es, — jesteś,
il ou elle est, — jest.

Malade, chory. — Sain, bien portant, zdrowy, a, e, zdrów, a, e.

Quelques adjectifs polonais peuvent être terminés au nominatif du masculin par une consonne en retranchant l'*y* ; mais ceci n'a lieu que lorsque ces adjectifs ne sont pas suivis d'un nom. Il arrive alors qu'ils prennent un *e* devant cette consonne, si la prononciation l'exige : certain, *pewny, pewien*. Dans ce dernier cas on adoucit la consonne qui précède l'*e* ajouté : digne, *godny, godzien* ; mais les consonnes *l* et *c* n'adoucissent pas : plein *pełny, pełen* ; gai, *wesoły, a, e, wesół* ; fort, *mocny, mocen*.

Ma sœur est malade, — Moja siostra chora.

Le verbe *être* reste souvent sous-entendu au présent de l'indicatif et alors les terminaisons de la 1re et de la 2e personne (m, ś), se joignent ou au pronom personnel ou à la particule interrogative ou à un autre mot de la phrase :

Es-tu malade ? — Czyś chory ?
Je suis malade, — Jestem chory, jam chory, chorym.

Qu'avez-vous ? — Co panu jest?
Qu'as-tu ? — Co ci jest ?
Je n'ai rien, — Nic mi nie jest.

Qu'est-ce qu'a votre père? — Co jest Pańskiemu ojcu?
Il n'a rien, — Nic mu nie jest.

Qu'a votre sœur ? — Co jest Pańskiej siostrze ?
Elle n'a rien, — Nic jej nie jest.

Quand le verbe *avoir* se rapporte aux affections du corps ou de l'esprit, il se rend en polonais par le verbe *être* qui se met à la troisième personne du singulier et est presque toujours sous-entendu, et le sujet français se met au datif en polonais :

J'ai chaud, — Ciepło mnie, mi.
J'ai froid, — Zimno mnie, mi.

Les mots *ciepło, zimno,* sont des adverbes ; en traduisant littéralement, *ciepło mnie* veut dire *il est chaud à moi* ; de la même manière on pourrait employer adverbialement tout adjectif avec le verbe *être* :

Je suis triste, — Smutno mi,
Il est gai, — Wesoło mu.
Je souhaite, — Życzę,
tu souhaites, — życzysz,
il souhaite, — życzy.

Le verbe *souhaiter* veut au datif la personne à laquelle on souhaite, et au génitif la chose qu'on souhaite :

Je vous souhaite le bonjour. — Życzę Panu dobrego dnia.
Le jour, — dzień,
La nuit, — noc,
Le soir, — wieczór,
Bonjour, Monsieur, — dzień dobry Panu,
Bonsoir, Monsieur, — dobry wieczór Panu.

Ne-ni — *ani*, se met après une négation.

Je n'ai ni votre cheval ni le mien.	Nie mam ani Pańskiego ani mojego konia.
Ma sœur n'a ni chaud ni froid.	Mojej siostrze ani ciepło ani zimno.

ZADANIE V.

A nawet, et même;
blizki, proche;
chciwy, avide;
chrześcianin, le chrétien;
czoło, le front;
dawny, ancien;
dobr[illegible]
możny, puissant;
mundur, l'uniforme;
nieraz, plus d'une fois;
nieprzyjaciel, l'ennemi;
obcy, étranger;
obywatel, le citoyen;
[illegible] l'œil;
silny, fort;
skończony, fini;
sprawiedliwy, juste;
stryjenka, (la sœur du père), la tante;
surowy, sévère;
ubranie, l'habillement;

dowcipny, spirituel;
godny, digne;
interes, l'affaire;
jakikolwiek, quelconque;
jedyny, unique;
kapitan, le capitaine;
kapryśny, capricieux;
kochać, aimer;
kosztowny, couteux;
koźlę, le chevreau;
kraj, le pays;
król, le roi;
krzyż, la croix;
kupiec, le marchand;
maleńki, tout petit;
miły, aimable;
minister, le ministre;
mocny, fort;
może, peut-être;
poczciwy, honnête;
podległy, soumis;
poganin, le païen;
pogodny, serein;
pomieszkanie, la demeure;
porucznik, le lieutenant;
poważać, estimer;
prawdziwy, véritable;
prawdziwie, véritablement;
przychylny, favorable;
przyjaciółka, l'amie;
przystępny, accessible;
pułk, le régiment;
ramię, l'épaule,
rola, le champ labouré;
rząd, le gouvernement;
rzetelny, loyal;
serdecznie, sincèrement;
uczyć się, apprendre;
uprawiony, cultivé;
úrząd (ędu), l'emploi;
wieczór, le soir;
wilczę, wilczek, le louveteau;
właściciel, le propriétaire;
wola, la volonté;
wolny, libre;
wolność, la liberté;
wygodny, commode;
wyrok, la sentence;
wyżeł, chien de quête;
zacięty, implacable;
zaczęty, commencé;
zamożny, opulent, riche;
zgon, la mort,
zięć, le beau-fils, le gendre;
zielony, vert;
życzliwy, bienveillant.

(*Dnia* 12 *Listopada* 18.., *wieczorem.*)

1. Kto to jest? To jest poczciwy syn tego godnego ojca, dobrego obywatela, zawsze wiernego swojemu królowi i który kocha prawdziwie swój kraj i swój rząd. — Każdy człowiek Chrześcianin (a nawet poganin) blizki zgonu jest zupełnie podległy wyrokowi sprawiedliwego Boga, posłuszny jego (à son) ministrowi, którego nieraz dopiero wtenczas poważa jako jedynego i prawdziwego swego przyjaciela. — Ów waleczny żołnierz drugiego pułku ułanów (des lanciers) zawsze jest życzliwy swojemu poczciwemu kapitanowi i ma krzyż złoty.

2. Ten pan bogaty i możny, chciwy urzędu i przychylny rządowi obcemu, ma jednego tylko przyjaciela, to jest: swojego czarnego wyżła. — Ów kupiec zamożny, właściciel tego pięknego domu i obszernego ogrodu, jest bardzo życzliwy Gustawowi mojemu przyjacielowi i kocha serdecznie swego starego i kochanego ojca, i swojego uczonego brata, który jest bardzo dowcipny. — Czy ty kochasz jeszcze Andrzeja, zaciętego nieprzyjaciela naszego kochanego Michała. — Mój zięć ma mundur zielony waszego porucznika.

3. Ty kochasz bardzo twoją miłą siostrę i tę familię nieszczęśliwą. — My kochamy Eugenię i jej stryjenkę bardzo bogatą. — Wy kochacie Francyę wolną, przyjaciółkę wolności. — Wasza mama ma wygodną kuchnię. — My mamy mocną wolę uczyć się. Wy macie rolę już

uprawną. — Ja mam jedno oko niebieskie a drugie czarne. — Ty masz czoło pogodne i otwarte. — On ma pomieszkanie bardzo wygodne. — My mamy ubranie mocne i kosztowne. — Wy macie kapryśne koźlę. — Oni mają długie, silne ramię. — Oni mają maleńkie wilczę. — Oni mają czarnego wilczka.

THÈME IX.

Il emploie, używa;
l'âge, wiek;
l'agneau, jagnię;
le banquier, bankier;
le chapon, kapłon;
le chevreau, koźlę;
le chinois, chińczyk;
chinois, chiński;
commode, wygodny;
contraire, przeciwny;
défavorable, nieprzyjazny;
la demeure, mieszkanie;
élevé, wyniosły;
l'empereur, cesarz;
l'étranger, cudzoziemiec,
obcy; [bnym;
être semblable, być podo-
fidèle, wierny;

le gendre, zięć;
le gouvernement, rząd;
l'impie, bezbożny;
insolent, zuchwały;
juste, sprawiedliwy;
le laquais, lokaj;
le lionceau, lwiątko;
le maître, nauczyciel;
la marque, znak;
modéré, umiarkowany;
Moscou, Moskwa,
le Moscovite, Moskal;
de Moscovie, Moskiewski;
la nation, naród (u);
l'ordre, porządek;
la patrie, ojczyzna;
le petit chien, psiątko;
la place, miejsce, plac;

pour civiliser, do cywili-
zacyi; [dzenia;
pour gouverner, do rzą-
pourquoi, dla czego;
propre, czysty;
ressembler, być podo-
la robe, suknia; [bnym;
rôti, pieczony;
sincèrement, szczerze;
le sommet, wierzchołek;
stupide, głupi;
tel-tel, jaki-taki;
tendre, miękki;
tout (chacun), każdy;
l'un et l'autre, jeden i dru-
utile, użyteczny; [gi;
voilà, otóż.

(Le 3 Décembre 18.., le matin.)

1. L'empereur de la nation chinoise, qui est si défavorable à tout étranger, aime cependant comme un frère l'empereur de Moscovie, dont le gouvernement ressemble beaucoup au gouvernement chinois ; l'un et l'autre emploient le bâton pour civiliser et gouverner ; voilà pourquoi les Moscovites et les Chinois sont stupides comme un... ; car tel maître, tel élève. — J'aime le petit garçon de notre aimable voisin si utile à notre grand-père. — L'insolent laquais de ce banquier si riche et si avare est cependant fidèle à son maître, qui a un très beau parc, un vaste jardin, et qui aime beaucoup le chapon rôti, le tendre dindon, le lièvre bien assaisonné.

2. J'ai le petit couteau de fer et la fourchette d'argent de cet élève dissipé et si désobéissant à son professeur, qui est cependant bon, juste et modéré. — Le cahier de mon ami Charles convient à tout élève qui aime l'ordre. — Le gendre de ce vieillard si fidèle à son Dieu et à son pays, est un impie et très contraire au roi et à son

gouvernement. — J'aime beaucoup aujourd'hui ma sœur Julie. — Tu aimes sincèrement cette institutrice de l'âge de ta mère. — Elle aime cette dame vertueuse et charitable. — Vous aimez la belle France.

3. J'ai ici tout près une jolie robe. — Est-ce que vous avez toujours votre meute aussi nombreuse qu'autrefois ? — Elle a une robe très bien faite. — J'ai un petit lionceau très sauvage. — Tu as un petit chien très fidèle et très intéressant. — Il a une place très commode. — Nous avons une demeure tout à fait incommode. — Vous avez un agneau chinois. — Ils ont un chevreau maigre. — Tu as une marque noire au front. — Il a le sommet de la tête très élevé.

THÈME X.

Le chaud, ciepło, gorąco; le froid, zimno; prendre, brać, wziąć; donner, dać, dawać; se porter, mieć się...; prêter, pożyczać.

(*Le 7 Décembre 18.., à midi.*)

1. Donnez-vous quelque chose à ce garçon ? Je lui donne un joli livre. — Que donne votre sœur à mon tailleur ? Elle lui donne un dé. — Le tailleur prête-t-il quelque chose à votre sœur ? Il lui prête un ruban. — Quelle montre prêtez-vous à votre tante ? Je lui prête ma belle montre d'or. — Veux-tu ma canne ? Je ne la veux pas, je te donne la mienne. — Voyez-vous mon épingle ? Je ne vois pas la vôtre, je vois celle de votre mère. — Quel fromage donnez-vous à mon frère ? Je lui donne du bon fromage.

2. Qu'est-ce qu'a votre père ? Il n'a rien. — N'est-il pas malade ? Non, Monsieur. — Votre mère n'a-t-elle pas froid ? Elle n'a pas froid, elle a chaud. — Qu'a ce garçon ? il n'a rien ; il est triste. — Monsieur votre père se porte-t-il bien ? Il se porte bien. — Aimez-vous votre tante ? Je l'aime, car elle est bonne. — Aimez-vous mon frère ou ma sœur ? Je n'aime ni votre frère ni votre sœur ; car votre frère est laid, et votre sœur méchante.

3. Prenez-vous du café ou du thé ? Je ne prends ni thé ni café; je bois de l'eau, du vin et du lait. — Que donnez-vous à votre cordonnier ? Je lui donne ma jolie botte de cuir. — Ne lui donnez-vous pas votre soulier ? Je le lui donne. — Qu'est-ce que votre frère vous donne ? Il ne me donne rien. — Que prêtez-vous à votre voisin ? Je lui prête mon vieux fusil de fer. — Qu'a votre sœur ? Elle a froid. — Es-tu malade ? Non, Monsieur, je ne suis pas

malade, je suis bien portant et gai. — Voulez-vous du lait ou de la crème ? Je ne veux ni lait ni crème; je veux du pain et de la viande. — Donnez-vous du drap à votre marchand ? Je ne lui donne pas de drap.

Leçon XIV (Czternasta Lekcya).

Un Anglais, Anglik ;
un Allemand, Niemiec ;
le capitaine, kapitan, rotmistrz ;
le charpentier, cieśla ;
un Français, Francuz ;
un Polonais, Polak.

Les noms du genre masculin terminés au nominatif en *a*, ainsi que les noms propres de famille terminés en *a* et *o*, se déclinent au singulier comme les substantifs du genre féminin :

N. Le charpentier	Cieśla,
G. du charpentier	cieśli,
D. au charpentier	cieśli,
A. le charpentier	cieślę.
N. Świda,	Minejko,
G. Świdy,	Minejki,
D. Świdzie,	Minejce,
A. Świdę.	Minejkę.

La bière, piwo ;
un biscuit, suchar, sucharek ;
du beurre, masło ;
du bœuf, wołowina ;
le bouillon, rosół ;
le bouton, guzik ;
la casquette, czapka ;
le clou, gwóźdź ;
l'encrier, kałamarz ;
le marteau, młotek ;
le miel, miód ;
le parapluie, parasol ;
la santé, zdrowie ;
la soupe, zupa.

Qui (pronom interrogatif), kto?
De qui, kogo ? (czyj, a, e).
A qui, komu ? (czyj, a, e).
Qui, (*complément direct*) kogo ?

Czyj, ja, je est un pronom interrogatif et possessif ; il se traduit en français par *à qui* ou *de qui* ; mais le substantif de la réponse désignant le possesseur se mettra invariablement au génitif en polonais :

A qui est ce chapeau ? — Czyj ten kapelusz?
A mon père (ou c'est celui de mon père).— Mego ojca.

A qui est le chapeau que vous avez? — Czyj Pan ma kapelusz ?
Il est à mon père (ou celui de mon père) — Mego ojca.

On peut donc établir cette règle que : *à qui* en français avec le verbe *être* doit se traduire par *czyj, ja, je* ; avec tout autre verbe par le datif de *kto,* c'est-à-dire *komu* :

A qui donnez-vous ce chapeau? — Komu Pan daje ten kapelusz ?
Je le donne à mon père. — Daję go memu ojcu.

Mais quand le possesseur est un pronom personnel en français (comme à moi, à toi, etc.), on le rend en polonais par le nominatif du pronom possessif, en le faisant accorder en genre avec l'objet possédé, exprimé ou sous-entendu :

A qui est ce cheval?—Czyj ten koń ?
à moi (le mien). — mój.
A qui est cette cuillère ? — Czyja ta łyżka ?
A toi (la tienne). — twoja.

Je connais, — Znam,
Tu connais, — Znasz,
Il ou elle connaît, — Zna.

J'ai besoin, — Potrzebuję,
Tu as besoin, — Potrzebujesz,
Il ou elle a besoin, — Potrzebuje.

Le régime direct du verbe *potrzebuję* se met au génitif.

De quoi avez-vous besoin ?	Czego Pan potrzebuje ?
J'ai besoin d'un encrier et d'une plume.	Potrzebuję kałamarza i pióra.
Avez-vous besoin de thé ?	Czy potrzebujesz herbaty ?
J'en ai besoin.	Potrzebuję jej.

En se rend en polonais par le pronom personnel qu'il remplace en français ; mais le plus souvent il reste sous-entendu en polonais, ainsi que le pronom *le.*

J'en ai beoin (sous-entendu un objet masculin). — Potrzebuję (go).
J'en ai besoin (féminin). — Potrzebuję (jej).
Voulez-vous du café? — Czy chcesz kawy ?
J'en veux. —Chcę.

THÈME XI.

Connaître, znać; souhaiter, winszować, życzyć.

(*Le 12 Décembre 18...*)

1. Votre voisin prête-t-il son parapluie au Français ou à l'Anglais ? Il ne le prête ni au Français ni à l'Anglais, il le prête à son ami. — Qu'est-ce que votre sœur me souhaite ? Elle vous souhaite une bonne santé. — Que souhaites-tu à ton père ? Je lui souhaite une longue vie. — De quoi ce garçon a-t-il besoin ? Il a besoin d'encre, d'un encrier, d'une plume et de papier.

2. Qui voyez-vous ? Je vois un Polonais. — Le connaissez-vous ? Je ne le connais pas. — A qui donnez-vous ce beau fusil ? Je le donne au capitaine. — A qui donnez-vous ce marteau de fer ? Je le donne au charpentier. — A qui est cette cuillère d'argent ? (Elle est) à ma tante. — Est-ce à toi ce marteau ? Il est à moi. — Cette plume est-elle à moi ? Elle est à vous.

3. Qui a besoin d'un marteau ? Le charpentier en a besoin. — Qui a chaud ? Le garçon de mon tailleur a chaud. — Qu'est-ce que votre sœur voit ? Elle voit la jolie maison de mon vieux voisin. — Qui veut du miel ? Mon frère en veut. — Quel livre votre fils lit-il ? Il lit un bon livre. — Quel bois avez-vous ? J'ai du bon bois. Quelle casquette as-tu ? J'ai ma jolie casquette de soie.

4. Qui aimez-vous ? J'aime mon frère. — Et votre frère vous aime-t-il ? Il m'aime aussi. — Quelle bière buvez-vous ? Je bois la bonne bière du Polonais. — Mangez-vous du bœuf ou du mouton ? Je ne mange ni bœuf ni mouton ; je mange du pain et je bois du vin. — A qui est ce crayon ? Il est à ce bon garçon-là. — A qui est ce cheval ? Il est à moi. — Ce clou de fer est-il à vous ? Il n'est pas à moi ; il est à mon bon charpentier. — Que mangez-vous ? Je mange du bouillon et un biscuit.

Leçon XV (Piętnasta Lekcya).

DU VOCATIF (O PIĄTYM PRZYPADKU)

On met au vocatif la personne ou la chose qu'on nomme en lui parlant.

Il est terminé :

1° *Pour les substantifs.*

MASCULIN :

1° En *e* dans les substantifs terminés au nominatif par une consonne dure, qu'on adoucit de la manière suivante : *b* change en *bie*, drab, drabie ; *d* en *dzie*, sąsiad, sąsiedzie ; *f* en *fie*, Józef, Józefie ; *m* en *mie*, pokarm, pokarmie ; *n* en *nie*, Jan, Janie ; *ł* en *le*, wół, wole; *p* en *pie*, kiep, kpie ; *r* en *rze*, suchar, sucharze ; *s* en *sie*, los, losie; *t* en *cie*, brat, bracie ; *w* en *wie*, Stanisław, Stanisławie; *z* en *zie*, płaz, płazie.

2° En *u* dans les substantifs terminés au nominatif par une consonne douce ou demi-douce, et dans les substantifs terminés en *h*, *ch*, *g*, *k* : koń, o koniu ! Król, o Królu ! druh, o druhu ! duch, o duchu ! wróg, o wrogu ! Polak, o Polaku !

3° Les substantifs des personnes du genre masculin terminés en *c*, *ec*, ont au vocatif *cze* : szewc, o szewcze ! ojciec, o ojcze ! Bóg fait au vocatif Boże ! Jezus Chrystus— Jezu Chryste !

FÉMININ :

Le vocatif est terminé :

1° En *o* dans les substantifs terminés au nominatif en *a* : woda, o wodo ! — matka, o matko !

2° En *i* dans les substantifs terminés au nominatif par une consonne douce ou *i* : sól, o soli ! — pani, o pani !

3° En *y* dans les substantifs terminés au nominatif par une consonne demi-douce : noc, o nocy ! — twarz, o twarzy !

NEUTRE :

Le Vocatif est comme le Nominatif.

REMARQUE. — Les noms de baptême d'hommes et de femmes employés diminutivement forment leur vocatif en *u* : Władzia, Władziu ! — Jadwisia, Jadwisiu ! — Józia, Józiu !

2° *Pour les adjectifs et tous les pronoms.*

Le vocatif est pareil au nominatif.

Il est à remarquer que les pronoms interrogatifs et démonstratifs ne s'emploient pas au vocatif. Quant aux pronoms possessifs, on n'emploie au vocatif que celui de la première personne : mój, moja, moje.

L'adolescent, młodzieniec (ńca).
La femme, kobieta, niewiasta (en général); żona (comme épouse).
Le fils, syn.
La fille, córka (pour désigner le rapport au père et à la mère) ; dziewczyna, dziewka.
L'homme, człowiek (homo) ; mężczyzna (désignant le sexe) ; mąż (męża) (vir et comme époux).

La bougie, świeca stearynowa ;
la bouteille, butelka ;
la chandelle, świeca ;
le coffre, skrzynia ;
la demoiselle, panna, panienka ;
le domestique, służący ;
la domestique la servante, służąca ;
le jeune homme, panicz (le fils du maître) ;
la lettre, list ;
le riz, ryż ;
la robe, suknia ;
le sac, wór, worek.

Les noms terminés en *y* se déclinent comme des adjectifs et prennent comme eux les terminaisons du féminin.

Le balai, miotła ;
le bateau, statek ;
la bouche, gęba, ou usta (nom pluriel) ;
le canot, czółno ;
une noisette, orzech (orzecha) ;
une noix, orzech włoski ;
l'œil, oko ;
le pied ou la jambe, noga ;
le vaisseau, okręt.

Son, sa, le sien, la sienne — Jego (à lui),
Son, sa, le sien, la sienne — Jej (à elle).

Jego ou *jej* sont des pronoms possessifs indéclinables qui s'accordent en genre avec le possesseur et non pas avec l'objet possédé :

Je connais sa mère (à lui) — Znam jego matkę
Il connaît son père (à elle) — On zna jej ojca

Je vois sa fille (à lui) — Widzę jego córkę.
Je ne connais pas son fils (à elle)—Nieznam jej syna.

Son, *sa*, doivent se rendre par *swój*, *a*, *e*, quand le sujet de la troisième personne est le possesseur de l'objet possédé.

Le paysan a son sac — Chłop ma swój wór.
Ma femme aime sa sœur—Moja żona kocha swoją siostrę.

—

Quelqu'un — Ktoś.
Personne — Nikt.

Ktoś et *nikt* se déclinent sur *kto* dont ils sont dérivés.

—

Je sais — wiem, umiem.
Tu sais — wiesz, umiesz.
Il ou elle sait — (on, ona, ono) wie, umie.

Wiem veut dire *je sais* dans le sens de je suis informé; et *umiem* je sais faire quelque chose, ou j'ai connaissance de quelque chose :

Que savez-vous ? — Co wiesz ?
Je sais que tu ne sais pas ta leçon—Wiem ze nieumiesz lekcyi.

—

J'écris — piszę,
Tu écris — piszesz,
Il ou elle écrit — (on ona, ono) pisze.

Je prie, je demande — proszę,
Tu pries, tu demandes — prosisz,
Il ou elle prie, demande — (on, ona, ono) prosi.

Après le verbe *proszę* on met la personne à laquelle on demande au génitif et la chose demandée à l'accusatif précédé de la préposition *o* :

Je vous demande un livre. — Proszę Pana o książkę.
Que me demandes-tu ? — O co mnie prosisz ?

Donne — daj, | Mange — jedz,
Donnez — proszę Pana dać. | Mangez — proszę Pana jeść.
Prête — pożycz, | Bois, pij,
Prêtez — proszę Pana pożyczyć. | Buvez — proszę Pana pić.

Je fais — Robię,
Tu fais — robisz,
Il ou elle fait — (on, ona, ono) robi.

Je veux — Chcę, chce mi się, mnie się chce.
Tu veux — chcesz, chce ci się, tobie się chce.
Il ou elle veut — chce, chce mu się, jej się chce.
Vous voulez — Panu się chce.

Le verbe *vouloir* est souvent usité impersonnellement en polonais et alors le sujet doit être au datif.

Manger — Jeść.
Boire — Pić.
Dormir — Spać.

J'ai faim — jeść mi się chce, jestem głodny.
J'ai soif — pić mi się chce, mam pragnienie.
J'ai sommeil — spać mi się chce, jestem senny.

C'est — to (jest).
Qui est-ce? — kto to? (jest).
Qu'est-ce que cela? — Co to (jest)?

Où? — gdzie?
Là — tam.
Ici — tu, tutaj.
Que (conjonction) — że (Spójnik).

Je sais que ma sœur a faim. — Wiem, że mojej siostrze jeść się chce.

Grand, e, wielki, a, ie; duży, a, e.
Petit, e, mały, a, e.
Jeune, młody, a, e.

Un morceau, kawałek (łka).
Un pain, bochenek (nka).
Un petit pain, bułka.

ZADANIE VI.

Angielka, l'Anglaise;
chwała, la gloire,
cień, l'ombre;
ciocia, la petite tante;
dzielny, plein d'ardeur, vaillant;
dziób, le bec;
głos, la voix;
honor, l'honneur;
jenerał, le général;
kruk, le corbeau;
kwiat, la fleur;
lipa, le tilleul;
łąka, la prairie;
morze, la mer;
narodowy, national;
niebezpieczny, dangereux;
niebo, le ciel;
niedbałoc, négligent;
niepewny, incertain;
nieprzyjemny, désagréable;
niewdzięczny, ingrat;
noc, la nuit;
patrz, regarde;
paw, le paon;
pisarz, l'écrivain;
podejrzliwy, soupçonneux;
próżniak, paresseux;
przyjemny, agréable;
pugilares, le portefeuille;
rodak, le compatriote;
rozrzewniający, émouvant;
sołtys, le juge de village;
suknia, la robe;
szabla, le sabre;
tygrysię, le petit tigre;
wierzba, le saule;
wóz, la voiture;
wróg, l'ennemi;
zawalany, sali;
zdradliwy, traître;
zmęczony, fatigué;
złodziej, le voleur;
żyd, le juif.

(*Dnia* 13 *Grudnia* 18.., *po południu.*)

1. Mój kochany Panie, jakże jesteś nieszczęśliwy! — Miłosierny królu! ty jesteś zawsze sprawiedliwy. — Wrogu mojego kraju, jakże jesteś okrutny! — Bracie! czy ty masz mój scyzoryk i mój ołówek? — Ośle niewdzięczny! czemu jesteś zawsze uparty? — Brzydki kocie! jesteś zawsze zdradliwy. — Mój dobry psie! jakże jesteś wierny i posłuszny. — Moje kochane dziecko! gdzie jest twój zeszyt czysty? — O piękny kwiecie! jakże masz przyjemny zapach! — Czy ty masz, mój pilny uczniu, czarny atrament, bo mój jest bardzo blady. — O wole pracowity, jak jesteś zmęczony! — Nasz wujaszku kochany, czy kochasz bardzo naszego maleńkiego braciszka? — Przyjacielu! gdzie jest twój kałamarz? — Panie jenerale, czy każdy żołnierz jest odważny?

2. O dziki niedźwiedziu, jakże jesteś straszny! — Drapieżny tygrysie, czemu nie jesteś czasami łagodny? — Ty masz mój pugilares, brzydki złodzieju. — Zacny obywatelu, ty kochasz zawsze honor swojego kraju. — Żołnierzu, gdzież jest twój dzielny koń? — Czarny kruku, jakże twój dziób jest krzywy, a twój wzrok niepewny! — Kochany pisarzu, masz bardzo zły atrament i tępy scyzoryk. — Żydzie! czy masz pieprz, sól i cukier? — Sołtysie! czy masz dobrego konia i wóz? — Piękny pawiu, jakże twój głos jest nieprzyjemny. — Mój zacny rodaku, gdzież jest twój dom? — O nieszczęśliwy przyjacielu! gdzież jest teraz twój syn? — Nasz ojcze kochany, dla czego jesteś zawsze tak smutny? — Czy masz, krawcze, nowy surdut i jakikolwiek płaszcz? — O biedny niedbalcze, czemu jesteś zawsze tak brudny i zawalany? — Szczęśliwy starcze! masz syna, który jest pilny, uprzejmy i uczciwy!

3. Moja droga Mamo! patrz jak mam piękną suknię! — Ty jesteś bardzo nieposłuszna, moja kochana siostro! — Łąko, jak jesteś piękna i rozkoszna! — Jak cień twój jest miły, zielona rozłożysta lipo. — Wierzbo płacząca, jakże ty jesteś cicha i smutna! — Zła kotko! ty jesteś zawsze zdradliwa! — Maryo, gdzie jest twoja lalka? Niewdzięczna przyjaciółko! dla czego jesteś zawsze podejrzliwa? — Czy jesteś bardzo chora, siostro moja kochana? — O pieśni narodowa! jak jesteś rozrzewniająca! — Wsi spokojna, wsi wesoła, któryż głos twej chwale zdoła: (égaler). — Moja kochana Pani! dla czego dziś jesteś tak smutna? — Ta moja Angielka chciwa, jest niezmiernie chora. — Siostro, czy masz dobrą igłę? Mam bardzo dobrą. — Ciociu, czy jest dzisiaj opera? — O czyste niebo! jak jesteś piękne! — Kochane dziecko, dla czego jesteś czasami tak uparte? — Bądź zdrowe, zdradliwe morze. — O złe tygrysię! jak jesteś okrutne.

THÈME XII.

L'amie, przyjaciółka;
la biche, sarna;
bientôt, wkrótce;
blessé, ranny;
le colonel, pułkownik;
la cousine, kuzyna;
dangereux, niebezpieczny;
la destinée, przeznaczenie;
la famille, familia, rodzina;
le forgeron, kowal;
généreux, szlachetny;
le gros chien, psisko;
indépendant, niepodległy;
insupportable, nieznośny;
libre, wolny;
Lithuanie, Litwa;
la maîtresse, gospodyni;
la nièce, siostrzenica, synowica;
opprimé, uciśniony;
paisible, spokojny;

le pays, kraj;
perdu, stracony;
le perroquet, papuga;
la petite grand'mère, babunia;
la pie, sroka;
le pistolet, pistolet;
prêt, gotów, gotowy;
le prisonnier, więzień;
la retraite, ustroń;
le serpent, wąż;
le tisserand, tkacz;
vénérable, szanowny;
le voleur, złodziej.

(*Le* 15 *Décembre* 18.., *le soir.*)

1. Mon fils, as-tu un cheval et une voiture ? — Mon cher Paul, je suis bien malheureux aujourd'hui. — Victor, notre voisin, a un beau chien. — Mon cher Joseph, pourquoi es-tu si lent et même si paresseux ? — Henri, as-tu un bon canif ? — Mon bon compatriote, es-tu aujourd'hui aussi triste qu'hier ? Non, mon frère, je suis triste seulement quelquefois. — Mon enfant, où est ta bague si belle et si précieuse ? — Cuisinière, as-tu un peu de pain tendre et du fromage ? — Monsieur le militaire, aimez-vous votre colonel ? — Que je suis malheureux, mon cher ami ! — Ah, voleur, tu es toujours ici ? — Mon petit Joseph, aimes-tu beaucoup ton frère ? Oui, mon cher oncle.

2. Sais-tu, mon brave soldat, que j'ai un sabre, un petit cheval et un petit chien ? — O grand homme ! que tu es généreux ! — Serpent venimeux, tu es bien dangereux ! — Citoyen généreux, tu es digne de ton pays ! — Forgeron, as-tu une clef et un marteau ? — Colonel ! où est votre pistolet et votre sabre ? — Tisserand, où est votre petit garçon ? — Mauvais laquais, est-ce que tu es toujours aussi insolent ? — Garçon, où est mon assiette et ma fourchette ? — Ah ! que tu es bon, mon cher père ! — D'où es-tu, malheureux prisonnier ? — Vieillard vénérable, je sais que tu aimes Dieu et tout homme honnête. — O ma patrie ! que tu es malheureuse ! — Où es-tu, ô Lithuanie opprimée ? — O notre chère Pologne, bientôt tu seras libre et indépendante !

3. Ma bonne tante, où est notre maman ? — Tu es une insupportable pie bavarde ! — Ma chère cousine, où est

notre amie ? — Sotte brebis, tu es perdue. — Sais-tu, Eugénie, que j'ai un très beau perroquet ? Oui, ma bonne Julie, je le sais. — Malheureuse famille, que tu es patiente! — Que je t'aime, ô retraite paisible; tu es très agréable. — Notre chère maîtresse, pourquoi n'es-tu pas gaie ? — Pauvre biche blessée ! — Ma petite Sophie, tu es aujourd'hui bien désobéissante ! Oh non, ma bonne institutrice ! — Ma petite tante, as-tu ma robe de soie ? Non, ma chère nièce. — Notre petite grand'mère, est-ce que tu es malade ? — Ma petite bonne maman, est-ce que je ne suis pas sage ? — Mon petit enfant, pourquoi es-tu si désobéissant ? — Viens ici, mon bon gros chien ! — O triste destinée ! me seras-tu toujours défavorable ?

THÈME XIII.

Bâtir, budować; bonjour, dzień dobry; car, ponieważ, bo; dire, mówić, rzec, powiedzieć; demander, pytać, prosić; donc, więc; la faim, głód; la leçon, lekcya; malade, słaby, chory; raccommoder, naprawiać; le sommeil, sen, spanie; savoir, wiedzieć, umieć; la soif, pragnienie.

(*Le 22 Décembre* 18...)

1. Qui a sommeil ? Mon petit frère a sommeil. — Votre petite sœur n'a-t-elle pas froid ? Non, monsieur, elle n'a pas froid, elle a sommeil. — Ma fille, vois-tu ce grand chien ? Oui, maman, je le vois. — Que dis-tu ? Je dis que je le vois. — Mon petit Boleslas, sais-tu que mon père est malade ? Non, monsieur, je ne le sais pas. — Est-ce que quelqu'un veut du vin ? Personne ne veut du vin, car personne n'a soif. — Ce petit élève sait-il sa leçon ? Il la sait. — Mon petit Stanislas, prête-moi ton joli livre. Je ne l'ai pas, monsieur. — Où est-il ? C'est mon frère Ladislas qui l'a.

2. Charpentier, que faites-vous là ? Je bâtis une maison pour votre voisin. — Cordonnier, que fais-tu ? Je raccommode votre soulier. — Tailleur, que fais-tu ? Je finis l'habit de votre frère. — Que me dis-tu, mon frère ? Je te dis, ma sœur, que j'ai faim. Mange ce morceau de bœuf. — Ma tante, j'ai soif ! Bois de l'eau, mon petit Ladislas. — Je n'aime pas l'eau, ma tante. Ne bois donc rien. — Que fait le paysan ? Il mange un poulet et boit du vin. — Mon capitaine, savez-vous que votre vaisseau n'est pas bon ? Je le sais. — Mais quel vaisseau (le vaisseau de qui) est bon ? Celui de l'Anglais est bon. — Qu'est-

ce que cet homme me demande ? Il vous demande son parapluie. — Est-ce que j'ai son parapluie ? Vous l'avez. — Qu'est-ce que cette demoiselle te demande, ma sœur ? Elle me demande sa robe. — As-tu sa robe ? Je n'ai pas sa robe, j'ai son ruban de soie.

THÈME XIV

(*Le* 13 *Janvier* 18.., *après-midi.*)

1. De quoi as-tu besoin, mon garçon? J'ai besoin de mon petit bouton d'or. — A qui veux-tu le donner ? — Je veux le donner à ce bon Polonais, car je l'aime. — Pourquoi ne le donnes-tu pas à ma tante ? Je ne le lui donne pas, parce que je ne la connais pas. — Avez-vous froid, mon voisin ? Je n'ai pas froid, mais quelqu'un a froid. — Qui ? Le garçon de mon tailleur. — Qu'est-ce que ta mère donne à ce paysan ? Elle lui donne du riz et une bouteille de vin. — Que dis-tu à mon domestique ? Je lui dis que j'ai soif et je lui demande un verre d'eau. — A qui est ce coffre, ma sœur ? Il est à moi.

2. Donnez-vous une noix à ce jeune homme ? Je lui donne une noix et un oiseau. — A qui est le balai que vous avez ? (Il est) à mon domestique. — Avez-vous son gilet ? Je ne l'ai pas. — Sais-tu, Joseph, à qui est ce sac ? Je le sais, car il est à ma femme. — Que demande cet homme à ma fille ? Il lui demande son chapeau (à lui). — Est-ce qu'elle l'a ? Oui, Monsieur, elle l'a. — A qui est ce chapeau ? Il est à mon bon voisin. — Votre voisin vous prête-t-il son parapluie ? Il me le prête. — Avez-vous sa montre ? Je n'ai pas sa montre, j'ai sa bourse. — Bonjour, ma sœur ! te portes-tu bien ? Bonjour, mon frère ! je me porte bien, et toi ? Je suis triste. — Pourquoi ? Parce que je ne sais pas ma leçon.

Leçon XVI (Szesnasta Lekcya).

DE L'ABLATIF (O SZÓSTYM PRZYPADKU)

On se sert de ce cas en polonais pour désigner l'objet à l'aide duquel on fait quelque chose.

J'écris avec une plume — Piszę piórem.
Je bois avec un verre — Piję szklanką.

Il est terminé :

1° Pour les Substantifs.

Masculin : en *em* qu'on ajoute à la terminaison du nominatif : brat, bratem ; stół, stołem ; etc.

Féminin ; en *ą* qu'on substitue à l'*a* du nominatif : woda, wodą. Si le substantif n'est pas terminé en *a*, on ajoute *ą* : sól, solą.

Neutre : en *em* qu'on met à la place de la voyelle du nominatif : pióro, piórem.

2° Pour les adjectifs et les pronoms qui se déclinent adjectivement.

Masculin : en *ym* et *im* : moim dobrym bratem.

Féminin : en *ą* : twoją, dobrą matką ; moją własną ręką ; etc.

Neutre : en *em* : tem dobrem piórem ; jakiem okiem ; etc.

3° Pour les Pronoms personnels.

Nom. Je ou moi — *Ja* ; tu ou toi — *ty*.
Abl. avec moi — *mną* ; avec toi — *tobą*.
Nom. Lui, elle — *on, a, o.*
Abl. avec lui, elle — *nim, nią, niem.*

Kto fait à l'ablatif *kim*, et *co*, *czem*.

Les prépositions françaises *avec*, *de*, *dans*, etc., ne se rendent pas en polonais quand elles précèdent les noms qui servent à désigner l'instrument d'une action :

Avec quoi écris-tu?	Czem piszesz ?
J'écris avec une plume.	Piszę piórem.
J'écris avec mon bon crayon.	Piszę moim dobrym ołówkiem.
Dans quoi buvez-vous du vin ?	Czem Pan pije wino ?
Je le bois dans le joli verre de ma mère.	Piję je ładną szklanką mojej matki.
Avec quoi coupez-vous la viande?	Czem Pan kraje mięso ?

Avec le couteau.	Nożem.
De quelle manière apprenez-vous votre leçon ?	Jakim sposobem uczysz się lekcyi ?
Je l'apprends de cette manière.	Uczę się jej tym sposobem.

Avec se rend par *z*, suivi de l'ablatif quand il sert à lier deux personnes ou deux choses, c'est-à-dire quand deux personnes ou deux choses ont fait ensemble une action, ou bien quand une personne ou une chose est gouvernée par le même verbe qu'une autre personne ou une autre chose :

Je vois la mère avec la fille — Widzę matkę z córką.
Tu manges le pain avec du beurre — Jesz chleb z masłem.
Il boit du vin avec de l'eau — Pije wino z wodą.

Avec se rend par *z* suivi de l'ablatif, quand le substantif avec la préposition exprime la manière dont on fait quelque chose (et non pas l'instrument à l'aide duquel on fait quelque chose), c'est-à-dire lorsque l'emploi de ce substantif avec la préposition est adverbial :

J'écoute avec attention — Słucham z uwagą.

Tandis que dans la phrase : *słucham uchem* (j'écoute à l'aide de l'oreille) on ne saurait rendre *avec* par *z* ni une autre préposition.

Je coupe, Kraję;	J'apprends, Uczę się;	J'écoute, Słucham;
tu coupes, krajesz;	tu apprends, uczysz się.	tu écoutes, słuchasz;
il, elle coupe, kraje.	il, elle apprend, uczy się,	il, elle écoute, słucha

Les verbes *uczę się*, *słucham*, veulent leurs régimes directs au génitif.

J'entends, słyszę;	Je bats, biję;	Je mérite, zasługuję;
tu entends, słyszysz ;	tu bats, bijesz;	tu mérites, zasługujesz ;
il, elle entend, słyszy ;	il, elle bat, bije.	il, elle mérite, zasługuje.

Le régime direct du verbe *zasługuję*, doit être précédé de la préposition *na* suivie de l'accusatif.

Je mérite une récompense — Zasługuję na nagrodę.

L'application, pilność ;
un arbre, drzewo ;
l'attention, uwaga ;
un billet, liścik, kartka,bilet;
la conduite, prowadzenie ;
la cuisinière kucharka ;
le directeur, dyrektor ;
un fer de cheval, podkowa;
du foin, siano ;
un gant, rękawiczka ;
la langue, język ;
la main, ręka ;
un matelas, materac ;
le matelot, majtek ;
un miroir, zwierciadło ;
une paillasse, siennik ;
un portefeuille, pugilares ;
la punition, kara ;
la récompense, nagroda ;
un sabot de cheval, kopyto ;
la tête, głowa.

Qui (pronom relatif) — *który, a, e*, se décline comme un adjectif :

Voyez-vous le cheval qui est là ?	Czy Pan widzi konia, który jest tam?
Connaissez-vous le domestique qu'a mon père ?	Czy Pan zna służącego, którego ma mój ojciec ?
Vois-tu le crayon que je lui donne ?	Czy widzisz ołówek, który mu daję?
Lis-tu le livre que ma mère te prête ?	Czy czytasz książkę, którą ci pożycza moja matka?
Ecris-tu avec la plume que tu as ?	Czy piszesz piórem, które masz?

Le pronom relatif *który, a, e*, se remplace souvent dans les trois genres au nominatif par *co*.

Voyez-vous l'homme qui reste là ?	Czy Pan widzi człowieka, co tam stoi?
Connaissez-vous cette femme qui mange ?	Czy Pan zna tę kobietę, co je?

Mais lorsque *co* remplace un autre cas que le nominatif, on le fait suivre du pronom personnel que l'on met au cas exigé par le verbe.

La maison que vous voyez est à moi.	Dom, co go widzisz, jest mój.
La femme à qui vous prêtez le livre est ma servante.	Kobieta, co jej pożyczasz książkę, jest moją służącą.
La plume avec laquelle vous écrivez.	Pióro, co niem piszesz.

Ce-ci, celui-ci, celle-ci — *Ten, ta, to.*
Ce-là, celui-là, celle-là — *Tamten, tamta ; ów, owa, owo.*

Avez-vous ce cheval-ci ou celui-là.	Czy masz tego czy tamtego konia?
As-tu cette casquette-ci ou celle-là ?	Czy masz tę czy tamtą czapkę?
Vois-tu cette table-ci ou celle-là ?	Czy widzisz ten czy tamten stół?
Veux-tu de ce vin-ci ou de celui-là?	Czy chcesz tego czy tamtego wina ?

Celui qui, celle qui — Ten który ou ten co ; ta która ou ta co ; to które ou to co.

Lorsque *ten* et *który* se trouvent dans une phrase renfermant deux verbes dont les régimes sont différents, *ten* est gouverné par le premier verbe et *który* par le second :

Quelle table avez-vous?	Jaki masz stół?
J'ai celle dont tu as besoin.	Mam ten, którego potrzebujesz.
Buvez-vous le vin que j'aime?	Czy Pan pije wino, które lubię?
Je ne bois pas celui que vous aimez.	Nie piję tego, które Pan lubi.

Être-Być.

Le verbe *être* veut à l'ablatif le substantif qui exprime l'état, la dignité, ou la manière d'être du sujet:

Son père est cordonnier.	Jego ojciec jest szewcem.
Stanislas-Auguste a été le dernier roi de Pologne.	Stanisław August był ostatnim królem polskim.
Elle est une bonne mère.	Ona jest dobrą matką.

Mais quand le substantif désigne une qualité du sujet qui n'est pas acquise avec le temps, et qui lui est propre dès sa naissance on le met ordinairement au nominatif. Il en est de même pour les adjectifs qui qualifient le sujet.

Je suis Polonais. — Jestem Polak.
Tu es Français. — Jesteś Francuz.
Cette plume est bonne — Ti pióro jest dobre.
C'est mon père. — To mój ojciec.

Etes-vous le père de cet enfant?	Czy Pan jest ojcem tego dziecka?
Je le suis.	Jestem (nim).
Etes-vous la mère de cette jolie petite fille?	Czy Pani jest matką tej ładnej dziewczynki?
Je la suis.	Jestem (nią).

ZADANIE VII.

Ja biję, je bats;
ja jem, je mange;
ja kraję, je coupe;
ty piszesz, tu écris;
on rysuje, il dessine

Bat, le fouet;
biegły, habile;
bogobojny, craignant Dieu;
ciągle, continuellement;
czujny, vigilant;
czuły, sensible;
czytanie, la lecture;
dębowy, de chêne;
drewniany, de bois;
drukarz, l'imprimeur;
dziedziczka, l'héritière, propriétaire;
gadanie, le bavardage;
góral, le montagnard;
imię, le nom;
jagnię, l'agneau;
kij, le bâton;
kołdra, la couverture;
kółko, le rond;
krawiec, le tailleur;
ksiądz, le prêtre;
księgarz, le libraire;
łyżka, la cuillère;
mieszczanin, le bourgeois;
nadto, trop;
natrętny, importun;
okrywam się, je me couvre;
osoba, la personne;
ozdobiony, décoré;
pasterz, le pâtre;
portret, le portrait;
powołanie, la vocation;
pożyteczny, utile;
praca, le travail;
przechadzać się, se promener;
pysznić się, s'enorgueillir;
robotnik, l'ouvrier;
rolnik, le cultivateur;
sierota, l'orphelin;
sławny, célèbre;
stalowy, d'acier;
starodawny, ancien;
starszy, aîné;
stróż, le gardien;
szewc, le cordonnier;
szklanka, le verre;
szlachcic, le gentilhomme;
szwaczka, la couturière;
troskliwy, vigilant;
urodzony, né;
węgiel, le charbon;
wróbel, le moineau;
zając, le lièvre;
żebraczka, la mendiante.

(*Dnia 22 Stycznia* 18.., rano.)

1. Ja jestem krawcem, ty jesteś szewcem, on jest robotnikiem. — Ja jestem pilnym uczniem. — Ty jesteś dobrym współtowarzyszem. — On jest pobożnym księdzem. — Ja nie jestem księgarzem i drukarzem. — Ty nie jesteś złym człowiekiem, ale serdecznym przyjacielem. — Mój wuj jest bogatym księgarzem. — Ten wysoki góral jest szczęśliwym pasterzem. — Czy twój stary pies jest czujnym stróżem? — Czy ty już jesteś właścicielem tego nowego domu? — Zygmunt jest starożytnym szlachcicem, ale czy Ludwik jest także szlachcicem? — Nie, on jest mieszczaninem, obywatelem krakowskim. — Stary Piotr jest wieśniakiem.

2. Kto tu jest drukarzem? — Ja jestem bogatym księgarzem. — Czy twój wuj jest jeszcze żołnierzem? Tak jest, mój wuj jest jeszcze żołnierzem i jest ozdobiony złotym krzyżem. — Kto jest prawdziwym Polakiem, ten zawsze kocha swój kraj. — Wróbel nie jest orłem ani zając nie jest lwem. — Pies nie jest kotem ani koń nie jest słoniem. — Kraję chleb ostrym nożem. — Biję leniwego osła dębowym kijem a mego wyżła batem. — Karol rysuje czarnym węglem portret swego przyjaciela. — Ty piszesz atramentem czarnym, a ja niebieskim. — Ja jestem z moim nauczycielem. — Ty jesteś z twoim bratem, ale każdy człowiek uczciwy i bogobojny jest zawsze z Panem Bogiem. — Ten syn jest zawsze z swoim ojcem.

3. Ty jesteś czułą poczciwą siostrą. — Moja kuzyna jest bardzo troskliwą i dobrą matką. — Ta stara baba jest natrętną żebraczką. — Czy ja jestem biegłą szwaczką i sławną kucharką? — Czy ty jesteś bogatą właścicielką? — Ty jesteś wielką panią a ja jestem biedną sierotą. — Ta młoda panna jest bardzo miłą osobą. — Ja nie jestem ani dobrą gospodynią ani uczoną nauczycielką. — Zofia jest bardzo pobożną zakonnicą. — Cnota obywatelska jest jedyną tarczą Polski. — Ja jem zupę drewnianą łyżką. — Ty pijesz wodę małą szklanką.

4. On pisze kredą. — Ja okrywam się kołdrą. — Dziś jestem szczęśliwa, bo jestem z twoją mamą. — Gdzie jest panna Józefa? Ona jest ze swoją nieznośną nauczycielką. — Matka przechadza się ze swoją córką, a ciotka z moją starszą siostrą. — Ja piszę gęsiem piórem a ty stalowem. — My bawimy się pożytecznem czytaniem a wy ciągłem gadaniem. — Ja bawię się ciągle tem pięknem okrągłem kółkiem. — Ta owca jest prawie zawsze ze swojem małem jagnięciem, a ta koza ze swojem wesołem koźlęciem. — Nie trzeba się nadto pysznić, nawet sławnem imieniem.

THÈME XV.

Comment, jak;	écrire, pisać;	remercier, dziękować.
couper, rżnąć, krajać;	écouter, słuchać;	
la classe, klasa;	le mouton, baranina, baran;	

(*Le 2 Février* 18...)

1. Bonjour, Monsieur, comment vous portez-vous? Je vous remercie, je me porte bien, et vous? Je me porte

bien aussi. — Que faites-vous là ? J'écris une lettre. — Avec quoi l'écrivez-vous ? Je l'écris avec un crayon, car je n'ai pas de plume. — Jean ! que donnez-vous à ce bœuf? Je lui donne du foin, car il a faim. — Dis-moi, mon petit Boleslas, comment va ta sœur ? Merci, Monsieur, elle va bien ; elle apprend sa leçon de polonais. — La sait-elle ? Elle ne la sait pas encore.

2. Que fait votre cuisinière ? Elle coupe du mouton. — Aimez-vous le mouton ? Oui, je l'aime. — Comment le mangez-vous ? Je le coupe avec mon couteau et je le prends avec ma fourchette. — Comment cet étranger mange-t-il sa soupe ? Il la mange comme vous et moi, avec sa cuillère. — Ce garçon, qu'est-il ? C'est un élève de la classe sixième. — Mais pourquoi le professeur lui dit-il : âne ? Parce qu'il n'apprend pas sa leçon. — Qui est-ce que la domestique écoute avec une telle attention ? Elle écoute ce jeune matelot que vous voyez là.

THÈME XVI.

Je bats, ja biję;
je m'amuse, ja bawię się;
je taille, ja temperuję.

Amusant, zabawny;
après, po;
la balle, piłka;
barbare, barbarzyński;
la bergère, pastorka;
le boucher, rzeźnik;
la carotte, marchew;
le cerceau, obręcz;
le cœur, serce;
déjà, już;
le député, poseł,
éloquent, wymowny;
l'enfer, piekło;
enfin, nakoniec;
l'épouse, żona;
exact, akuratny;
excellent, wyborny;
fameux, sławny;
insensé, bezrozumny, głupi, szalony;
le jardinier, ogrodnik;
le libraire, księgarz;
le médecin, lekarz, doktor;
le menuisier, stolarz;
mort, zmarły;
le neveu, siostrzeniec (fils de la sœur du père);
le neveu, synowiec (fils du frère du père);
noble, szlachetny;
la nourriture, żywność, pokarm;
l'œuf, jajko, jaje;
le peintre, malarz;
la personne, osoba;
le pharmacien, aptekarz;
plein, pełny;
le portrait, portret;
le prêtre, ksiądz, kapłan;
puis, potem;
le serrurier, ślusarz;
tué, zabity;
le verre, szklanka;
vide, próżny;
vigilant, troskliwy;

(*Le* 30 *Janvier* 18...)

1. Je suis menuisier. — Tu es serrurier. — Il est boulanger. — Je suis un ancien boucher. — Tu es un fameux cuisinier. — Il est un riche marchand. — Est-ce que je suis un riche libraire ? — Est-ce que tu es jardinier ? — Est-ce qu'il est professeur ? — Je suis encore élève. — Tu es toujours brave militaire. — Notre ami est un brave

soldat. — Le fils de notre riche voisin est déjà officier et capitaine. — Le neveu de votre prêtre est un député très éloquent. — Ce monsieur est un excellent peintre. — L'homme est d'abord petit garçon, puis il est jeune homme, ensuite homme, et enfin vieillard. — Ton frère n'est pas pharmacien, mais il est médecin.

2. Je coupe le pain avec un couteau très émoussé. — Je bats mon chien désobéissant avec une baguette, et quelquefois avec un fouet. — Je frappe cette clef avec un marteau. — Je taille mon crayon avec un canif. — Il dessine mon portrait avec un charbon. — J'écris avec de l'encre rouge. — Gustave est toujours avec son frère Louis, mais cet élève n'est presque jamais avec son ami. — Quel monsieur est toujours avec votre professeur ? — Le chien est toujours avec son maître. — Je suis la malheureuse mère de cette jeune personne morte. — Tu es une épouse heureuse. — Cette dame âgée et très riche est la grand'-mère de cette femme pauvre. — Cette grande et belle fille est une bergère très vigilante.

3. Ma sœur Marie est une très bonne maîtresse de maison. Est-ce que je ne suis pas une élève exacte, obéissante, appliquée ? — La carotte est une nourriture très saine. — Je m'amuse avec une petite balle et avec un cerceau rond. — Tu t'amuses, mon amie, avec une bouteille pleine et un verre vide. — La petite chatte s'amuse avec une souris tuée. — Ma cousine lit un livre amusant avec ma gouvernante. — Je me promène souvent avec ma vieille tante Marguerite. — Un gouvernement barbare, cruel et insensé est un véritable enfer pour tout cœur noble et sensible. — Je m'amuse avec cet œuf rouge. — Ce gros bouc s'amuse avec ce petit chevreau. — La mère se promène avec son enfant.

THÈME XVII.

Cher, kochany, drogi;	gagner, zarabiać;	par, przez;
l'enfant, dziecko;	mériter, zasłużyć;	parler, mówić.
entendre, słyszeć;	l'oreille, ucho;	

(*Le* 19 *Février* 18.., *le soir.*)

Dis-moi, mon cher Stanislas, pourquoi mérites-tu toujours cette punition ? Je ne le sais pas. — Vous le savez, mon ami ; vous méritez votre punition, par votre mauvaise conduite. — Connais-tu cet élève-là ? Je le connais. — Qui est son père ? (Le fils de qui est-il ?) Il est le fils du capitaine. — Votre mère aime-t-elle ce poulet-ci ou celui-là ? Elle n'aime ni celui-ci ni celui-là. — Avec quoi le tailleur gagne-t-il sa vie ? Il la gagne avec son dé et son aiguille. — Avec quoi le charpentier gagne-t-il sa vie ? Avec son marteau. — Qui écoutez-vous ? J'écoute cette petite fille qui parle au paysan. — Avec quoi l'homme entend-il ? Avec son oreille. — Avec quoi voit-il ? Avec l'œil.

THÈME XVIII

(*Le 3 Mars 18.., à midi.*)

Avec qui est ta sœur ? Avec un étranger que tu ne connais pas. — Votre domestique que fait-il là ? Il coupe une bougie avec son couteau. — Votre boulanger a-t-il le pain que votre frère aime ? Il n'a pas celui qu'aime mon frère, mais il a celui que vous aimez. — Donnez-vous à votre tante ce livre-ci ou celui-là ? Je ne lui donne ni celui-ci ni celui-là ; je lui donne celui que votre sœur lit. — Qu'a le garçon du tailleur ? Il dit qu'il est malade ; il est triste, il a froid et il ne veut rien manger ni boire. — Est-ce que cet homme est le père de cet enfant que je vois là ? Il l'est. — A qui est cette fille ? C'est la fille de mon cordonnier. — As-tu un bon pistolet, mon frère ? J'en ai un bon ; le veux-tu ? Je ne veux pas ton pistolet, mais je veux ton fusil.

Leçon XVII (Siedmnasta Lekcya).

DU PRÉPOSITIONNEL
(O SIÓDMYM PRZYPADKU)

On se sert de ce cas pour désigner l'endroit où se trouve quelqu'un ou quelque chose, c'est pourquoi il s'appelle aussi en polonais *Miejscownik* (*Localif*) ; il est toujours précédé d'une préposition, comme : *w*, dans, *na*, sur, *przy*, à côté de, *o*, de, etc.

Le prépositionnel se forme :

1° *Dans les substantifs.*

Masculin : Comme au vocatif : brat, w bracie ; człowiek, w człowieku ; excepté : Bóg, w Bogu ; pan, w panu.

Les substantifs de personnes en *ec* ne se terminent pas en *cze*, mais en *cu* : ojciec, w ojcu.

Féminin : Ce cas est tout à fait semblable au datif : woda, w wodzie ; sól, w soli.

Neutre : Les substantifs terminés au nominatif en *o*, précédé d'une consonne dure, adoucissent cette consonne et se terminent en *e* : pióro, w piórze.

Les substantifs terminés en *o*, précédé des consonnes *g*, *k*, *ch*, ainsi que les noms terminés au nominatif en *e* se terminent en *u* : pole, w polu ; oko, w oku ; ucho, w uchu ; etc.

2° *Pour les adjectifs et les pronoms qui se déclinent adjectivement.*

Le prépositionnel est semblable : pour le masculin et le neutre à l'ablatif, et pour le féminin au datif :

w dobrym kraju,	w tej czystej wodzie,	w mojem sercu,
dans le bon pays.	dans cette eau pure.	dans mon cœur.

3° *Pour les pronoms personnels.*

Nom. Je ou moi — Ja, Prép. dans moi — *we mnie.*
Nom. Tu ou toi — Ty. Prép. dans toi — *w tobie.*

Nom. il, lui, elle — *on, ona, ono.*
Prép. dans lui, dans elle — *w nim, w niej, w niem.*

Toutes les fois que le pronom personnel de la troisième personne (*on, ona, ono*) commençant par une voyelle est précédé d'une préposition, on ajoute *n* devant cette voyelle : w nim, w niej, w niem ; od niego, do niej, etc.

Kto, forme son prépositionnel en *w kim* ; *co*, en *w czem.*

Dans ou en — *w.* Sur — *na.*

On traduit *dans* ou *à* par *na* pour désigner la surface d'un endroit comme la rue, le champ, etc. Ces deux prépositions mises avec le verbe qui ne marque pas mouvement gouvernent le prépositionnel.

Dé — *o* (gouverne le prépositionnel avec les verbes parler, dire, entendre, écrire).
Auprès ou à côté de — *przy* (gouverne invariablement le prépositionnel).

Przy veut dire *sur* dans le sens : avoir quelque chose sur soi :

Tu n'as pas de plume sur toi. Nie masz pióra przy sobie.

On emploie aussi *przy* pour désigner la rue où l'on demeure :

Je demeure dans la rue Richelieu.—Mieszkam przy ulicy Richelieu.

L'école, szkoła ;
la rue, ulica ;
le coin, róg, kąt (ta) ;
le bout, koniec ;
le chemin, droga ;
la chaise, krzesło, stołek ;
le banc, ławka ;
la pierre, kamień ;
de pierre, kamienny.

Je suis assis, siedzę ;
tu es assis, siedzisz ;
il ou elle est assis (se), (on, ona, ono) siedzi.
Je suis couché, leżę ;
tu es couché, leżysz ;
il ou elle est couché (ée), (on, ona, ono) leży.

Le verbe *leżę* traduit souvent le verbe français *être* en parlant d'une chose qui est mise dans la position couchée :

Książka leży na stole — Le livre est sur la table.

et en parlant des objets qu'on met debout on se sert du verbe *stać* (être debout).

Je me tiens debout, stoję ;
tu te tiens debout, stoisz ;
il ou elle se tient debout, (on, ona, ono) stoi.

La canne est dans le coin — Laska stoi w kącie.

Je cherche, szukam ;
tu cherches, szukasz ;
il ou elle cherche, (on, ona, ono) szuka.

Le verbe *szukam* veut au génitif son régime direct.

ZADANIE VIII.

Ja mówię, je dis;
ty mówisz, tu dis;
on mówi, il dit;
my mówimy, nous disons;
wy mówicie, vous dites;
oni mówią, ils disent;

ja myślę, je pense;
on mieszka, il demeure;
on siedzi, il est assis.

Chatka, la chaumière;
ciało, le corps;
ciasny, étroit;
ciągle, continuellement;
ciepły, chaud;
dach, le toit;
izba, la chambre;
kanapa, le canapé;
kieszeń, la poche;

kłótnia, la querelle;
komin, la cheminée;
krew, le sang;
krzesło, la chaise;
letni, d'été;
lwię, le lionceau;
łóżko, le lit;
materac, le matelas;
miasto, la ville;
miękki, doux;
namiot, la tente;
obiad, le dîner;
obrus, la nappe;
odjazd, le départ;
ogień, le feu;
okrutny, cruel;
pacholę, le petit garçon;
pełny, plein;
piec, le poêle;
piekarz, le boulanger;
płot, la haie;
podeszły, âgé;
podłoga, le plancher;
poduszka, l'oreiller;
pokój, la chambre;
poranek, la matinée;
próżnowanie, la paresse;
rękawiczka, le gant;
rzeźnik, le boucher;
rzewny, émouvant;
siennik, la paillasse;
siodło, la selle;
smaczny, appétissant;
spoczynek, le repos;
staruszka, la vieille;
stołek, le tabouret;
strzemię, l'étrier;
szafa, l'armoire;
szlachetny, généreux;
szuflada, le tiroir;
światło, la lumière;
taniec, la danse;
ten sam, le même;
trawa, l'herbe;
użyteczny, utile;
wieczór, le soir;
wojna, la guerre;
wschód słońca, le lever du soleil;
zachód słońca, le coucher du soleil;
zaraz, tout de suite;
zgoda, la concorde;
źle, mal;
żebrak, le mendiant.

(*Dnia* 14 *Marca* 18.., *po śniadaniu.*)

1. Chłopiec naszego piekarza siedzi prawie zawsze na ośle, a syn waszego rzeźnika siedzi czasem na koniu.— Ołówek Kazimierza leży na stole, a scyzoryk Pawła na zeszycie. — Gdzie jest mój trzonek ? Twój trzonek leży na pulpicie. — Gdzie jest twój wielki nóż ? Mój nóż leży na twoim talerzu, a widelec leży na obrusie. — Ja leżę na twardym sienniku, a ty na miękkim materacu. — Ja siedzę na stołku, ty siedzisz na płocie, a wasz sąsiad siedzi na murze. — Ten wróbel siedzi zawsze na dachu waszego domu. — Ja mówię zawsze o naszym dobrym i kochanym ojcu ; ty mówisz o moim serdecznym przyjacielu, a on ciągle mówi o swoim bracie Janie. — My mówimy o tym szlachetnym lwie i o tym okrutnym tygrysie.

2. Kto mówi źle o każdym człowieku, ten sam jest złym człowiekiem. — Ja już jestem po dobrym obiedzie. — Ty jesteś smutny po odjeździe twojego stryja. — Po wesołym tańcu miły jest spoczynek. — Ten pies wierny jest zawsze przy tym ślepym żebraku. — Przy tym zielonym dębie leży mój dobry przyjaciel. — Ów siwy starzec siedzi zawsze przy kominie, przy ogniu lub ciepłym piecu. — Poranek jest piękny przy (o) wschodzie słońca, a wieczór jest piękny przy (o) zachodzie. — Ja jestem prawie zawsze w pokoju. — Ty jesteś czasem w lesie, a twój brat jest często w kościele.

3. Czy zawsze jesteście w domu? (Etes-vous) Nie zawsze, bo jesteśmy bardzo często w naszym pięknym ogrodzie, w cieniu tego zielonego dębu. — Czy pan Jenerał jest w pałacu? Nie, on jest teraz w namiocie przy swoim drugim pułku. — Ja siedzę na wygodnej kanapie. — Ty siedzisz często na brudnej podłodze. — Ona czasem siedzi na miękkiej poduszce. — Wy siedzicie dzisiaj na nowej ławce. — Marynia i Józia siedzą na brudnej ziemi. — Srebrna tabakierka mojej starej ciotki, leży na zielonej trawie. — Chustka jedwabna poczciwej Katarzyny leży na tej książce. — Twoja rękawiczka leży na białej koszuli mojego nauczyciela. — Moja ostra szabla leży na łóżku twego brata.

4. Ty myślisz rzadko o swojej kochanej siostrze. — Marynia myśli tylko czasem o swojej wiernej przyjaciółce. — Wy myślicie tylko o smacznej pieczeni i pełnej kieszeni. — Moja siostra zawsze jest zdrowa po długiej przechadzce. — Często po wielkiej kłótni następuje serdeczna zgoda. Ta młoda panienka jest zawsze przy tej podeszłej i poważnej staruszce. — Wasza synowica jest prawie zawsze przy mojej matce. — Przy tej wsi jest bardzo piękna i kwiecista łąka. — Moja igła i twoja różowa wstążka, są w tej szufladzie. — Twoja jedwabna suknia jest w tej szerokiej szafie. Ta staruszka mieszka w tej nizkiej chatce i w izbie bardzo ciasnej. — Ja myślę często o mojem polskiem długiem zadaniu. — Ty myślisz tylko o smacznem jedzeniu. — On myśli o wygodnem, ale nieużytecznem próżnowaniu. — Wy myślicie ciągle o sławnem i bogatem mieście Paryżu. — Wy mówicie o świetle elektrycznem. Jest wiele krwi w ciele ludzkiem. — Ja mówię o tem nieszczęśliwem pacholęciu i o tem szlachetnem lwięciu. — Ty mówisz ciągle o swojem siodle i o srebrnem strzemieniu.

THÈME XIX.

Je parle, ja mówię;	je pense, ja myślę;
tu parles, ty mówisz;	tu penses, ty myślisz;
il parle, on mówi;	il pense, on myśli;
nous parlons, my mówimy;	nous pensons, my myślimy;
vous parlez, wy mówicie;	vous pensez, wy myślicie;
ils parlent, oni mówią;	ils pensent, oni myślą.

L'abeille, pszczoła;
à quoi, o czem;
l'armoire, szafa;
d'aujourd'hui, dzisiejszy;
le bouchon, korek;
la boucle d'oreille, kolczyk;
cela n'est pas vrai, to nieprawda;
le chasseur, strzelec;
la cheminée, kominek, komin;
clair, jasny;
le coucher du soleil, zachód słońca;
le dîner, obiad;
dur, twardy;
l'église, kościół;
enrhumé, zakatarzony;
extraordinaire, nadzwyczajny;
la fleur, kwiat;
la forêt, las;
frais, chłodny, świeży.
grec, grecki;
la grille, krata;
le héros, bohater;
l'indépendance, niepodległość;
indisposé, słaby;
latin, łaciński;
la lumière, światło;
méchant, złośliwy, zły;
le mendiant, żebrak;
merveilleux, cudowny;
mortellement, śmiertelnie;
la nappe, obrus;
le nid, gniazdo;
pénétrant, przenikliwy;
la perte, strata;
le poêle, piec;
puissant, potężny;
raisonnable, rozsądny;
le repos, odpoczynek;
la rose, róża;
le sabre, pałasz;
le toit, dach

(*Le* 11 *Mars* 18...)

1. Pourquoi es-tu toujours assis sur cette table ? Ce n'est pas vrai, parce que quelquefois seulement je suis assis sur la table. — Le garçon qui est assis sur cette pierre dure et fraîche, n'est pas raisonnable. — Nous sommes assis à présent sur le cahier de notre voisin. — Est-ce que vous êtes assis quelquefois sur le toit de votre maison ? — Où est mon couteau ? Il est sur la nappe. — Et la fourchette ? Elle est sur votre assiette. — De qui parlez-vous ? Je parle de ce malheureux paysan dont le fils est si méchant. — Tu parles toujours de ton sabre et de ton pistolet. — Mon ami parle souvent de ce brave Français et de ce vaillant Polonais. — Nous parlons de ce pauvre mendiant et de son chien. — Ils parlent de ce jeune héros qui est blessé mortellement.

2. Celui qui s'assied souvent auprès du feu, auprès d'un poêle, auprès d'une cheminée, est souvent indisposé et même enrhumé. — Un bon fils est toujours auprès de son père et un bon frère est souvent auprès de son frère. — Après le dîner, le repos est agréable. — Après le lundi, nous avons le mardi. — Après le coucher du soleil, la

soirée est souvent très agréable. — Votre crayon est dans votre pupitre et le bouchon de votre encrier est sur votre cahier. — Dans ce jardin, il y a une très jolie fleur. — Où est notre chasseur ? Il est dans la grande forêt avec son chien. — Je suis assis sur ton livre latin. — Elle est assise sur le banc. — Nous sommes assis sur une grille de fer. — Une abeille est sur cette belle rose.

3. La petite chatte est couchée sur ton oreiller. — Je pense à ma leçon grecque et à ma leçon latine (de latin). — Et toi à quoi penses-tu ? Je pense à la grammaire polonaise et à la première déclinaison. — Nous pensons souvent à la malheureuse Pologne, notre patrie. — Vous pensez à cette belle et puissante France. — Elles pensent à cette famille respectable, mais pauvre. — Après la perte de la liberté et de l'indépendance, la patrie est toujours malheureuse. — J'ai une boucle d'oreille rouge dans mon armoire. — Ma tante est à présent dans l'église. — Je pense à cette ville riche et au nid merveilleux de ce petit oiseau. — Vous parlez de la vie extraordinaire de ce vieux soldat. — La corneille est souvent assise sur un petit veau et sur un petit agneau faible.

THÈME XX.

S'asseoir, siadać;	chercher, szukać;	ici, tu;
la chambre, pokój;	l'écurie, stajnia;	pouvoir, módz.

(*Le* 21 *Mars* 18...)

Mieczyslas, où es-tu ? Je suis ici, papa. — Où ici ? Dans ma chambre. — Où est ta sœur ? Elle est dans la maison. — Avez-vous faim, mon voisin ? Je n'ai pas faim, mais j'ai soif. — Qu'a ce garçon ? Il a froid. — Pourquoi est-il assis sur ce banc de pierre ? Je ne sais pas. — Voyez-vous cette maison ? Quelle maison, Monsieur ? Celle qui est au coin de cette rue. Je la vois. — Qu'est-ce que vous cherchez ? Je cherche ma montre. Vous n'avez pas besoin de la chercher ; elle est dans la poche de votre gilet. — Où votre père a-t-il son beau cheval ? Il l'a dans l'écurie. — Où avez-vous votre plume ? Je l'ai dans mon pupitre. — Où est le livre de ce bon élève ? Il est sur sa table. — Que fais-tu avec la plume que tu as dans la main ? Je veux écrire une lettre avec (elle). — Prêtez-moi votre crayon, mon ami. Je ne peux pas vous le prêter ; je ne l'ai pas sur moi. — Que faites-vous là, dans le coin, Jean ? Je cherche ma casquette.

THÈME XXI.

Être assis, siedzieć; demeurer, mieszkać; le lait, mleko; la même, ta sama.

(*Le* 30 *Mars* 18...)

Sur quoi votre frère Stanislas est-il assis ? Il est assis sur sa jolie chaise. — Avec qui votre cuisinier parle-t-il dans la rue ? Il parle avec le boulanger qui lui vend du pain. — Votre sœur aime-t-elle le vin ? Elle l'aime. Mais elle en boit avec de l'eau. — Avec quoi votre domestique mange-t-il du bœuf ? Il en mange avec du sel et du pain. — Aimez-vous le café ? Je l'aime au lait et avec du sucre. — Où est votre tante ? Elle est là, au coin de la rue avec sa fille. — Ne savez-vous pas si votre frère est à la maison ? Oui, Monsieur, il est à la maison. — Avec qui vois-je votre père sur le chemin ? Il est avec un Anglais que je ne connais pas. Cet Anglais n'est-il pas matelot ? Il l'est. Alors je le connais. — Votre mère demeure-t-elle dans la même rue que ma tante ? Elle demeure dans la même rue et dans la même maison.

Leçon XVIII (Ośmnasta Lekcya).

DE LA FORMATION DU PLURIEL

(O TWORZENIU LICZBY MNOGIEJ).

I. — Le NOMINATIF pluriel est terminé :

1° *Pour les substantifs* :

MASCULIN : *a*) En *owie*, dans les substantifs de personnes qui désignent le nom, la parenté, et la dignité : Jan, Janowie ; ojciec, ojcowie ; kapitan, kapitanowie.

b) En *e*, dans les substantifs terminés par une consonne douce ou demi-douce, ainsi que dans les substantifs de personnes terminés en *a* précédé d'une consonne douce : koń, konie ; piekarz, piekarze ; cieśla, cieśle.

Les noms de nations terminés au nominatif singulier en *anin* forment leur nominatif pluriel en *anie* : Amerykanin, Amerykanie.

c) En *i*, dans les substantifs inanimés terminés par les consonnes *g*, *k* ; dans les substantifs de personnes terminés par une consonne dure et dans les substantifs de personnes terminés en *a* précédé d'une consonne dure : róg, rogi ; ołówek, ołówki ; Francuz, Francuzi ; artysta, artyści.

d) En *y*, dans les substantifs collectifs et ceux de personnes terminés en *c*, *ca*, *g*, *ga*, *k*, *r* : naród, narody ; szewc, szewcy ; mówca, mówcy ; wróg, wrodzy ; sługa, słudzy ; Anglik, Anglicy, doktor, doktorzy.

Les substantifs d'objets inanimés terminés au nominatif singulier par une consonne dure forment aussi leur nominatif pluriel en *y* : stół, stoły.

Remarque. — Les substantifs de personnes terminés au nominatif singulier en *g* ou *ga*, *ka*, *r* changent *g* ou *ga* en *dzy*, *ka* en *cy* et *r* en *rzy*.

Féminin : *a*) En *y*, dans tous les substantifs terminés au nominatif singulier en *a* précédé d'une consonne dure : woda, wody ; siostra, siostry.

b) En *e*, dans tous les autres substantifs, surtout dans ceux qui se terminent au nominatif singulier par une consonne douce : stal, stale ; sól, sole.

c) En *i*, dans les substantifs terminés au nominatif singulier en *ć*, *ś*, *ga*, *ka* : nić, nici ; gęś, gęsi ; noga, nogi ; matka, matki ; et dans les substantifs : brew, myśl, pieśń : brwi, myśli, pieśni.

Neutre : *a*) En *a* : pióro, pióra ; serce, serca.

b) En *ęta*, dans les substantifs terminés au nominatif singulier en *ę* et formant leur génitif singulier en *ęcia* : nom. sing. *kurczę*; génit. sing. *kurczęcia*; nom pl. *kurczęta* ; cielę, cielęcia, cielęta ; ptaszę, ptaszęcia, ptaszęta.

c) En *ona*, dans les substantifs terminés au nominatif singulier en *mię* et formant leur génitif singulier en *enia* : nom. sing. *imię* ; génit. sing. *imienia* ; nom. pl. *imiona*.

2° *Pour les adjectifs.*

Règle. — Les adjectifs n'ont au pluriel que deux

genres ; ils sont du genre masculin quand ils se rapportent aux personnes mâles, — se rapportant à tous les autres substantifs, ils ont les terminaisons du genre neutre.

Ils sont terminés au nominatif pluriel :

Masculin de personnes : — *a*) En *i*, dans les adjectifs terminés au nominatif singulier du masculin en *y* précédé d'une consonne dure : ładny, ładni ; mały, mali ; słaby, słabi.

b) En *y*, pour les adjectifs terminés au nominatif singulier du masculin en *gi*, *ki*, *ry*, et alors *gi* se change en *dzy*, *ki* en *cy* et *ry* en *rzy* : drogi, drodzy ; brzydki, brzydcy ; dobry, dobrzy.

Les adjectifs terminés au nominatif singulier du masculin en *cy*, *czy*, *dzy* sont invariables au nominatif pluriel du genre masculin : obcy człowiek, obcy ludzie ; ochoczy uczeń, ochoczy uczniowie ; cudzy służący, cudzy służący.

Les adjectifs terminés au nominatif singulier du genre masculin en *chy*, *szy* forment leur nominatif pluriel en *si* : głuchy, głusi ; lepszy, lepsi.

Quelques adjectifs terminés au nominatif singulier en *ni* gardent la même terminaison au nom. pluriel : dostatni człowiek, dostatni ludzie.

Pour tous les autres genres, le nominatif pluriel est terminé en *e* : ładne, dobre, brzydkie, drogie, etc.

3° *Les pronoms possessifs.*

Terminés au nominatif singulier en *j*, *ja*, *je*, ils forment leur nominatif pluriel en *i* pour le masculin des personnes, et en *e* pour le masculin des animaux et des choses, pour le féminin et le neutre : moi przyjaciele, moje siostry, moje dzieci, twoje konie.

Les pronoms possessifs terminés par une consonne (*nasz*, *wasz*, etc.) ainsi que les pronoms relatifs (*który*, *jaki*) suivent les adjectifs dont ils ont les terminaisons analogues : nasi przyjaciele, którzy przyjaciele, jacy przyjaciele.

Le pronom démonstratif *ten, ta, to* et son dérivé *tamten, tamta, tamto*, font au nominatif pluriel *ci, te*; *tamci, tamte*; — *ów, a, o* font au nominatif pluriel *owi, owe*.

Les pronoms interrogatifs *kto, co*, ainsi que leurs dérivés *ktoś, nikt, coś* n'ont pas de pluriel.

4° *Les pronoms personnels.*

Ils forment leur nominatif pluriel de la manière suivante :

Je ou moi — *Ja.*	nous — *my.*
tu ou toi — *ty.*	vous — *wy.*
il, lui, elle — *on, a, o.*	ils, elles — *oni, one.*

II. — Le GÉNITIF pluriel est terminé :

1° *Pour les substantifs.*

MASCULIN : *a*) En *ów*, dans les substantifs qui ont leur nominatif pluriel en *owie, i, y* : Janowie, Janów ; kapitanowie, kapitanów ; rogi, rogów ; Polacy, Polaków.

b) En *i*, dans les substantifs qui se terminent au nominatif pluriel en *e*, précédé d'une consonne douce : konie, koni.

c) En *y*, dans ceux qui se terminent au nominatif pluriel en *e*, précédé d'une consonne demi-douce : piekarze, piekarzy ; kapelusze, kapeluszy.

Les suostantifs terminés au nominatif pluriel en *anie*, terminent leur génitif pluriel en *ów* : Amerykanie, Amerykanów.

Cependant, quelques substantifs de cette terminaison perdent *ów*, au génitif : poganin, poganie, pogan, etc.

FÉMININ : *a*) En *i*, pour les substantifs terminés au nominatif singulier par une consonne douce : nom. sing. sól ; nom. plur. sole ; génit. plur. soli.

b) En *y*, dans les substantifs terminés au nominatif singulier par une consonne demi-douce : nom. sing. twarz ; nom. plur. twarze ; génit. plur. twarzy.

c) Les substantifs terminés au nominatif singulier par une voyelle, terminent leur génitif pluriel par la dernière consonne du nominatif singulier : woda, wody, wód ; pani, panie, pań.

Ils prennent la lettre *e*, devant cette terminaison où la prononciation l'exige : matka, matki, matek ; córka, córki, córek ; etc.

Neutre : Le génitif pluriel du genre neutre, se forme du nominatif pluriel en retranchant la lettre *a* : nom. plur. pióra ; gén. plur. piór ; serca, serc.

Dans les substantifs pluriels terminés en *ęta*, l'ę change en *ą*, au génitif : kurczęta, kurcząt.

Remarque. — Ici, comme dans le génitif féminin, on ajoute la lettre *e*, où la prononciation l'exige : ziarna, ziaren, etc.

2° *Les adjectifs et tous les pronoms qui se déclinent adjectivement.*

Ils forment leur génitif pluriel en *ych* ou *ich*, pour les trois genres :

De mes bons voisins — Moich dobrych sąsiadów.
De mes bonnes sœurs — Moich dobrych sióstr.

Les pronoms démonstratifs *ten, ta, to*, et *tamten, tamta, tamto*, font au génitif pluriel, *tych, tamtych*.

3° *Les pronoms personnels.*

Ils forment leur génitif pluriel de la manière suivante :

Nom. My, wy, oni, one.
Gén. nas, was, ich.

III. — Le datif pluriel est terminé en *om*, pour les substantifs de tous les genres : koniom, książkom, piórom.

Dans les adjectifs et les pronoms qui se déclinent adjectivement il est terminé en *ym* ou *im*.

A ces bons voisins — Tym dobrym sąsiadom.
A mes chères sœurs — Moim kochanym siostrom.

Pour les pronoms personnels :

NOM. My, wy, oni, one.
DAT. nam, wam, im.

IV. — L'ACCUSATIF pluriel est pareil au génitif pour les substantifs de personnes mâles, pour tous les autres substantifs il est pareil au nominatif.

Cette règle s'applique également aux adjectifs et à tous les pronoms, selon qu'ils se rapportent aux substantifs des personnes mâles, ou à ceux du genre féminin ou neutre:

Je connais tes bons voisins — Znam twoich dobrych sąsiadów.
Je vois vos sœurs — Widzę pańskie siostry.
Elle a ses belles plumes — Ona ma swoje piękne pióra.
Tu nous aimes — Kochasz nas.
Je vous aime. — Kocham was.

L'accusatif pluriel du pronom personnel de la troisième personne, *on, ona, ono,* est pareil au génitif pour le masculin et pour le féminin et le neutre il est *je* :

Vois-tu ces élèves? — Czy widzisz tych uczniów?
Je les vois. — Widzę ich.
As-tu mes chevaux? — Czy masz moje konie?
Je les ai. — Mam je.
Aime-t-il mes sœurs? — Czy on kocha moje siostry?
Il les aime. — On je kocha.

V. — Le VOCATIF pluriel est pareil au nominatif.

VI. — L'ABLATIF pluriel se termine dans les substantifs des trois genres en *ami* : ojcami, matkami.

Il est à remarquer que la lettre *a*, précédée d'une consonne douce, se retranche quelquefois à l'ablatif : końmi, etc.

Les adjectifs et les pronoms qui se déclinent adjectivement, se terminent en *ymi, imi,* au masculin, et *emi, iemi,* au féminin et au neutre: moimi dobrymi sąsiadami; twojemi siostrami ; temi ładnemi piórami.

Les pronoms personnels forment .

Nom. My, wy, oni, one.
Abl. nami, wami, nimi, niemi.

VII. — Le prépositionnel pluriel est terminé en *ach* pour les substantifs des trois genres : w synach, w córkach, w sercach.

Les adjectifs et tous les pronoms forment ce cas pareillement au génitif du pluriel : w moich dobrych sąsiadach ; w swych brzydkich książkach ; w nas, w was, w nich.

SUBSTANTIFS IRRÉGULIERS AU SINGULIER ET AU PLURIEL

Bóg, *Dieu* — a au voc. sing. *Boże* ; il n'a pas de pluriel. On fait au pluriel *bogi* ou *bogowie, bogów,* en parlant des dieux païens.

Brat, *frère* — se décline au pluriel : N. bracia ; G. braci ; D. braciom ; Abl. braćmi ; Prép. w braciach.

Człowiek, *homme* — se change au pluriel en *ludzie* ; Gén. *ludzi* ; Dat. *ludziom* ; Abl. *ludźmi* ; Prép. *w ludziach.*

Dziecię, *enfant* — a au pluriel : Nom. *dzieci* ; Gén. *dzieci* ; Dat. *dzieciom* ; Abl. *dziećmi* ; Prép. *w dzieciach.*

Dzień, *journée* — Gén. sing. *dnia* ; Dat. *dniu.* Nom. plur. *dnie* ou *dni* ; Gén. *dni* ; Dat. *dniom,* etc.

Ksiądz, *prêtre* — G. sing. księdza ; D. księdzu. Voc. sing. Księże N. plur. księża, G. księży, D. księżom, etc.

Książę, *prince* — G. sing. książęcia, księcia ; D. książęciu, księciu, etc. N. plur. książęta, G. książąt, D. książętom, etc.

Niebo, *ciel* — régulier au singulier. Au pluriel : N. niebiosa, G. niebios, D. niebiosom.

Oko, *œil* — régulier au singulier. Au pluriel : N. oczy, G. oczu, D. oczom, A. et V. oczy, Abl. oczami *ou* oczyma,

Prép. w oczach (1). — *Remarque* : *oko*, dans le sens d'œil de fromage, de filet, etc., se décline régulièrement.

PIENIĄDZ — veut dire au singulier une pièce de *monnaie* et se décline régulièrement ; au pluriel il veut dire *de l'argent* et se décline ainsi : N. pieniądze, G. pieniędzy, D. pieniądzom, A. et V. pieniądze, Abl. pieniędzmi, Prép. w pieniądzach.

PRZYJACIEL, *ami* — régulier au singulier. Au pluriel forme : N. przyjaciele, G. przyjaciół, D. przyjaciołom *ou* przyjacielom, A. comme le génitif, V. comme le nominatif, Abl. przyjacielami *ou* przyjaciołmi, Prép. w przyjacielach *ou* przyjaciołach.

ROK, *année* — régulier au singulier. Au pluriel : lata, lat, latom, etc.

RĘKA, *main* — régulier au singulier. Au pluriel : N. ręce, G. rąk, D. rękom, A. et V. comme le nominatif, Abl. rękami *ou* rękoma, Prép. w rękach, w ręku (2).

SZLACHCIC, *gentilhomme* — régulier au singulier. Au pluriel il devient un substantif collectif, et se décline comme un nom régulier : N. szlachta, G. szlachty, D szlachcie, etc.

UCHO, *oreille* — régulier au singulier. Au pluriel il a : N. uszy, G. uszu, D. uszom, A. et V. comme le nominatif, Abl. uszami *ou* uszyma, Prép. w uszach (3). — *Remarque* : ucho peut être régulier au pluriel dans le sens d'anse d'une cruche, etc.

ZIELE, *herbe* — régulier au singulier. Au pluriel : N. zioła, G. ziół, D. ziołom, etc.

Le substantif *hrabia*, le comte, et *sędzia*, le juge, se dé-

(1, 2, 3). La seconde terminaison de l'ablatif pluriel des substantifs *oko*, *ucho* (*oczyma*, *uszyma*), ainsi que l'ablatif du substantif *ręka* (*rękoma*), appartenait autrefois au *nombre duel*.

clinent dans quelques cas au singulier comme des adjectifs:

N. Hrabia	Sędzia.
G. hrabiego	sędziego.
D. hrabiemu	sędziemu.
A. hrabię	sędzię.
V. hrabio	sędzio.
A. hrabią	sędzią.
P. w hrabim	sędzim.

OBSERVATIONS SUR LA DÉCLINAISON EN GÉNÉRAL

1° Plusieurs substantifs du genre masculin ayant dans la dernière syllabe du nominatif un *a*, changent cette lettre en *e*, au vocatif et au prépositionnel du singulier, et si ce sont des substantifs de personnes, au nominatif pluriel aussi : *świat*, le monde : voc. *o świecie !* prép. *w świecie* ; — *sąsiad*, le voisin : voc. *o sąsiedzie !* prép. *w sąsiedzie*, nom. plur. *sąsiedzi*.

La voyelle *a*, se change également en *e*, au datif et au prépositionnel du genre neutre, quand elle se trouve précédée d'une consonne douce, dans l'avant-dernière syllabe du nominatif singulier : *miara*, la mesure, (*w*) *mierze* ; — *wiara*, la foi, (*w*) *wierze* ; — *miasto*, la ville, (*w*) *mieście*.

2° La voyelle *ą* se trouvant dans la dernière syllabe de quelques substantifs du genre masculin se change en *ę*, dans tous les cas du singulier et du pluriel : *dąb*, le chêne : *dębu, dębem, w dębie*, etc. ; — *błąd*, la faute ; *błędu, błędowi*, etc.

3° Il n'y a que les substantifs qui désignent les personnes mâles qui sont considérés au pluriel comme étant du genre masculin. C'est pourquoi les terminaisons des adjectifs qui s'accordent avec les noms d'objets inanimés et d'animaux, sont les mêmes que celles des adjectifs du genre féminin, ou neutre : dobre konie, dobre stoły, dobre siostry.

Mais les substantifs des personnes mâles étant terminés en *a*, et se déclinant comme substantifs du genre féminin au singulier, reprennent les terminaisons masculines au pluriel : sędzia, sędziowie ; starosta, starostowie, — et suivent en tout les règles sur la formation du pluriel des noms du genre masculin.

Il arrive quelquefois que le nominatif pluriel des noms du genre masculin qui doivent se terminer en *owie*, se termine en *e* ou *y* : ojciec, ojce ; król, króle ; syn, syny ; — mais ce changement n'a lieu que dans la poésie ou dans un sens méprisant.

4° L'ablatif des substantifs de tous les genres peut avoir une terminaison contractée en *y*, ou en *i*, au lieu de en *ami* : *stoły*, au lieu de *stołami* ; *książki*, au lieu de *książkami* ; *słowy*, au lieu de *słowami*.

Cette forme est très usitée en poésie, ou bien, lorsque le nombre des adjectifs précédant le nom est trop grand : *dobranemi wyrazy, temi słowy*, au lieu de : dobranemi wyrazami, temi słowami.

5° Les adjectifs terminés en *ony*, précédé d'une consonne douce, forment leur nominatif pluriel, au genre masculin des personnes, en *eni* : szalony człowiek, szal*eni* ludzie ; uczony brat, ucz*eni* bracia.

Notre	votre,	leur.
Nasz, a, e	*wasz, a, e,*	*ich* (indéclinable).

Remarque. — Tous ces pronoms possessifs peuvent être remplacés pas *swój, a, e,* quand le possesseur est sujet de la phrase.

SIĘ (*Soi*) n'a pas de nominatif : G. *siebie*, D. *sobie*, A. *siebie* ou *się*, Abl. *sobą*, Prép. *w sobie*.

Remarque. — Ce pronom étant impersonnel et réfléchi

(zwrotny), s'emploie toutes les fois que le sujet de la phrase exerce une action sur lui-même :

Kocham siebie	Je m'aime
kochasz siebie	tu t'aimes
kocha siebie	il ou elle s'aime.
Kochamy siebie	nous nous aimons
kochacie siebie	vous vous aimez.
kochają siebie.	ils ou elles s'aiment.
Mówię sobie	je me dis
mówisz sobie	tu te dis
widzę w sobie.	je vois dans moi-même.

L'accusatif contracté de ce pronom (*się*) sert à former les verbes réfléchis, réciproques et pronominaux.

ZADANIE IX.

Ja dam, je donnerai;
aniżeli, que;
bezpieczny, sûr;
bitny, vaillant;
boży, boski, divin;
broda, la barbe.
brzydki, laid;
burzliwy, orageux;
chrabąszcz, le hanneton;
chrząszcz, le hanneton;
chytry, rusé;
djabeł, le diable;
dogodny, commode:
dość, dosyć, assez;
dzisiejszy, d'aujourd'hui;
filozof, le philosophe;
gałąź, la branche;
gościnny, hospitalier;
gotowany, bouilli;
kaftanik, le gilet;
kasztan, la chataigne;
katolik, le catholique;
korzystnie, avantageusement;
kościelny, d'église;
kuty, ferré;
liczba, le nombre;
Litwin, le Lithuanien;
malarz, le peintre;
mądry, sage;
mól, la teigne;
murzyn, le nègre;
na, sur;
nadzwyczajny, extraordinaire;
nieoświecony, non éclairé;
niezgodny, discordant;
noga, le pied
opiekun, le tuteur;
pieczony, rôti;
płaczący, pleureur;
pochyły, penché;
posilny, nutritif;
potomek, le descendant;
potrzebny, nécessaire;
prababka, l'aïeule;
prawda, la vérité;
przejeżdżają się, ils se promènent (en voiture ou à cheval);
przewrotny, pervers;
przodek, l'ancêtre;
przywiązany, attaché;
ptasi, d'oiseau;
rozłożysty, large;
rozmaity, différent;
rzadki, rare;
ślusarz, le serrurier;
sprzedany, vendu;
starożytny, antique;
stolarz, le menuisier;
surdut, la redingote;
świeżo, nouvellement;
szkodliwy, nuisible;
szyba, le carreau;
trzoda, le troupeau;
wiejski, villageois;
wnuk, le petit fils;
Żmudzin, le Samogitien.

(*Dnia* 8 *Kwietnia* 18.., *po śniadaniu.*)

1. Kasztany gotowane lub pieczone są zdrowe i posilne, bo mają wiele cukru. — Nasze dęby wysokie i rozłożyste są piękne i mają wiele cienia. — Chrząszcze (chrabąszcze) nie są szkodliwe, ale drobne mole są bardzo szkodliwe. —

To są nasze bitne jenerały. — Wasze polskie pany są zawsze niezgodne. — Duże nogi są bezpieczne, ale brzydkie. — Te nowe książki są pożyteczne. — Wszystkie morza burzliwe są niebezpieczne. — Twoje małe słabe jagnięta są głodne, ale moje wesołe cielęta są nakarmione. — Ramiona długie i silne są bardzo niebezpieczne.

2. Niektórzy starożytni filozofowie utrzymywali, iż jest więcej aniżeli jeden Bóg. — Waleczni nasi przodkowie prawie wszyscy byli ubodzy. — Nasi gościnni ojcowie byli bardzo poczciwi i bardzo silni. — Czy to prawda, że żydzi polscy są niemal wszyscy chytrzy, bo nieoświeceni? To jest wielka prawda.— Dla czego ludzie biali utrzymują że djabli są czarni, gdy tymczasem czarne murzyny utrzymują przeciwnie, że djabli są biali. — Ubodzy Litwini mieszkają w lesie, a bogaci Żmudzini są bardzo przywiązani do swojego kraju i są ludzie uprzejmi i bogobojni. — To jest dom i ogród naszych zacnych opiekunów. Czy pałac tych możnych panów jest sprzedany? — To są kaftaniki wełniane i surduty nowe moich kochanych synów.

3. Gałęzie płaczących wierzb są pochyłe. Czyje gałęzie? Płaczących wierzb. — Jest tam liczba nadzwyczajna rozmaitych trzód. — Nogi lekkich kóz są cienkie. — Ulice wszystkich nowych miast moskiewskich są proste i szerokie. — Szyby prawie wszystkich moich okien są powybijane. — Te płaszcze, te kapelusze, prawie jeszcze nowe, te pasy jedwabne, szerokie i piękne naszych kochanych ojców i naszych poczciwych stryjów, mogą być przydatne ich zamożnym synom, ich dobrym wnukom, a nawet może ich odległym potomkom. — Te domy obszerne i wysokie są wynajęte korzystnie rozmaitym nieszczęśliwym wyrobnikom, jakoto: mularzom, stolarzom, kowalom, ślusarzom. — Te nizkie chaty tej zamożnej właścicielki są dość dogodne biednym wiejskim rodzinom. — Pióra są potrzebne skrzydłom ptasim.

ZADANIE X.

Aresztowany, arrêté;
chłopczyk, le petit garçon;
chrobry, vaillant;
cichy, silencieux;
cienisty, ombrageux;
doskonały, excellent;
dumny, fier;
góra, la montagne;
hetman, le général en chef;
hojny, généreux;
jabłoń, le pommier;
kanclerz, le chancelier;
klacz, la jument;
Krakus, le Cracovien;
krzywousty, bouche de travers;
litościwy, miséricordieux;
ławka, le banc;
malowany, peint;
Mazur, le Mazovien;
młodzieniec, le jeune homme;
muł, le mulet;
niewola, l'esclavage;

płócienny, de toile;
posępny, sombre;
poważany, respecté;
praczka, la blanchisseuse;
prawy, loyal;
prześcieradło, le drap de lit;
przykry, désagréable;
pyszny, orgueilleux:
rączy, rapide;
różowy, rose;
rządny, économe;
sroka, la pie;
światły, éclairé;
uległy, soumis;
widowisko, le spectacle;
Wielko-Polanin, habitant de la Grande-Pologne;
włoski, italien;
wspomnienie, le souvenir;
wstążka, le ruban;
złoty, d'or;
złudzenie, l'illusion;
zręczny, habile.

(*Dnia* 10 *Kwietnia* 18.., *przed wieczorem.*)

1. Kocham wszystkich naszych królów polskich, jakoto : Bolesławów Chrobrych, Śmiałych i Krzywoustych ; Kazimierzów Sprawiedliwych, rządnych i litościwych ; Zygmuntów Starych, światłych, hojnych, kochanych i poważanych, i t. d. — Kochasz Mazurów bitnych, dawnych Wielkopolan dumnych i dzielnych ; Krakusów wesołych i odważnych ; Litwinów cichych, posępnych, lecz upartych i walecznych. — Mój przyjaciel kocha poczciwych sąsiadów, prawych Polaków, dobrych panów, biednych lecz pobożnych i pracowitych naszych wieśniaków.

2. Mam pszczoły pracowite, jabłonie urodzajne i lipy cieniste. — Ty masz krowy tłuste, kozy lekkie, lecz owce chude. — Ona ma kolczyki złote, rękawiczki białe i wstążki różowe. — Ja mam doskonałe siodła angielskie. — Ty masz prześcieradłà białe i szerokie. — On ma wspomnienia bardzo przykre. — Moi kochani panowie, jesteście uparci i nieposłuszni. — Przykładni uczniowie ! Dziś jesteście weseli i szczęśliwi.

3. Panowie oficerowie ! jesteście aresztowani wszyscy. — Moje kochane córki ! bądźcie posłuszne i pilne ! — Jesteście nieznośne i krzykliwe sroki ! — Gdzież jesteście moje kochane siostry ? — O chłopczyny nieszczęsne, jakże jesteście leniwe ! — My jesteśmy starymi i doświadczonymi jenerałami. — Wy jesteście polskimi wielkimi hetmanami. — Oni są kanclerzami wielkimi litewskimi. — My jesteśmy posłusznemi i uległemi córkami. — Wy jesteście zręcznemi szwaczkami i dobremi praczkami. — One są bogatemi dziedziczkami. — Bawię się rozmaitemi widowiskami. — Ty bawisz się srebrnemi kółkami.

4. Starzec żyje tylko swojemi wspomnieniami, a młodzieniec złudzeniami. — Nasze ołówki są na tych stolach świeżo malowanych i na tych nowych pulpitach. — Ci żywi młodzieńcy przejeżdżają się na rączych i dzielnych koniach, a wszyscy mali chłopcy na leniwych i upartych

osłach albo na mułach powolnych lecz bezpiecznych. — Wasze noże są na głębokich talerzach a widelce na białych i płóciennych obrusach. — My siedzimy na tych długich ławkach. — Wy siedzicie na wygodnych kanapach. — One siedzą na pięknych szybkich i angielskich klaczach. — Ty mówisz ciągle o swoich wybornych śniadaniach.

ZADANIE XI.

Jakże mi smutno, que je suis triste; my leżymy, nous sommes couchés; architektura, l'architecture; bagno, le marais, biedny, pauvre; biskup, l'évêque; blaszany, de fer blanc; czujny, vigilant; długość, la longueur; dobroć, la bonté; dojrzały, mûr; drogi, cher; duch, l'esprit; familja, la famille; futro, la pelisse, la fourrure; godność, la dignité; inny, autre; kaplica, la chapelle; kłos, l'épi; kolej, l'ornière; kolej żelazna, le chemin de fer; kołnierz, le col; komedyant, le comédien; łuk, l'arc; młody, jeune; nić, le fil; niedostateczny, insuffisant; niegdyś, autrefois; nieszczęście, le malheur; okrągły, rond; opłata, le paiement; oszust, le filou; owad, l'insecte; owies, l'avoine; pancerz, la cuirasse; paryzki, parisien; pobożny, pieux; porzucać, quitter; północny, septentrional; rozległość, l'étendue; samotność, l'isolement; silny, fort; śmieszny, ridicule; sława, la gloire; spokojny, tranquille; stary, vieux; strzelec, le chasseur; święty, saint; szczery, sincère; szerokość, la largeur; szklanny, de verre; ubiór, l'habillement; ukarany, puni; umiarkowany, mesuré; wierzący, croyant; wojowniczy, guerrier; wspaniale, magnifiquement; wygnany, chassé; wypieszczony, choyé; za ciężki, trop lourd; zakład, institution; zrobiony, fait; żrebię, le poulain; żelazny, de fer.

(*Dnia* 25 *Kwietnia* 18.., *po obiedzie.*)

1. Te kłosy są już dojrzałe, ale tamte są jeszcze niedojrzałe. — Lekkie motyle są to owady bardzo ładne. — Płaszcze ciepłe są potrzebne każdemu starcowi. — Nasze wrogi są liczne i silne. — Anioły święte są czyste duchy. — Szwedzi północni są tak waleczni jak południowe Turki. — Te wygnane familie są nieszczęśliwe. — Te bogate panie są bardzo uczone. — Żelazne koleje są użyteczne. — Te koła okragłe są bardzo wielkie. — Te wiadra blaszane są głębokie. — Prawie wszystkie pola żyzne są uprawione. — Królowie waleczni zwykle są hojni. — Wasi młodzi synowie są wszyscy bardzo pilni. — Uczniowie naszego zakładu są weselsi (*plus gais*) aniżeli uczniowie innego zakładu. — Biskupi francuzcy są to

ludzie bardzo światli, uczeni i pobożni. — Polscy chłopi są biedni, ale są poczciwi, szczerzy i wierzący. — Dla czego ci źli oszuści nie są jeszcze dotąd ukarani?

2. Pałasze i pancerze naszych walecznych ojców są za ciężkie dla ich słabych i wypieszczoych potomków. — Ubiór tych komedyantów jest trochę śmieszny. — Łuki dzikich Tatarów nie są bardzo ciężkie. — Szerokość paryzkich ulic jest bardzo wygodna. — Architektura kaplic kościelnych jest rozmaita. — Długość tych nocnych koszul jest niedostateczna. — Kołnierze tych drogich futer są źle zrobione. — Rozległość bagien litewskich jest wielka. — Psy dobre, mocne i czujne blizkich sąsiadów są bardzo pożyteczne tym biednym rolnikom, tym śmiałym strzelcom, a nadewszystko owym spokojnym i szczęśliwym pasterzom. — Scyzoryki ostre i kałamarze szklanne naszych pilnych i przykładnych uczniów mogą być jeszcze potrzebne innym uczniom a nawet samym nauczycielom. — Dobroć i łagodność jest wrodzona prawie wszystkim siostrom. — Igły, nici i książki są potrzebne przykładnym uczennicom. — Trawa zielona jest potrzebna młodym jagniętom i koźlętom, a owies jest bardzo pożyteczny młodym źrebiętom. — Sława i wziętość są potrzebne znakomitym imionom.

ZADANIE XII.

Atlasowy, de satin;
cienki, fin;
domowy, domestique;
drobny, menu, petit;
filiżanka, la tasse;
gąsię, l'oison;
głodny, affamé;
gniady, bai;
gospodyni, la maitresse;
jedwabny, de soie;
kapłan, le prêtre;
kocię, le petit chat;
kurczę, le poulet;
kwiecisty, fleuri;
litościwy, charitable;
łagodny, doux;
majtek, le marin;
miseczka, la terrine;
nadzieja, l'espérance;
naród, la nation;
obręcz, le cerceau;
oprawny, oprawiony, relié;
opuszczony, abandonné;
orlę, l'aiglon;
oszczędny, économe;
plemię, la race;
porcelanowy, de porcelaine;
porządny, rangé;
przemyślny, industrieux;
przezorny, prévoyant;
przykazanie, le commandement;
przykładny, appliqué;
przymiotny, adjectif;
przyzwoity, convenable;
ptaszę, le petit oiseau;
psię, le petit chien;
rodzice, les parents;
rozległy, étendu;
rzeczowny, substantif;
słowiański, slave;
starzec, le vieillard;
staw, l'étang;
uczynny, serviable;
uważny, attentif;
wdzięczny, reconnaissant;
widok, la vue;
wódz, le général en chef;
wojownik, guerrier;
wrodzony, naturel, inné;
zachwycający, ravissant;
zapomniany, oublié;
zasłużony, mérité;
zgrzybiały, décrépit;
zielony, vert;
znakomity, célèbre;
zwierzę, l'animal;
zwodniczy, trompeur;
żarłoczny, dévorant.

(Dnia pierwszego Maja 18.., przed podwieczorkiem.)

1. My kochamy kapłanów bogobojnych, światłych pisarzów, nauczycieli łagodnych, uczniów przykładnych i pilnych. — Wy kochacie pracowitych rolników, żołnierzów (żołnierzy) odważnych lecz skromnych, majtków śmiałych i rzemieślników oszczędnych. — Oni kochają tych jeńców nieszczęśliwych, tych młodzieńców powolnych i posłusznych i tych starców zgrzybiałych, niegdyś dzielnych wojowników a dziś zupełnie opuszczonych i zapomnianych. — My mamy książki oprawne i użyteczne. — Wy macie igły cienkie, szpilki złote i suknie atłasowe.

2. Marysia i Józio mają piękne łuki, okrągłe obręcze, małe filiżanki i miseczki porcelanowe. — My mamy bardzo piękne boskie przykazania. — Oni mają ładne psięta i żarłoczne wilczęta. — Jakże jesteście wspaniałomyślni, wy wielcy wodzowie narodu polskiego! — Gdzież jesteście, Chrobry Bolesławie, rządni i sprawiedliwi Kazimierzowie, i wy hojni, ludzcy i wspaniali Zygmuntowie? — O biedni nieszczęsni Polacy! jesteście zmęczeni i głodni. — Gospodynie! bądźcie uważne i przezorne. — O morza rozległe, jakże wasz widok jest zachwycający! — O nieszczęśliwe słowiańskie plemiona, kiedyż będziecie wolne? — My nie jesteśmy kapitanami dzisiejszymi, ale dawnymi i zasłużonymi. — Wy nie jesteście królami sprawiedliwymi i litościwymi, ale okrutnymi i srogimi tyranami.

3. Oni nie są uczniami pilnymi i przykładnymi. — Czy my jesteśmy panami swojej woli? — Czyż wy jesteście przykładnemi uczennicami? — Czy one są dobremi kucharkami? — My bawimy się z temi łagodnemi kociętami i z owemi pięknemi ptaszętami. — My mówimy o naszych dobrych i uczynnych wujach i stryjach, jako też o ubogich i pracowitych wieśniakach. — Wy mówicie o swoich kochanych rodzicach i o znakomitych dawnych polskich wodzach i hetmanach. — Kto mówi tu o naszych psach szybkich, o waszych koniach gniadych i rączych, o tych osłach dzikich, o owych stawach głębokich i o naszych ogrodach zielonych? — My leżymy na miękkich poduszkach. — Wy leżycie na naszych nowych książkach. — One leżą na swoich jedwabnych sukniach. — My mówimy o rozmaitych domowych zwierzętach. — Wy mówicie o imionach rzeczownych i przymiotnych.

THÈME XXII.

Abandonné, opuszczony;
admirable, zadziwiający;
l'affliction, utrapienie, zmartwienie;
agréable, przyjemny, miły;
l'amusement, zabawka;
aplati, płaski;
l'assiduité, pilność;
aussi bien que, tak... jak;
autant que, tyle.. ile;
autrefois, niegdyś;
le ballon, balon;
le bohémien, cygan;
la boulangère, piekarka;
brave, odważny;
la brodeuse, hafciarka;
bruyant, hałaśliwy;
la caisse, skrzynia;
le capuchon, kaptur;
le castellan, kasztelan;
le cerisier, wiśnia;
pour la plupart, po większej części;
le précepte, przepis;
le prélat, prałat;
le prunier, śliwka;
le regard, wzrok;
certain, niektóry;
le chirurgien, chirurg;
le couvercle, wieko;
le crapaud, ropucha;
la curiosité, ciekawość;
de campagne, wiejski;
le désir, życzenie;
de ville, miejski;
divin, boski;
domestique, domowy;
doré, pozłocony, a, e;
l écureuil, wiewiórka;
élevé, wysoki;
emporté, uniesiony;
en colère, rozgniewany;
en général, powszechnie;
en particulier, w szczególności;
exaucez-nous, wysłuchajcie nas;
favorable, przychylny;
renommé, wzięty;
ridé, zmarszczony;
le sage, mędrzec;
saint, święty;
la salle, sala;
le sculpteur, rzeźbiarz;
le foyer, ognisko;
franc, otwarty;
gentil, miły;
la graisse, tłustość;
huppé, czubaty;
imprévoyant, nieprzezorny;
l'insecte, owad;
invincible, niezwyciężony;
légitime, prawy;
le légume, jarzyna;
la levrière, charcica;
loyal, uczciwy;
même, nawet;
le métier, rzemiosło;
le moissonneur, żniwiarz;
l'odeur, woń, zapach;
l'ouvrière, wyrobnica;
passager, przemijający;
le pâturage, pastwisko;
persévérant, wytrwały;
pointu, szpiczasty;
sévère, surowy;
le siècle, wiek;
usé, zużyty;
la vigne, winnica;
vorace, żarłoczny.

(*Le* 26 *Mai* 18..., *après-midi.*)

1. Tous les Jean et tous les Auguste sont pour la plupart d'honnêtes gens. — Les Polonais étaient autrefois riches, puissants et célèbres. — Les couvercles de mes caisses sont tout neufs. — Les foyers domestiques sont abandonnés. — Les préceptes divins sont sublimes. — Les capuchons de ces capucines sont pointus. — Les nez de ces Bohémiens sont souvent aplatis. — Le parfum de ces roses blanches et rouges est agréable. — La curiosités des pies bavardes est grande. — L'assiduité de ces pauvres ouvrières est admirable. — L'herbe de ces vastes pâturages est tendre. — L'affliction des cœurs tendres est passagère. — Les vieillards décrépits, les jeunes gens imprévoyants (les uns et les autres) lorsqu'ils sont malades, le disent aux médecins savants et aux chirurgiens habiles.

2. Les hommes et les nations de tous les siècles sont ordinairement soumis aux grands et invincibles héros,

aux hommes sages, savants et vertueux, et même aux barbares forts et cruels. — La nourriture est nécessaire aussi bien aux hommes qu'aux oiseaux et qu'aux insectes. — Tous les légumes sont très agréables aux chèvres et les carottes en particulier aux cochons voraces. — De vastes salles sont nécessaires à tous les amusements bruyants. — Les levrières anglaises sont très fidèles à nos bonnes sœurs. — La graisse est nécessaire à toutes les roues. — Qui s'oppose aux métiers utiles est un insensé. — Dieu est favorable aux désirs nobles et légitimes. — Nous aimons les pharmaciens utiles, les sculpteurs renommés, les peintres habiles et les moissonneurs laborieux. — Vous aimez les jeunes gens dissipés, les élèves étourdis et paresseux et ces bouchers gras et frais. — Ils aiment les grands empereurs, les Vespasien, les Titus, hommes justes, charitables autant que braves et invincibles.

3. Nous avons des poissons rouges et dorés. — Vous avez des viviers vastes et nombreux. — Nos voisines ont des poiriers, des pruniers, des cerisiers et des vignes. — O saints patrons de notre pays, exaucez-nous. — Ecoutez-moi, mes chers enfants, mes bons et loyaux camarades. — Je suis très heureux aujourd'hui. — Vous êtes des guerriers célèbres. — Ils sont des prélats savants. — Nous sommes de pauvres bergères de ces vallées. — Vous êtes des boulangères de campagne. — Elles sont des brodeuses de ville. — Nous sommes presque toujours assis sur ces chameaux bossus et entêtés. — Pourquoi êtes-vous assis sur ces pierres dures et froides ? — Nos ballons sont tous sur les toits élevés de ces maisons. — Je parle de ces grenouilles vertes et de ces crapauds ridés. — Elle parle des poules huppées et des écureuils agiles.

THÈME XXIII.

Apprendre, uczyć (się); Dieu, Bóg; le gentilhomme, szlachcic; perdre, gubić, stracić; rester, zostać; tout, wszystko; venir, przychodzić, przyjść.

(*Le 1er Juin 18.., avant midi.*)

1. Bonjour, Messieurs, comment vous portez-vous ? Bonjour, Monsieur, nous nous portons bien, et vous ? Je vous remercie, mes enfants; je me porte bien aussi. — Que font ces élèves-là ? Ils lisent leurs livres et apprennent leurs leçons. — A qui sont les livres que je vois sur les bancs ? Ils sont à nous. — A qui votre tante parle-t-elle ? Elle parle à ses amies qui lui prêtent de l'argent. —

Aimez-vous vos sœurs ? Je les aime bien, car elles sont bonnes. — Et vos sœurs vous aiment-elles ? Elles m'aiment aussi. — A qui vos frères parlent-ils dans la rue ? Ils parlent aux prêtres qui leur souhaitent le bonjour.

2. Qu'est-ce que le prêtre Skarga disait aux gentilshommes polonais ? Il leur disait : O gentilshommes polonais ! vous serez tous perdus, car vous n'aimez ni Dieu, ni la Patrie. — Les professeurs sont-ils bons en Pologne ? Oui, ils le sont, mais les élèves y sont bons aussi. — Que faites-vous avec les plumes qu'on vous donne ? Nous écrivons. — De quoi les enfants ont-ils besoin ? Les bons ont besoin de récompenses, et les mauvais de punitions. — Qui sont ces messieurs qui restent là, dans le jardin de votre père ? Ce sont ses voisins qui viennent nous voir. — Est-ce que tous les hommes sont bons ? Non, il y en a de bons, mais il y en a aussi de méchants. — Qui est dans votre jardin ? Ce sont des messieurs que nous ne connaissons pas. — Sont-ce des hommes ou des femmes ? Il y a des hommes et des femmes.

THÈME XXIV.

Agé, stary;
l'Allemand, Niemiec;
se conduire, prowadzić się;
la devoir, powinność,
zadanie, ćwiczenie;
le Français, Francuz;
la Hongrie, Węgry;
mal, źle;
la manière, zwyczaj, sposób;
réciter, recytować, wydawać;
tantôt, zaraz.

(*Le 12 Juin* 18...)

1. Quels vins boit-on en Pologne ? On y en boit de bons, du Bordeaux, du Bourgogne, du Champagne, et des vins de Hongrie. — Y prend-on du thé ou du café ? On y prend du thé ou du café. — Voyez-vous ces épingles qui sont par terre ? Je les vois, elles sont à ma mère. — Les enfants de votre boulanger se portent-ils bien ? Non, Monsieur, ils ne se portent pas bien. — Qu'est-ce qu'ils ont ? Ils sont malades, ils ont la fièvre, ils disent qu'ils ont tantôt froid, tantôt chaud, ils ne mangent rien et ils ont toujours soif. — A qui prêtez-vous vos parapluies ? Je les prête aux Français, aux Anglais et aux Allemands.

2. De quoi les élèves de la sixième ont-ils besoin ? Ils ont besoin de punitions, car ils se conduisent très mal. — Ont-ils besoin de plumes ? Ils en ont besoin pour écrire leur devoir polonais. — De quelle manière apprennent-ils le polonais ? Ils lisent des livres polonais et font des thèmes qu'ils récitent. — Connaissez-vous des matelots

anglais ? J'en connais quelques-uns. — Les hommes mangent-ils autant que les enfants ? Les hommes mangent plus que les enfants, car ils sont plus âgés. — Qu'est-ce que ces demoiselles demandent à votre sœur ? Elles lui demandent des rubans de soie. — Vos domestiques travaillent-ils bien ? Ils travaillent bien. — Pourquoi ces étrangers ne disent-ils rien ? Ils ne savent pas le français.

THÈME XXV.

Acheter, kupować, kupić;	le cri, krzyk;	jouer, bawić się, grać;
battre, bić;	encore, jeszcze;	la tasse, filiżanka;
le blé, zboże;	le grenier, spichlerz;	le tonneau, beczka;
le bonbon, cukierek;	grosse, gruba;	travailler, pracować,

(Le 5 Juillet 18.., avant le déjeuner.)

1. Les Français ont-ils des vaisseaux ? Ils ont de beaux vaisseaux. — Les Allemands en ont-ils ? Ils n'en ont pas. — Les Polonais, qu'ont-ils ? Ils ont du blé, du bois, du fer et du sel. — Les Français, qu'ont-ils ? Ils ont du vin, de beaux bœufs et de l'argent. — Que font les tailleurs ? Ils coupent le drap et ils en font des habits. — Que font les charpentiers ? Ils bâtissent des maisons. — Que font les bons élèves ? Ils apprennent leurs leçons et se conduisent bien. — Que donnez-vous à ces enfants ? Nous leur donnons de jolis livres. — Est-ce qu'ils savent lire ? Ils savent lire et écrire. — Que font les garçons de votre tailleur ? Ils raccommodent les habits, car ils ne savent pas encore bien travailler.

2. Où sont vos enfants, mon voisin ? Je ne les vois pas. Ils sont dans le jardin, ils y jouent à la balle. — Ont-ils une balle ? Ils en ont plusieurs, je leur en achète toujours quand ils savent bien leurs leçons et qu'ils font bien leurs devoirs. — Entendez-vous les cris de ce paysan-là ? Je les entends, mais je ne sais pas ce que c'est. — Ce sont de méchants frères qui le battent avec des bâtons. — Connaissez-vous cet homme à la tête grosse comme un tonneau ? Je le vois, mais je ne le connais pas. — Vos enfants connaissent-ils ma tante ? Ils la connaissent bien, car elle leur donne toujours des bonbons. — Qui voyez-vous au bout de ce chemin ? J'y vois trois femmes avec leurs filles. — Les Polonais ont-ils de beaux arbres dans leurs bois ? Ils ont de beaux arbres dans leurs bois et de bons blés dans leurs greniers. — Comment les

Allemands boivent-ils la bière ? Ils la boivent dans les verres. — Et dans quoi prennent-ils le café? Dans les tasses. — Les Polonais sont-ils bons amis des Allemands ? Ils ne sont pas grands amis des Allemands, ni des Anglais, mais ils sont de très bons amis des Français.

Leçon XIX (Dziewiętnasta Lekcya)

L'Italien, Włoch (plur. Włosi),
L'Espagnol, Hiszpan,
Le Turc, Turek,
Le Suédois, Szwed,
Le Portugais, Portugalczyk.

Remarque. — Tout nom de nation peut devenir féminin à l'aide de la terminaison *ka* qu'on ajoute au nominatif masculin et alors la terminaison masculine subit des modifications différentes :

Un Polonais, Polak	Une Polonaise — Polka.
Un Français — Francuz	Une Française — Francuzka.
Un Anglais — Anglik	Une Anglaise — Angielka.
Un Allemand — Niemiec	Une Allemande — Niemka.
Un Italien — Włoch	Une Italienne — Włoszka.
Un Espagnol — Hiszpan	Une Espagnole — Hiszpanka.
Un Turc — Turek	Une Turque — Turczynka.
Un Suédois — Szwed	Une Suédoise — Szwedka.
Un Portugais — Portugalczyk	Une Portugaise — Portugalka.
Un Russe — Rossyanin, Moskal	Une Russe — Rossyanka, Moskiewka.

Les adjectifs des nations se forment à l'aide des terminaisons *ski*, *dzki*, *cki* de la manière suivante :

Un Polonais — *Polak* ; polonais — *polski*, *a*, *ie*.

français, francuzki ;
anglais, angielski ;
allemand, niemiecki ;
italien, włoski ;
espagnol, hiszpański ;
turc, turecki ;
suédois, szwedzki ;
portugais, portugalski ;
russe, rossyjski.

En employant la préposition *po*, et en terminant l'adjectif au datif contracté en *ku*, on obtient les adjectifs désignant la langue : le polonais (comme langue), *język polski* ; en polonais, *po polsku* ; en français, *po francuzku* ;

en anglais, *po angielsku* ; en latin *po łacinie* ; en grec, *po grecku*.

Savez-vous le polonais ?	Czy umiesz po polsku ?
Je ne sais pas le polonais, mais je sais le français et l'anglais.	Nie umiem po polsku, lecz umiem po francuzku i po angielsku.
Vos frères lisent-ils le latin ?	Czy pańscy bracia czytają po łacinie ?

Du charbon, Węgle (pluriel).
Un charbon, Węgiel.
Une fraise, Poziomka.
Une framboise, Malina.
Une cerise, Wiśnia.
Une pomme, Jabłko.
Une poire, Gruszka.

Les ciseaux — Nożyczki (plur.), (Gén. pl. nożyczek).

Remarque. — Il y a en polonais plusieurs noms qui n'ont pas de singulier ; ce sont principalement les objets qui forment d'eux-mêmes une paire :

Les mouchettes, les pincettes — szczypce (Gén. szczypców).
Les lunettes — okulary (rów).
La porte — drzwi (Gén. drzwi).

Beaucoup de,	Dużo, wiele (*wielu* devant les noms des personnes du genre masculin).

Remarque. — Après tous les mots de quantité, on met le génitif en polonais et si ces mots sont des sujets d'une phrase, on les construit avec le verbe au singulier.

Peu de, *mało* ;
trop de, *zbyt*, *zanadto* ou bien *za* avec les mots dużo, mało, etc.) ;
trop peu, *zamało* ;
c'est trop, *to zanadto*, *to zawiele* ;
assez de, *dosyć*, *dość* ;
très, *bardzo* ;
trop bon, *za dobry* ;
beaucoup, beaucoup, *bardzo dużo* ;
très peu, *bardzo mało*;
ne-guère, *niewiele*, *niedużo*;
combien de ? *ile* (*ilu* devant les personnes du genre masculin) ;
ne-que, *tylko* ;
un peu, *trochę*, *nieco* ;
quelques, *kilka*(*kilku* devant les substantifs des personnes du genre masculin).

On a vu que les articles *le*, *la*, *les*, *un*, *une*, ne se rendent pas en polonais ; il en est de même de l'article partitif *du*, *des*, indiquant la quantité indéterminée. Mais quand *un*, *une*, désigne l'unité, il se rend par *jeden*, *jedna*, *jedno*, qui se décline comme un adjectif.

Je n'ai qu'un ami,	Mam tylko jednego przyjaciela.
Je n'ai qu'un livre anglais,	Mam tylko jedną książkę angielską.
Je n'ai qu'une plume de fer,	Mam tylko jedno stalowe pióro.

NOMBRES (LICZBY)

CARDINAUX (GŁÓWNE).	ORDINAUX (PORZĄDKOWE).
	On forme les nombres ordinaux des cardinaux en terminant ceux-ci en *y*. Les quatre premiers sont irréguliers.
1. Jeden,	Pierwszy, a, e. —1er
2. Dwa,	Drugi, a, ie *ou* Wtóry, a, e, — 2e.
3. Trzy,	Trzeci, ia, ie. — 3e,
4. Cztery,	Czwarty, a, e.
5. Pięć,	Piąty, a, e.
6. Sześć,	Szósty, a, e.
7. Siedm,	Siódmy, a, e.
8. Ośm,	Ósmy, a, e.
9. Dziewięć,	Dziewiąty, a, e.
10. Dziesięć,	Dziesiąty, a, e,
Les dizaines de 10 à 19 se forment des unités en ajoutant la terminaison *naście*.	A partir de 10 jusqu'à 40 inclusivement on forme les ordinaux des dizaines en changeant la terminaison *ście* en *sty*.
11. Jedenaście,	Jedenasty.
12. Dwanaście,	Dwunasty.
13. Trzynaście,	Trzynasty.
14. Czternaście,	Czternasty.
15. Piętnaście,	Piętnasty.
16. Szesnaście,	Szesnasty.
17. Siedmnaście,	Siedmnasty.
18. Ośmnaście,	Ośmnasty.

19. Dziewiętnaście,	Dziewiętnasty.
20. Dwadzieścia,	Dwódziesty.
21. Dwadzieścia jeden,	Dwódziesty pierwszy.
22. Dwadzieścia dwa,	Dwódziesty drugi.
30. Trzydzieści,	Trzydziesty.
40. Czterdzieści,	Czterdziesty.
50. Pięćdziesiąt.	Pięćdziesiąty.
A partir de 50 jusqu'à 90 inclusivement les dizaines se forment en ajoutant la terminaison *dziesiąt* aux unités.	A partir de 50 jusqu'à 90 inclusivement les ordinaux des dizaines se forment en ajoutant *y* aux cardinaux ; il faut remarquer que lorsque les nombres ordinaux se composent de plusieurs chiffres, il faut les employer chacun ordinalement.
60. Sześćdziesiąt,	Sześćdziesiąty.
70. Siedmdziesiąt,	Siedmdziesiąty.
80. Ośmdziesiąt,	Ośmdziesiąty.
90. Dziewięćdziesiąt,	Dziewięćdziesiąty.
100. Sto,	Setny.
200. Dwieście,	Dwóchsetny.
300. Trzysta,	Trzechsetny.
400. Czterysta.	Czterechsetny.
A partir de 500 jusqu'à 900 inclusivement on forme les centaines en ajoutant aux unités la terminaison *set*.	Czterechsetny siedemdziesiąty dziewiąty.
500. Pięćset,	Pięćsetny.
600. Sześćset,	Sześćsetny.
700. Siedmset,	Siedmsetny.
800. Ośmset,	Ośmsetny.
900. Dziewięćset,	Dziewięćsetny.
1000. Tysiąc,	Tysiączny.
2000. Dwa tysiące,	Dwutysiączny.
3000. Trzy tysiące,	Trzytysiączny.
4000. Cztery tysiące.	Czterytysiączny.
A partir de 5000 jusqu'au million, *tysiąc* se met au génitif pluriel (*tysięcy*), toutes les fois que l'unité qui précède *tysiąc* dépasse 4.	
5000. Pięć tysięcy,	Pięćtysięczny.
6000. Sześć tysięcy,	Sześćtysięczny.

7000. Siedm tysięcy, Siedmtysięczny.
10000. Dziesięć tysięcy,
100000. Sto tysięcy,
1000000. Milion.

Après 1, 2, 3 et 4 *million* se met au nominatif pluriel; à partir de 5 au génitif pluriel.

2000000. Dwa miliony,
4000000. Cztery miliony,
5000000. Pięć milionów,
100000000. Sto milionów.

Quand le nombre cardinal se compose de plus de deux chiffres on peut employer les premiers chiffres comme cardinaux et les deux derniers comme ordinaux.

1855. Tysiąc ośmet pięćdziesiąty piąty.
1000000. Milionowy.
2000000. Dwumilionowy.

En prenant la préposition *po*, et en ajoutant un *e* aux nombres ordinaux, on obtient les nombres adverbiaux (*Przysłówkowe*) : *popierwsze*, premièrement ; *powtóre, podrugie*, deuxièmement.

Une moitié	Połowa.	Deux et demi	Półtrzecia.
Demi	Pół.	Trois et demi	Półczwarta.
Un et demi	Półtora.		

On voit que *pół* ne s'unit pas en polonais au même nombre cardinal qu'en français ; il se met toujours devant la terminaison féminine de l'ordinal suivant.

A partir de 20, on emploie *pół* comme en français : 21 1/2 — dwadzieścia jeden i pól.

DE LA DÉCLINAISON DES NOMBRES CARDINAUX

(O SPADKOWANIU LICZB GŁÓWNYCH).

Jeden, a, o, est un adjectif et se décline comme tel en s'accordant avec son nom en genre, nombre, etc. ; dwa, trzy, cztery, sont aussi des adjectifs, leurs terminaisons sont les suivantes :

Masculin des personnes.	Masc. et neutre des choses et d'animaux.	Féminin
1. Dwaj uczniowie	dwa konie, pióra	dwie kobiety
2. dwóch uczniów	dwóch koni, piór	dwóch kobiet.
3. dwom (dwu) uczniom	dwom koniem, piórom	dwom(dwu) kobietom

4.	dwóch (dwu)uczniów	dwa konie, pióra	dwie kobiety
6.	dwoma uczniami	dwoma końmi, piórami	dwiema kobietami
7.	w dwóch (dwu) uczniach.	w dwóch (dwu)koniach, piórach.	w dwóch (dwu) kobietach.

	Masculin des personnes.	Pour tous les autres genres.	Masculin des personnes.	Pour tous les autres genres.
1.	Trzej	trzy	Czterej	cztery
2.	trzech	trzech	czterech	czterech
3.	trzem	trzem	czterem	czterem
4.	trzech	trzy	czeterech	cztery
6.	trzema	trzema	czterma *ou* czterema	czterma *ou* czterema
7.	w trzech	w trzech	w czterech	w czterech

Au lieu de *dwaj*, *trzej*, *czterej*, devant les substantifs des personnes du genre masculin, on emploie *dwóch*, *trzech*, *czterech*, c'est-à-dire le génitif; mais alors ils se construisent avec le verbe à la troisième personne du singulier qui au passé prend le genre neutre.

Deux élèves apprennent bien.	Dwóch uczniów uczy się dobrze, *ou* dwaj uczniowie uczą się dobrze.
Il y a quatre élèves dans la classe.	Jest czterech uczniów w klassie, *ou* są czterej uczniowie w klassie.
Trois élèves m'ont vu.	Trzech uczniów mnie widziało, *ou* trzej uczniowie mnie widzieli.

A partir de 5, les nombres cardinaux sont des substantifs, et c'est pourquoi quand ils se mettent au nominatif, les substantifs qui les accompagnent doivent se mettre au génitif.

Ils se déclinent de 5 à 10 d'après le modèle suivant :

Masculin des personnes.	Tous les autres genres.
1. Pięciu	pięć.
2. pięciu	pięciu.
3. pięciu (pięciom)	pięć.
4. pięciu	pięciu.
6. pięcioma (pięciu)	pięciu.
7. w pięciu	w pięciu.

A partir de 11 jusqu'à 49, ils se déclinent d'après le modèle suivant :

1. Jedenastu, jedenaście
2. jedenastu
3. jedenastu, jedenastom.
4. jedenastu, jedenaście.
6. jedenastu, jedenastoma.
7. w jedenastu.

A partir de 50 jusqu'à 100, on décline les nombres cardinaux en laissant les nombres primitifs (pięć, sześć, siedm' ośm, dziewięć) invariables et en déclinant *dziesiąt.*

Masculin des personnes.	Féminin et Neutre.
1. Pięćdziesięciu	pięćdziesiąt.
2. Pięćdziesięciu	

etc., etc.

SINGULIER		PLURIEL
Masculin des personnes.	Tous les autres genres.	
1. Stu	Sto	1. Sta
2. stu (stu)	—	2. set
3. stu	—	3. stom
4. stu, sto	—	4. sta
6. stem (stą)	—	6. stami
7. w stu.	—	7. w stach.

Remarque. — La terminaison *sta* du génitif et *stem* de l'ablatif, s'emploient quand *sto* est pris substantivement (une centaine), et alors il a un pluriel.

Tysiąc et *milion* se déclinent comme des substantifs du genre masculin ; *tysiąc* fait au génitif pluriel *tysięcy.*

Les nombres *dwa, trzy, cztery*, étant des adjectifs, s'accordent avec leur substantif en genre, nombre et cas. A partir de 5 ils ne s'accordent en genre qu'au masculin des personnes, et les noms qui se déclinent avec eux n'ont pas de nominatif, mais ils le remplacent par le génitif pluriel :

Dwaj mężczyzni, dwie kobiety, dwa pióra, cztery pióra.
Dziewięć książek, pięćdziesiąt domów, ośmiu uczniów, dziewięciu żołnierzy.

Les nombres composés de plusieurs chiffres doivent se décliner chacun séparément :

Stu czterdziestu ludzi ; stu czterdziestu ludziom ; etc.

Quand les nombres cardinaux servent à désigner la quantité de personnes dont le sexe est différent, ou bien quand ils se trouvent avec des noms qui n'ont pas de singulier, ils subissent encore une autre modification quant à la désinence, ils s'appellent alors collectifs (*Zbiorowe*).

Ils se forment : 2, *dwoje* ; 3, *troje* ; 4, *czworo* ; 5, *pięcioro*, et ainsi de suite, en ajoutant la terminaison *oro*. S'ils se composent de plusieurs chiffres, on emploie les centaines et les dizaines de la manière usuelle et les unités prennent la terminaison collective :

Deux enfants — dwoje dzieci.
Nous sommes huit personnes — jast nas ośmioro.
Deux cent quatre enfants — dwieście czworo dzieci.

Deux yeux et deux oreilles, employés comme des noms collectifs, doivent se dire : *dwoje oczu*, *dwoje uszu*.

Les nombres collectifs se déclinent comme des noms du genre neutre; leur génitif est terminé en *ga* ; datif, *gu*; accusatif comme le nominatif ; ablatif, *giem* ; prépositionnel, *w gu* :

1. Dwoje oczu ; 2. dwojga oczu ; 3. dwojgu oczom ; 4. dwoje oczu ; 6. dwojgiem oczu ; 7. w dwojgu oczach.

Les nombres ordinaux sont des adjectifs et se déclinent comme tels en suivant toutes les règles de leur accord et de leur déclinaison.

Póltora, *póltrzecia*, *półczwarta*, sont des nombres invariables ; les substantifs qu'ils précèdent se déclinent à tous les cas, excepté le nominatif qu'ils remplacent par le génitif singulier, et n'ont pas de pluriel.

Półtora, półtrzecia, półczwarta; se changent en *półtorej, półtrzeciej*, etc., devant les noms du genre féminin.

Półtora funta	Une livre et demie.
Półczwarta wiadra	trois tonneaux et demi.
Półszóstej godziny	cinq heures et demie.

Les mots désignant une quantité indéterminée se déclinent comme des nombres cardinaux à partir de 5, c'est-à-dire qu'ils ont deux terminaisons au nominatif, l'une quand ils se rapportent aux noms de personnes du genre masculin, l'autre pour les substantifs de choses et d'animaux du genre masculin, ainsi que pour les substantifs du genre féminin et du genre neutre.

Masculin des personnes.	Tous les autres genres.
1. Wielu	wiele
2. Wielu	wielu
3. Wielu	wielom
4. Wielu	wiele
6. Wieloma	wielą.
7. w Wielu.	w wielu.

Les substantifs qu'ils précèdent conservent leur terminaison au datif et au prépositionnel ; à tous les autres cas, ils se mettent au génitif et se construisent avec le verbe au singulier.

Il y a beaucoup de mauvais élèves dans cette classe.	Wielu jest złych uczniów w tej klassie.

Une année, rok.	Une heure, godzina.
Un mois, miesiąc (mesiąca).	Une minute, minuta.
Une semaine, tydzień (tygodnia).	Une seconde, sekunda.
Une journée, dzień (dnia).	

Quel jour du mois est-il aujourd'hui ?	Którego dziś mamy? Który dziś dzień miesiąca ?
C'est le premier.	Mamy pierwszego; pierwszy.
C'est le deux.	Mamy drugiego ; dziś drugi.

En parlant du quantième du mois, de l'ordre numérique, de la succession des souverains et de la division d'un livre, on emploie en polonais les nombres ordinaux :

Le vingt-un Janvier.	Dwudziestego pierwszego Stycznia.
Louis XIV.	Ludwik czternasty.
Boleslas V.	Bolesław piąty.
Chapitre 9.	Rozdział dziewiąty.
Page 37.	Strona trzydziesta siódma.

Janvier, Styczeń (cznia).	Juillet, Lipiec (pca).
Février, Luty (ego).	Août, Sierpień (pnia).
Mars, Marzec (marca).	Septembre, Wrzesień (śnia).
Avril, Kwiecień (tnia).	Octobre, Październik.
Mai, Maj (ja).	Novembre, Listopad.
Juin, Czerwiec (wca).	Décembre, Grudzień (dnia).

Les noms de mois sont du genre masculin.

Les noms qui désignent la date, aussi bien les années que les mois et les jours des mois, se mettent au génitif et ce sont les nombres ordinaux qu'on emploie.

Le 29 Novembre 1831.	Dwudziestego dziewiątego Listopada tysiąc ośmset trzy dziestego pierwszego roku.
Le 22 Janvier 1863.	Dwudziestego drugiego Stycznia roku tysiać ośmset sześćdziesiątego trzeciego.

Lundi, Poniedziałek.	Vendredi, Piątek.
Mardi, Wtorek.	Samedi, Sobota.
Mercredi, Środa.	Dimanche, Niedziela.
Jeudi, Czwartek.	

En réponse à la question *quand*? les jours de la semaine se mettent ordinairement à l'accusatif précédé de la préposition *w* :

Byleś ty wczoraj, we Wtorek, dziewiątego Stycznia roku tysiąc ośmset pięćdziesiątego piątego.

Il y a — *Jest* (devant les noms sing.). *Są* (devant les noms plur.).

Il n'y a pas — *Niema* (est toujours suivi du génitif).

Il n'y a qu'un bon élève dans cette classe.	Jest tylko jeden dobry uczeń w tej klassie.
Il y a quatre livres dans mon pupitre.	Są cztery książki w moim stoliku.
Il y a dans cette classe dix élèves qui se conduisent très mal.	Jest w tej klassie dziesięciu uczniów, co się bardzo źle prowadzą.

THÈME XXVI.

L'avare, skąpiec;	généralement, ogólnie;	la satisfaction, zadowolnienie;
le bonheur, szczęście;	l'Italien, Włoch;	le soir, wieczór;
combien, ile;	le mois, miesiąc;	tard, późno;
estimer, szacować;	peu, mało;	le travail, praca.

(*Le 25 juillet* 18...)

1. Bonsoir, Messieurs, je vous souhaite une bien bonne année. — Nous vous en remercions, Monsieur; mais pourquoi nous la souhaitez-vous si tard ? — Parce que c'est le premier thème que nous faisons ensemble cette année. — Que me souhaitez-vous pour cette année ? Nous vous souhaitons beaucoup de bonheur et beaucoup de satisfaction de notre travail. — Combien de leçons avez-vous eues ? Nous avons eu 12 leçons et 20 thèmes ; celui-ci est le 20e. — Où le frère du voisin a-t-il ses pommes ? Il les a dans le grenier de sa maison. — En a-t-il beaucoup ? Il en a beaucoup, mais il n'en donne à personne. — Est-ce qu'il n'en donne pas à ses amis ? Il n'a pas d'amis. C'est un avare, qui ne connaît que trois de ses voisins et il ne leur donne pas ses pommes. — Combien de langues cette dame polonaise sait-elle ? Elle en sait 5 : le polonais, le français, l'allemand, l'anglais et l'italien. — Est-ce que toutes les Polonaises parlent tant de langues ? Elles n'en parlent pas toutes autant, mais en général elles savent quelques langues.

2. Connaissez-vous beaucoup de Polonaises ? J'en connais beaucoup, et je les estime fort ; car elles aiment leur patrie et elles sont de très bonnes mères. — Connaissez-vous beaucoup d'Allemandes ? J'en connais beaucoup, j'en connais 12. — Y a-t-il des Italiens dans la maison où vous demeurez ? Il y en a 3. — Le boulanger vend-il beaucoup de pain ? Il en vend bien peu. — Est-ce que tous les élèves savent leurs leçons ? Non, Monsieur; il y en a toujours 10 qui ne les savent pas. — Vos frères aiment-ils les fraises ? Ils aiment tous les fruits et ils mangent beaucoup de pommes, de poires, de cerises, de fraises, de framboises et de prunes. — Qu'est-ce qu'ils boivent ? Ils boivent ce qu'ils veulent ; mais généralement ils boivent du vin avec de l'eau. — Dans combien d'églises avez-vous été dimanche passé ? Dans 3 : à l'église de la Madeleine, de Saint-Roch et de Saint-Paul. — Quel jour du mois est-il ? C'est le 13 janvier.

THÈME XXVII.

Aider, pomagać; la chaise, krzesło; comprendre, rozumieć; la connaissance, znajomość; être debout, stać; le doigt, palec; l'école, szkoła; étudier, uczyć się; injuste, niesprawiedliwy; l'inspecteur, inspektor; le maître, gospodarz; le mieux, najlepiej; offrir, podarować; penser, myśleć; le pardon, przebaczenie; punir, karać; tous, wszyscy; tout de suite, zaraz.

(*Le* 12 *Août* 18...)

1. Pourquoi ces élèves-là ne sont-ils pas assis ? Je vous demande pardon, Monsieur ; ils sont tous assis à leurs places. — Dites-moi pourquoi cet homme reste debout, à la porte ? Il reste debout, parce que personne ne lui offre une chaise. — A qui prêtez-vous de l'argent ? J'en prête à mes amis, à mes voisins et à tous ceux qui m'en demandent. — Combien y a-t-il d'élèves à l'école polonaise ? Il y en a 250. — Les connaissez-vous tous ? Je ne les connais pas tous, mais je connais tous mes professeurs. — Et combien de professeurs y a-t-il à l'école polonaise ? Il y en a presque 30, et de plus un Directeur et un Inspecteur. — Est-ce que tous les élèves de l'école aiment leurs professeurs ? Ceux d'entre eux qui étudient bien aiment leurs professeurs, mais les méchants et les paresseux ne les aiment pas, et ils disent toujours que leurs professeurs sont injustes quand ils les punissent.

2. Quels livres lisez-vous ? Nous lisons des livres polonais, français et allemands. — Lesquels de ces livres aimez-vous le mieux ? — Ne lisez-vous pas des livres latins ? Nous en lisons, mais nous ne les comprenons pas. — Combien de cheveux les hommes ont-ils sur la tête ? Je ne saurais le dire, car ils en ont beaucoup. — Combien de mains l'homme a-t-il ? Il a deux mains. — Et combien de doigts a-t-il à chaque main ? Cinq ; cela fait dix doigts. — Qu'est-ce que les hommes font avec leurs mains ? Ils font presque tous les travaux. — A l'aide de quoi l'homme pense-t-il ? Avec la tête. — Avec qui ces dames causent-elles ? Elles causent avec leurs amis. — Est-ce qu'elles ne nous parlent pas ? Oui, elles nous parlent quelquefois. — Qu'est-ce que le domestique de votre voisin cherche ? Il cherche les chevaux de son maître. — Savez-vous où ils sont ? Je ne le sais pas : mais si votre voisin a besoin d'un cheval tout de suite, je peux lui prêter le mien.

THÈME XXVIII.

L'année, rok; l'année bissextile, rok przestępny; le bal, bal; le bavard, gaduła; beaucoup, dużo, wiele; le champ, pole; la cour, podwórze; fertile, urodzajny; où, gdzie; la richesse, bogactwo; la semaine, tydzień.

(*Le 22 Août 18...*)

Avez-vous froid, Mesieurs ? Nous n'avons pas froid en classe où nous sommes beaucoup, mais nous avons bien froid dans la cour. — Combien de mois y a-t-il dans une année ? Il y en a 12. — Et combien de semaines dans un mois ? Il y en a 4. — Combien de jours y a-t-il donc dans un mois ? Il y en a 31 ; quelques mois en ont 30 et le mois de février n'en a que 28. — Combien de jours y a-t-il dans une année ? Il y en a 365 ; tous les 4 ans il y a une année bissextile, et celle-ci a 366 jours. — Avez-vous été dans beaucoup de pays étrangers ? Je n'ai été qu'en Pologne, en Russie, en Allemagne, en Angleterre, en France et en Espagne. — Qu'est-ce que vous avez vu dans tous ces pays ? J'ai vu en Pologne de grandes forêts, des champs fertiles et de braves gens ; en Russie, beaucoup de cuirs et beaucoup de voleurs ; en Allemagne, beaucoup de bière et des hommes gros ; en Angleterre, de l'excellent fer et de grandes richesses ; en France, beaucoup de joie, des bals, de belles maisons et de grands bavards, et en Espagne, de beaux ânes.

Leçon XX (Dwudziesta Lekcya).

Quelques, quelques-uns, quelques-unes ou plusieurs — *kilka, kilku* (devant les noms de personnes mâles), se déclinent comme les nombres à partir de 5, en suivant les mêmes règles de construction. *Kilkoro*, se décline comme *czworo*, s'appliquant à des personnes de sexe différent.

As-tu quelques livres ?	Czy masz kilka książek ?
J'en ai quelques-uns.	Mam kilka.
Combien d'élèves y a-t-il eu au cachot aujourd'hui ?	Ilu uczniów było dzisiaj w kozie ?
Il y en a eu quelques-uns.	Było ich kilku.
Mon voisin a plusieurs enfants.	Moj sąsiad ma kilkoro dzieci.

Plus de dix, *kilkanaście, kilkunastu* **(devant les noms de** personnes), *kilkanaścioro*. *Kilkanaście*, s'emploie quand il désigne un nombre indéfini, mais qui surpasse 10, et se décline comme les nombres en *ście* :

Combien as-tu de livres ?	Ile masz książek ?
J'en ai plus de dix.	Mam kilkanaście.
Connaissez-vous beaucoup de soldats ?	Czy znasz dużo żołnierzy ?
J'en connais une quinzaine.	Znam kilkunastu.
Il a plus de dix enfants.	On ma kilkanaścioro dzieci.

Quel, quelle (quelle espèce de) — *co za*, s'emploie seulement au nominatif et à l'acusatif, et est gouverné par le verbe.

Quel est cet élève ?	Co to za zczeń ?
Quel est ce jeune homme ?	Co to za młodzieniec ?
Quelle espèce de livre avez-vous ?	Co masz za książkę ?

Chaque, chacun, chacune, każdy, a, e.	Tout (comme un entier), cały, a, e.
Autre, inny, a, e (inszy,a,e).	Tous (devant les noms de temps), co (avec le nominatif ou le génitif du singulier).
Le même, ten sam, ta sama, to samo.	Tous les jours, co dzień, co dnia.
Tout, toute, wszystek, a, ie.	

L'un (une) et l'autre — *obadwaj* ou *obaj* (masculin des personnes), *obiedwie, obie* (féminin), *obadwa*, *oba* (neutre), se déclinent comme *dwa*, *dwie*.

Oboje se décline comme *dwoje*, quand il se rapporte à deux personnes de sexe différent.

Je vois deux élèves.	Widzę dwóch uczniów.
L'un et l'autre ne savent rien.	Obadwaj nic nie umieją.
Il y a deux tables dans ma chambre.	Są dwa stoły w moim pokoju.
L'une et l'autre sont noires.	Obadwa są czarne.
J'ai deux sœurs, je les aime toutes les deux.	Mam dwie siostry, kocham je obie (obiedwie).
Je n'ai que deux plumes, je vous les donne toutes les deux.	Mam tylko dwa pióra, daję Panu oba (obadwa).

J'ai un frère et une sœur, je les aime tous les deux, car ils sont bons tous les deux.	Mam jednego brata i jedną siostrę, kocham ich oboje, bo oboje są dobrzy.

Encore (s'appliquant à la quantité) — *jeszcze więcej* :

Avez-vous encore du pain? Czy masz jeszcze więcej chleba?

Ne plus de — *już nic* :

Je n'ai plus de pain.	Już nie mam chleba.

Autant de, que de — *tyle* (*tylu* pour les personnes du genre masculin), *ile* (*ilu*), *co* :

J'ai autant de pain que de vin.	Mam tyle chleba co wina.
J'ai autant d'amis que d'ennemis.	Mam tylu pzryjaciol, co nieprzyjaciol.

Tout autant — *zupelnie tyle* (*tylu*).

Que, employé comme comparaison d'égalité, se rend par *jak*, *co* et *ile* :

Il est aussi bon que moi.	On tak dobry jak ja.
Je sais autant que vous.	Umiem-tyle co wy (Pan).

Plus de (comparatif de beaucoup) — *więcej* ; moins de (comparatif de peu) — *mniej* :

Plus de pain que de vin.	Więcej chleba niż wina.
Moins de sel que de viande.	Mniej soli niż mięsa.

Que, comme signe de la comparaison de supériorité ou d'infériorité, se rend en polonais par *niż* ou *jak*, et le second objet comparé doit se mettre au même cas que le premier :

Je mange plus de pain que de viande.	Jem więcej chleba niż mięsa.
Je donne plus de pain à mon frère qu'à mon ami.	Daję więcej chleba mojemu bratu niż mojemu przyjacielowi.
Je suis mieux avec mes camarades qu'avec mes professeurs.	Jestem lepiej z moimi kolegami niż z nauczycielami.

Aussi que — *tak jak.*

Aussi beau que lui — *tak piękny jak on.*

L'orsqu'on compare deux sujets, le signe de la comparaison d'égalité se rend par *jak*, après *tak* ; par *ile* ou *co*, après *tyle*, et le signe de la comparaison de supériorité ou d'infériorité se rend par *niż*, *jak*, suivis du nominatif, ou bien par la préposition *od*, suivie du génitif :

J'ai autant de papier que tous mes camarades.	Mam tyle papieru, co wszyscy moi koledzy.
Vous êtes aussi paresseux que lui.	Jesteś tak leniwy jak on.
Votre fille apprend-elle aussi bien que la mienne ?	Czy pańska corka uczy się tak dobrze jak moja ?
La mienne apprend mieux que la vôtre.	Moja uczy się lepiej od pańskiej *ou* niż pańska.
Est-ce que vous en savez autant que les élèves de la septième ?	Czy umiecie tyle co uczniowie klassy siódmej ?
Nous en savons plus qu'eux, mais ils se conduisent mieux que nous.	Umiemy więcej od nich (niż oni), ale oni się prowadzą lepiej od nas (niż my).

J'aime mieux — *wolę* (*isz, li ; limy, licie, wolą*).

J'aime mieux la récompense que la punition.	Wolę nagrodę niż karę.

Les aïeux, przodkowie ;
le bisaïeul, pradziad ;
la bisaïeule, prababka ;
du bouilli, sztuka mięsa ;
du bœuf rôti, pieczeń wolowa ;
le cousin, brat stryjeczny (le fils du frère du père) ; *ou* brat cioteczny (le fils de la sœur de la mère) ;
la cousine, siostra stryjeczna *ou* cioteczna ;
l'ennemi, nieprzyjaciel, wróg ;
le filleul, syn chrzestny ;
la filleule, córka chrzestna ;
un gâteau, ciastko ;
la grand'mère, babka ;
la marraine, matka chrzestna ;
un mets, potrawa ;
l'oncle, stryj (frère du père), *ou* wuj (frère de la mère) ;
le parent, krewny, a, e ;
les parents (père et mère), rodzice ;
le parrain, ojciec chrzestny ;
le petit-fils, wnuk ;
la petite-fille, wnuczka ;
un plat, półmisek ;
un rôti de veau, pieczeń cielęca ;
une tranche, kawałek.

THÈME XXIX.

L'armée, armia;	la fin, koniec;	passé, przeszły:
le commencement, początek;	le matin, rano;	le peigne, grzebień;
une fois, raz;	ou, lub;	plusieurs, kilka;
	l'ouvrage, dzieło;	le volume, tom

(*Le 3 Septembre 18.., avant le dîner.*)

1. Combien de thèmes les élèves savent-ils ? Ils en savent 22. — En font-ils tous les jours ? Non, monsieur, ils n'ont de leçon que cinq fois par semaine, et ils font un thème toutes les deux ou toutes les trois leçons. — Lisez-vous mon ouvrage ou celui de mon frère ? Je lis l'un et l'autre ; je suis à la fin du premier volume du vôtre, et au commencement du sien. — L'étranger a-t-il mon peigne ou celui de ma sœur ? Il a l'un et l'autre. — Le Hollandais boit-il dans mon verre ou dans celui de mon ami ? Il boit dans le vôtre. — Avez-vous encore du thé ? Nous n'avons plus de thé, mais nous avons encore du café. — Voulez-vous manger encore du bœuf ? Je n'en veux plus, je n'ai plus faim. — Pourquoi ne buvez-vous pas de vin ? J'en ai bu deux verres et je n'ai plus soif.

2. Les Polonais prennent-ils autant de café que de thé ? Ils prennent plus de thé que de café. — En prennent-ils tous les jours ? Ils en prennent tous les matins et tous les soirs. — Combien de fils cet homme a-t-il ? Il en a quatre. — Que font-ils ? L'un est prêtre, le second est dans l'armée, le troisième est marchand, le quatrième est à l'école, car il est encore jeune. — Combien d'enfants nos amis ont-ils ? Ils en ont plus de dix, ils en ont treize. — Connaissez-vous ma cousine ? Je la connais très bien, j'ai été avec elle à l'église dimanche passé. — Aimez-vous autant vos amis que vos ennemis ? J'aime plus ceux-là que ceux-ci. — Avez-vous été au Havre ? J'y ai été l'année passée. — Qu'est-ce que vous y avez vu ? J'y ai vu beaucoup de vaisseaux et plusieurs matelots. — Écrivez-vous aussi bien avec de bonnes plumes qu'avec de mauvaises ? J'écris mieux avec de bonnes plumes qu'avec de mauvaises.

THÈME XXX.

Autant, tyle;	mieux, lepiej;	plus, więcej;
le bout, koniec;	moins, mniej;	le poivre, pieprz;
croire, wierzyć;	parce que, bo, ponieważ;	le Russe, Moskal.

(*Le 13 Septembre 18.., après le dîner.*)

1. Avez-vous beaucoup de parents ? J'en ai beaucoup ; j'ai beaucoup d'oncles, de tantes, de cousins et de cousines. — Ai-je autant d'argent que vous ? Vous en avez moins que moi. — Lisez-vous autant de livres que moi ? J'en lis moins que vous. — Les Français ont-ils autant de vaisseaux que les Anglais? Ils en ont moins que les Anglais mais ils en ont plus que les Russes. — Est-ce que je mange autant de pommes que votre sœur ? Vous en mangez plus qu'elle, mais elle mange plus de noix que vous. — Combien d'enfants votre oncle a-t-il ? Il en a deux, un fils et une fille.

2. Est-ce que quelqu'un aime plus ses amis que vous ? Personne ne les aime plus que moi. — Aimez-vous mieux le sel que le poivre ? Je n'aime ni l'un ni l'autre. — Pourquoi n'écrivez-vous pas ? Je n'écris pas parce qu'il n'y a pas d'encre sur ma plume. — Ecrivez-vous beaucoup de lettres ? J'en écris beaucoup, mais mon voisin en écrit plus que moi. — Connais-tu ce Monsieur qui est dans le jardin? Je le connais, c'est le voisin de mon frère. — Avec qui est-il ? Il est avec deux enfants. — Est-ce que ce sont ses enfants à lui ? Ils ne sont pas à lui, mais je ne sais pas à qui ils sont. — A qui sont ces beaux chevaux que je vois au bout de ce chemin ? Ils sont à moi. — Pourquoi ces enfants sont-ils si tristes ? Je ne sais pas ce qu'ils ont, je crois qu'ils ont froid.

Leçon XXI (Dwudziesta pierwsza Lekcya).

DES DEGRÉS DE COMPARAISON DANS LES ADJECTIFS

(O STOPNIACH PRZYMIOTNIKÓW).

Les adjectifs, outre les changements exigés par les cas, par le nombre et par le genre, en ont encore dus aux degrés; ces derniers changements s'appellent en polonais : *Stopniowanie.*

En polonais, comme dans les autres langues, les adjectifs ont trois degrés :

Stopień równy; le positif ; *stopień wyższy,* le comparatif et *stopień najwyższy,* le superlatif.

Le positif ou le comparatif d'égalité s'exprime à l'aide

des conjonctions : *tak*, *także*, *jak*. Ces trois conjonctions se traduisent en français par *aussi que* :

Jestem tak dobry jak ty. Je suis aussi bon que toi.

En comparant deux objets de la même espèce, on remplace *tak* par *równie* ou *również*, qui signifie en français, *également*, avec la conjonction *i* après *jak* :

Mon livre est aussi beau que le sien. Moja książka je strównie piękna jak *i* jego.

Pour former les comparatifs de supériorité, il faut changer la terminaison de l'adjectif en *ejszy* ou *szy*. Ex : *slaby*, faible, *slabszy* ; *bogaty*, riche, *bogatszy* ; *kwaśny*, aigre, *kwaśniejszy* ; *piękny*, beau, *piękniejszy*.

Quand un adjectif est terminé en *y*, précédé d'une consonne dure ayant devant elle encore une autre consonne, son comparatif est ordinairement en *ejszy* : *Biegły*, habile, *bieglejszy* ; *dumny*, orgueilleux, *dumniejszy* ; *chytry*, rusé, *chytrzejszy* ; *latwy*, facile, *latwiejszy*.

On voit aussi que la consonne dure est changée en consonne molle au comparatif.

Si la terminaison des adjectifs, *y* ou *i*, est précédée d'une seule consonne au positif, le changement au comparatif se fait en *szy* et les consonnes dures s'adoucissent : *Ubogi*, pauvre, *uboższy* ; *tani*, bon marché, *tańszy* ; *czuly*, tendre, *czulszy*.

Les adjectifs terminés en *ki*, *eki*, *oki*, perdent leur terminaison au comparatif : *Brzydki*, vilain, *brzydszy* ; *daleki*, lointain, *dalszy* ; *szeroki*, large, *szerszy*.

Les adjectifs qui, devant la dernière syllabe, ont la voyelle *ą*, changent celle-ci au comparatif en *ę* : *Mądry*, sage, *mędrszy*.

Le superlatif se forme du comparatif en plaçant devant ce dernier la particule *naj* : *Mały*, petit, *mniejszy*, *najmniejszy* ; *biały*, blanc, *bielszy najbielszy*.

Il y a des adjectifs qui forment leurs degrés de comparaison d'une manière irrégulière, comme :

Dobry, *bon*, lepszy, najlepszy.
Zły, *mauvais*, gorszy, najgorszy.
Lekki, *léger*, lżejszy, najlżejszy.
Mały, *petit*, mniejszy, najmniejszy.
Wielki, *grand*, większy, największy.
Wysoki, *élevé*, wyższy, najwyższy.
Płaski, *plat*, płaższy, najpłaższy.
Wesoły, *gai*, weselszy, najweselszy.
Czerwony, *rouge*, czerwieńszy, najczerwieńszy.
Pierwszy, *premier* (n'a pas de positif) najpierwszy.

Il y a des adjectifs qui n'ont pas de degrés de comparaison et par conséquent ne subissent pas de modifications ; tels sont :

Les diminutifs, *przymiotniki zdrobniałe*, terminés en *eńki, utki, uczki, uchny* : Wesoly, *gai*, wesolutki *ou* wesoluchny ; mały, *petit*, maleńki, malutki, maluchny.

Les adjectifs de temps, *przymiotniki czasu* : Chwilowy, *momentané* ; godzinny, *d'une heure* ; dzienny, *journalier* ; tygodniowy, *d'une semaine* ; miesięczny, *mensuel* ; kwartalny, *trimestriel* ; roczny, *annuel* ; wiekowy, *séculaire* ; wczorajszy, *d'hier* ; dzisiejszy, *d'aujourd'hui* ; jutrzejszy, *de demain* ; wiosenny, *printanier* ; zimowy, *d'hiver*.

Les adjectifs possessifs, *przymiotniki dzierżawcze* : Krawiecki, (celui) *du tailleur* ; piekarski, *du boulanger* ; pański, *du seigneur* ; miejski, *de la ville* ; żołnierski, *du soldat*.

Les adjectifs désignant l'objet ou la matière dont une chose est faite : Złoty, *d'or* ; jedwabny, *en soie* ; drewniany, *en bois*.

Les participes employés adjectivement : Śpiewający, *chantant* ; grający, *jouant*.

Les adjectifs qui n'ont pas de degrés de comparaison les remplacent souvent par l'adverbe *bardzo* dont le comparatif est *bardziej* et le superlatif *najbardziej* : Nieznany, *inconnu*, bardziej nieznany, najbardziej nieznany. A cette catégorie appartiennent les adjectifs qui expriment les infirmités du corps (*kalectwa*) : Kulawy, *boiteux* ; ślepy, *aveugle* ; garbaty, *bossu* ; niemy, *muet* ; głuchy, *sourd* .

Il est une autre manière de rendre la qualité supérieure de l'adjectif et de relever la qualité supérieure de l'adjectif par les mots suivants : *arcy*, archi ; *zbyt*, trop ; *zupełnie*, tout à fait.

On peut aussi relever la qualité supérieure d'un adjectif par l'adverbe *jak* ou la particule *prze*, ajoutés au superlatif : Le meilleur possible, *jak najlepszy* ; le très-saint, *przenajświętszy* ; exquis, *przewyborny*.

Le mot français : *que*, qui se rend dans la comparaison d'égalité par *jak*, s'emploie aussi pour la comparaison de supériorité; mais c'est l'adverbe *niż* ou la préposition *od* gouvernant le génitif, qui sert à rendre *que* dans les comparaisons de supériorité ou d'infériorité :

L'été est plus agréable que l'hiver.	Lato jest milsze *niż* zima.
J'apprends plus que lui, mais il sait plus que moi.	Uczę się więcej od niego, ale on umie więcej odemnie.

On emploie surtout la préposition *od* en comparant deux sujets de la même phrase.

Beaucoup devant un comparatif se traduit par : *daleko* ou *znacznie* :

Les raisins sont (beaucoup) bien meilleurs cette année que l'année passée.	Winogrona są daleko lepsze w tym roku niż w przeszłym.
Mon frère est beaucoup plus riche que mon oncle.	Mój brat jest daleko (znacznie) bogatszy od mojego wuja.
Jean est beaucoup plus grand que son frère.	Jan jest znacznie słuszniejszy (wyższy) od swego brata.

Pour traduire le mot français *de* (avec la signification de *parmi*), on emploie après le superlatif la préposition *z*, gouvernant le génitif :

C'est le plus studieux de nos élèves.	Jest to najpilniejszy z naszych uczniów.

La locution française : *plus que* ne se traduit pas toujours en polonais par un degré, mais par la préposition *nad* gouvernant l'accusatif, et alors on supprime l'expression *que* :

Je vous aime plus que la vie. Kocham Pana nad życie.

Les noms qui expriment la différence de deux objets comparés comme : le nombre, la mesure, le temps, la distance, précédés de la préposition *de*, se traduisent par l'accusatif précédé de la préposition *o* ou par l'instrumental :

Votre maison est plus chère *de* dix mille francs que la nôtre.	Dom pański jest droższy *o* dziesięć tysięcy franków od naszego.
Je suis plus âgé *de* trois ans que ma sœur.	Jestem starszy *o* trzy lata od mojej siostry.
Ma règle est plus longue de quinze centimètres que la sienne.	Moja linia jest dłuższą *o* piętnaście centymetrów od jego linii.
Varsovie est éloignée *de* quarante milles de Posen, et presque du double de Vilna.	Warszawa jest odległą *o* czterdzieści mil od Poznania, a prawie *o* dwa razy tyle od Wilna.

THÈME XXII

Aller, iść;
les Alpes, Alpy;
l'argent, pieniądze;
arriver, przybyć;
avoir besoin, potrzebować;
le cabinet, pokoik;
le cas, przypadek;
la cause, przyczyna;
cependant, jednak, jednakże;
le chemin, droga;
chaud, ciepły;
croire, wierzyć, myśleć, sądzić;
la croisée, okno;
devoir (verbe), być powinnym, być winnym;
élever, podnieść;
étourdi, roztrzepany;
exposer, wystawić;
flatter, pochlebiać;
le fleuve, rzeka;
fortement, mocno, bardzo;
fournir, dostarczyć;
le franc, frank;
le gourmand, żarłoczny, łakomy;
grave, poważny;
haut, wysoki;
l'hiver, zima;
l'instrument, narzędzie;
justement, właśnie;
le logement, mieszkanie;
le lycée, liceum;
le marché, targ;
bon marché, tanio;
la maison, dom;
mener, prowadzić;
moderne, nowożytny;
une montagne, góra;
nouvellement, nowo;
l'ouvrier, robotnik;
possible, możliwy;
le pouce, wielki palec;
prodigue, rozrzutny;
prouver, dowieść;
la province, prowincya;
le puits, studnia;
ranger, układać;
rare, rzadki;
le raisonnement, rozumowanie;
réellement, istotnie;
réfléchi, roztropny;
la réflexion, spostrzeżenie;

(Jeudi le 14 Janvier 18.., à 5 h. du soir.)

1. Mon cher Casimir, es-tu bien fort en français ? Je suis assez fort, mais il y en a de plus forts dans une autre classe ; mais le plus fort de nous tous, c'est un jeune homme nouvellement arrivé de province, qui est très versé dans les langues modernes et anciennes ; plus même que beaucoup d'élèves du Lycée. — Quel puits est plus profond, le nôtre ou celui de notre voisin ? C'est celui de notre voisin ; il est le plus profond de tous les puits de la ville et fournit l'eau la plus claire et la plus fraîche de toute la ville. — Quel canif est plus tranchant, le vôtre ou le mien ? Je me flatte que le mien est le plus tranchant de tous les canifs de la classe. — Dans ce cas il doit être bien cher. — Vous vous trompez fort, mon ami ; il est justement le meilleur marché, parce qu'il a été acheté à Londres, où tous les instruments en acier sont le meilleur marché possible, tandis qu'à Paris ils sont plus chers, et chez nous en Pologne, ils sont les plus chers, car on y en vend très peu, et les bons ouvriers y sont rares. — As-tu une bonne plume ? J'en ai une bonne, mais la tienne est meilleure et la plume de notre voisin est la meilleure. — Votre logement est-il sec en hiver ? Il est sec et chaud l'hiver, mais le logement de mon oncle est plus chaud, surtout son cabinet de travail qui est le plus chaud et le plus sec de toute la maison, parce qu'il est exposé au soleil. Mais ma chambre est mieux exposée encore, puisqu'elle a trois croisées, et cependant elle est la plus froide. — Comment n'en comprends-tu pas la cause ? tu restes dans la chambre la plus élevée, sous un toit de zinc, et tu ne veux pas avoir froid avec trois croisées.

2. Y a-t-il beaucoup de fleuves en Pologne ? Il y en a beaucoup et de très grands. — Et lequel est le plus grand ? C'est le Dniepr, qui, je crois, est aussi le plus large ; cependant on dit que la Vistule est plus profonde et plus rapide que le Dniepr, mais cependant elle est moins rapide que le Dniestr, qui est le plus rapide de tous les fleuves de Pologne. — Quelles sont les plus hautes montagnes en Europe ? Ce sont les Alpes. — Quel chemin est le plus court pour aller de Paris à Rome ? — On dit que tout chemin mène à Rome. — Cependant il y a des chemins plus longs, comme il y en a de plus courts. Je pense que le plus court est par Marseille et il est en même temps le meilleur marché et le plus agréable. — Lequel de vous deux est le plus âgé ? — C'est mon père. — Est-il possible d'être aussi étourdi que vous ? Vous êtes le plus étourdi de tous les garçons que je connaisse ; je vous demande l'âge de votre frère ? — Moi je suis plus jeune que mon frère de dix-huit mois. Comme il est plus grand de quelques pouces, on dirait qu'il est plus âgé,

mais s'il n'est pas plus âgé, il est du moins plus grave et plus réfléchi que vous. — A propos de réflexion, pour la prouver, je vais vous demander quelque chose. — Eh bien ! demandez donc. — Prêtez-moi un peu d'argent. — Comment ? Vous me demandez de l'argent, tandis que je suis beaucoup plus pauvre que vous. — Combien en avez-vous ? Je n'ai que quinze francs — Vous voyez que c'est moi qui suis plus pauvre que vous de dix francs, je n'en ai que cinq. — Mais vous n'en avez pas besoin. — Mon cher, tout le monde a besoin d'argent, et moi plus que vous, parce que vous êtres rangé et sobre, et moi je suis prodigue et gourmand. — Vous m'avez vaincu par votre raisonnement, parce que vous êtes réellement le plus prodigue et le plus gourmand de tous ceux que je connais.

Leçon XXII (Dwudziesta druga Lekcya).

DU VERBE (O SŁOWIE)

Le verbe (*Słowo*) désigne l'action ou la manière d'être du sujet. Il y a plusieurs espèces de verbes ; ils sont : 1° Actifs, *Czynne* ; 2° Neutres, *Nijakie* ; 3° Réfléchis, *Zwrotne* ; 4° Passifs, *Bierne*.

Les verbes réfléchis, accompagnés du pronom *się* à toutes les personnes des deux nombres, s'appellent verbes Pronominaux, *Słowa Zaimkowe*.

D'après l'état dans lequel se trouve l'action énoncée par le verbe, on le divise en deux formes principales : la forme imparfaite ou indéfinie (*forma niedokonana*), et la forme parfaite ou définie (*forma dokonana*).

Il existe encore une troisième forme des verbes polonais, c'est la forme fréquentative (*forma częstotliwa*). Elle est moins essentielle pour la conjugaison que les deux premières, et on en verra l'emploi dans le cours de cet ouvrage.

Les verbes imparfaits deviennent parfaits si on place devant leur radical une des particules suivantes : *do*. *na*, *nad*, *o*, *ob*, *od*, *po*, *pod*, *prze*, *przy*, *roz*, *u*, *w*, *wy* (*wz*), *z* (*s*), *za*.

Quelquefois ces particules, placées devant les verbes, leur donnent une autre signification, mais chaque verbe a au moins une particule qui le rend parfait sans en changer le sens.

Ordinairement les verbes polonais sont énoncés dans la forme imparfaite, c'est-à-dire, non composée, et on les appelle *pierwolne* (simples), tandis que ceux auxquels on a ajouté un préfixe s'appellent *złożone* (composés).

Les verbes fréquentatifs peuvent être composés ou simples ; on les reconnaît surtout par leur terminaison allongée en : *ewać*, *iwać* (*iać*), *ować*, *ywać*.

Do, ajouté au verbe, désigne : 1° le rapprochement du but ou du résultat de l'action : *iść*, aller ; *dojść*, arriver jusqu'à l'endroit ; 2° il désigne l'augmentation : *pisać*, écrire ; *dopisać wyraz*, ajouter un mot.

Na, exprime : 1° l'accomplissement d'une action : *pisać*, écrire ; *napisać list*, écrire une lettre ; 2° l'action d'amasser : *kupić*, acheter; *nakupić książek*, faire des achats de livres ; 3° le rassasiement avec le verbe réfléchi : *najeść się owoców*, se rassasier de fruits. Dans les deux dernières significations, les verbes composés de *na* ont le génitif pour régime direct.

Nad (*nade*), exprime : 1° le surcroît : *mierzyć*, mesurer ; *nadmierzyć*, mesurer par-dessus ; 2° la surprise, avec le verbe manquant le mouvement : *iść*, aller ; *nadejść*, survenir ; 3° le commencement d'une action éloignée encore de la fin : *łamać*, casser ; *nadłamać pióro*, casser un peu la plume.

O (*ob*, quelquefois *obe*), désigne un mouvement autour d'un objet : *iść*, aller ; *obejść miasto*, faire le tour de la ville.

Od, marque : 1° avec les verbes qui désignent le mouvement, l'éloignement ou un mouvement rétrograde : *iść*, aller ; *odejść*, s'en aller ; 2° la réciprocité : *dać*, donner ; *oddać*, payer de retour, ou rendre ; *nieść*, porter ; *odnieść*, rapporter ; 3° l'expiation : *chorować*, être malade ; *odchorować*, expier par une maladie ; 4° la soustraction ou séparation violente d'une partie : *ciąć*, tailler ; *odciąć kawałek papieru*, couper un morceau de papier ; *bić*, battre ; *obdić kłódkę*, arracher un cadenas ; *rąbać*, hacher ; *odrąbać głowę*, séparer la tête du corps ; *rwać*, cueillir ; oderwać, arracher.

Po, marque : 1° une action continue : *pić*, boire ; *popijać*, boire continuellement ; 2° une action faite pendant quelque temps : *czekać*, attendre ; *poczekać*, attendre un peu ; 3° une action exercée sur plusieurs objets ou en plusieurs endroits : brûler, *palić* ; *popalić wszystkie statki*, brûler tous les vaisseaux ; 4° la réciprocité : *bić, się*, se battre ; *pobić się z kim*, se battre avec quelqu'un ; *kłócić się*, se quereller ; *pokłócić się z sąsiadem*, être en querelle avec le voisin.

Pod, marque : 1° une action de bas en haut, et se traduit en français par *sous* : *nieść*, porter, *podnieść*, soulever ; 2° une action faite furtivement : *powiadać*, dire ; *podpowiadać*, souffler ; *iść*, aller, *podejść*, s'approcher sans être vu ; *słuchać*, écouter, *podsłuchać*, surprendre un secret ; 3° une action marquant un progrès graduel ; *rosnąć*, croître ; *podrosnąć*, grandir.

Prze, marque : 1° une action à travers le temps ou l'espace : *płynąć*, nager ; *przepłynąć rzekę*, traverser un fleuve à la nage ; *żyć*, vivre ; *przeżyć sto lat*, dépasser cent ans ; 2° l'action d'user quelque chose : *grać*, jouer ; *przegrać wszystkie pieniądze*, de perdre tout son argent au jeu ; 3° une action subite et le commencement d'une action : *mówić*, parler ; *przemówić*, entamer un discours ; 4° le changement de situation ou d'endroit, et correspond à la particule *trans* en français : *nieść*, porter ; *przenieść*, transporter ; *prowadzić*, mener ; *przeprowadzić*, conduire d'un endroit à un autre (déménager) ; 5° la préférence ou l'avantage d'un objet sur un autre : *gonić*, poursuivre ; *przegonić*, dépasser à la course ; *kłaść*, mettre ;

przekładać, préférer ; 6° l'excès : *lać*, verser ; *przelać*, répandre en versant ; 7° *prze* répond, avec les verbes se rapportant à l'action des sens, à la particule française *pré* : *widzieć*, voir ; *przewidzieć*, prévoir ; *czuć*, sentir ; *przeczuć*, pressentir.

Przy, marque : 1° le rapprochement : *iść*, aller ; *przyjść*, s'approcher (venir) ; 2° l'accompagnement en parlant des sons : *śpiewać*, chanter ; *przyśpiewywać*, accompagner en chantant ; *grać*, jouer ; *przygrywać*, accompagner sur un instrument ; 3° une action faite en partie ; *zamknąć*, fermer ; *pzrymknąć*, fermer un peu (entre-bâiller).

Roz, marque : 1° la séparation : *łączyć*, unir ; *rozłączyć*, désunir ; 2° l'extension ou la dispersion : *rzucić*, jeter ; *rozrzucić*, parsemer ; *lać*, verser ; *rozlać*, répandre ; 3° *roz*, avec le verbe réfléchi, marque l'excès : *gadać*, bavarder ; *rozgadać się*, bavarder à n'en pas finir ; *igrać*, prendre ses ébats ; *rozigrać się*, jouer jusqu'à la folie.

U, marque : 1° l'éloignement ou l'enlèvement : *iść*, aller ; *ujść*, se sauver ; *nieść*, porter ; *unieść*, enlever ; 2° la diminution partielle : *łamać*, casser ; *ułamać*, casser une partie ; 3° le rassasiement : *śmiać się*, rire ; *uśmiać się*, rire à cœur joie ; *pić*, boire ; *upić się*, s'enivrer.

W (*we*), marque la direction vers l'intérieur d'un endroit ; *iść*, aller ; *wejść*, entrer ; *bić*, frapper ; *wbić*, faire entrer avec violence un objet dans un autre.

Wy, marque : 1° la direction à l'extérieur : *iść*, aller ; *wyjść*, sortir ; 2° les résultats obtenus : *słuchać*, écouter ; *wysłuchać lekcyi*, faire réciter la leçon ; 3° l'accomplissement définitif : *gubić*, perdre ; *wygubić*, exterminer ; 4° le rassasiement avec le verbe réfléchi : *spać*, dormir ; *wyspać się*, avoir assez dormi.

Wz (*wez*), **Ws** (*wes*), marque une direction en haut ou une manifestation en dehors : *nieść*, porter ; *wznieść kościół*, élever (ériger) une église ; *chodzić*, marcher ; *wschodzić*, monter (croître).

Z (*ze*), marque : 1° le mouvement en bas : *iść*, aller ; *zejść*, descendre : *jechać*, aller en voiture ; *zjechać*, descendre d'une hauteur ; 2° la jonction de quelques parties d'un objet : *bić*, battre ; *zbić dwie deski*, joindre deux planches ; 3° l'accomplissement simple d'une action : *jeść*, manger ; *zjeść*, achever de manger ; *łamać*, casser ; *złamać*, finir de casser.

Za, marque : 1° la direction opposée : *iść*, aller ; *zajść komuś drogę*, barrer le chemin à quelqu'un ; 2° le résultat obtenu : *służyć*, servir ; *zasłużyć*, mériter ; 3° une action momentanée : *pytać*, questionner ; *zapytać*, adresser une question ; *czepić*, accrocher ; *zaczepić kogoś*, accoster quelqu'un ; 4° avec le verbe réfléchi, *za* marque l'oubli du sujet dans l'action : *czytać*, lire ; *zaczytać się*, s'oublier en lisant.

De toutes ces particules, les deux qui changent le moins la signification du verbe sont : *po*, *z*.

La plupart des verbes terminés en *nąć* sont parfaits sans être composés, parce qu'ils expriment une action faite d'un seul trait.

Il y a cependant des verbes ayant cette terminaison qui sont imparfaits, mais on les reconnaîtra facilement, car ils expriment une action qui dure encore ou qui s'accomplit peu à peu, comme : faiblir (défaillir), *słabnąć*, disparaître, *niknąć* ; se noyer, *tonąć*. Ils deviennent parfaits, si on les fait précéder d'une des particules citées plus haut.

Il y a en polonais un certain nombre de verbes qui sont parfaits par leur signification même, sans être composés. Ce sont : *Chwycić* s'emparer de, *chybić* manquer, *dać* donner, *jąć* prendre, *kazać* ordonner, *kupić* acheter, *ledz* se coucher, *paść* tomber, *puścić* lâcher, *ruszyć* s'élancer, *rzec* dire, *rzucić* jeter, *siąść* s'asseoir, *skoczyć* sauter, *stąpić* marcher, *trafić* attraper, *trącić* heurter, *wrócić* revenir, *zdradzić* trahir, *zwyciężyć* vaincre, *zyskać* gagner.

La conjugaison polonaise ne pouvant être complète qu'à l'aide de deux formes (comme on le verra plus tard), on transforme ces 21 verbes en fréquentatifs pour remplacer la forme imparfaite, qui leur manque. Ceci se fait de la manière suivante :

Chwycić s'emparer, *chwytać* ; chybić manquer, *chybiać* ; dać donner, *dawać* ; jąć prendre, *imać* ; kazac ordonner, *(roz) kazywać* ; kupić acheter, *kupować* ; ledz se coucher, *lgać* ; paść tomber, *padać* ; puścić lâcher, *puszczać* ; ruszyć s'élancer, *ruszać* ; rzec dire, *rzekać* ; rzucić jeter, *rzucać* ; siąść s'asseoir, *siadać* ; skoczyć sauter, *skakać* ; stąpić marcher, *stąpać* ; trafić attraper, *trafiać* ; trącić heurter, *trącać* ; wrócić revenir, *wracać* ; zdradzić trahir, *zdradzać* ; zwyciężyć vaincre, *zwyciężać* ; zyskać gagner, *zyskiwać*.

Pour mieux fixer dans la mémoire ce qui vient d'être dit sur les trois formes des verbes polonais, ajoutons :

1° Que les trois formes existent dans la plupart des verbes :

czytać, przeczytać, czytywać.
robić, zrobić, rabiać.

2° Qu'un verbe est énoncé ordinairement dans sa forme imparfaite (non composée), et qu'il est rendu parfait à l'aide d'un préfixe :

pić, wypić.

3° Qu'un verbe fréquentatif se reconnaît surtout par sa terminaison allongée et qu'on ne le rend point parfait même en lui préfixant une particule :

przepisać, przepisywać.

Le verbe fréquentatif composé sert de cette manière à obtenir la forme imparfaite du verbe qui, devenu parfait, a changé de signification :

robić faire (imparf.) ; *zarobić* gagner (parfait).

S'il s'agit d'avoir la forme imparfaite du verbe *gagner*, il n'y a pas d'autre moyen que de le convertir en fréquentatif *zarabiać*.

4° Que deux formes (*imparfaite* et *parfaite*) sont essentielles pour avoir la conjugaison complète.

(Trouver les formes des verbes suivants :
Bić frapper, *ułożyć* arranger, *odpowiedzieć* répondre, *darować* donner (pardonner), *tracić* perdre, *zatrudniać* occuper, *czyścić* nettoyer, *myśleć* penser, *brać* prendre, *ruszyć* toucher (s'élancer), *skakać* sauter, *uprzedzać* avertir, *wspomnieć* rappeler, *palić* brûler, *służyć* servir, etc.)

THÈME XXXII.

Abaisser, zniżyć;
abandonner, porzucić,
absent, nieobecny;
absolument, koniecznie;
accompagner, towarzyszyć;
achever, kończyć;
affliger, zasmucić
l'air, powietrze;
amuser, bawić;
l'an, rok;
ancien, dawny, starożytny;
appeler, nazwać, zawołać;
l'atelier, warsztat;
aujourd'hui, dzisiaj, dziś;
avancer, posunąć;
l'averse, ulewa;
l'aveu, wyznanie;
avouer, wyznać;
calomnier, potwarzać:
la carte, karta;
casser, łamać;
le cerceau, obręcz;
le chagrin; zmartwienie;
chanter, śpiewać;
charger, nabić;
le chrétien, chrześcianin;
commencer, zaczynać;
le compliment, powinszowanie;
la consolation, pociecha;
la conversation, rozmowa;
désoler, martwić;
éclater, pęknąć;
l'embarras, kłopot;
émouvoir, poruszyć, wzruszyć;
l'emplette, sprawunek;
l'emploi, urząd;
enlever, zabrać;
enrichir, zbogacić;
entamer, napocząć, rozpocząć;
entretenir, utrzymywać;
entr'ouvert, przymknięty;
l'envie, ochota;
épouser, ożenić się, poślubić;
excellent, doskonały;
l'expédient, sposób, wybieg;
fatiguer, męczyć;
la fortune, majątek;
fouetter, bić;
la foudre, piorun;
fraîchement, świeżo;
gagner, wygrać,
le gaz, gaz;
hériter, odziedziczyć:
l'hospice, szpital:
l'idée, pojęcie;
imaginer, wyobrażać;
inviter, zapraszać;
inconnu, nieznany,
le jeu, zabawa, gra,
la journée, dzień;
le lendemain, nazajutrz;
lucratif, korzystny;
la lutte, walka, bój;
le malfaiteur, złoczyńca;
le malheur, nieszczęście;
le matin, poranek, rano;
le médicament, lekarstwo:
mettre, położyć;
le milieu, środek;
le monde, ludzie, świat;
le mouchoir, chu[illegible]a do nosa;
nombreux, liczny,
obtenir, otrzymać;
ordinaire, zwyczajny;
le parage, okolica;
paraître, zdawać się;
partager, dzielić;
la partie, partya, część;
percer, przebić;
le piano, fortepian;
plaisanter, żartować;
pouvoir, módz;
la précaution, ostróżność;
préférer, przekładać, woleć;
prévoir, przewidywać;
le public, publiczn[illegible]
ramasser, zbierać
rarement, rzadko

rassembler, zgromadzić;
refuser, odmówić,
remettre, wręczyć;
rendre, oddać;
répondre, odpowiedzieć;
retirer, wyciągnać;
revenir, wracać, powrócić, wrócić;
le riche, bogaty;
saluer, witać;
salut, przywitanie;
se sauver, uciekać;
le secours, pomoc, ratunek;
séjourner, bawić, przebywać;
le service, usługa;
silencieux, cichy;
la société, towarzystwo;
sortir, wyjść;
superflu, zbyteczny;
la surprise, niespodzianka:
tenir, trzymać;
le théâtre, teatr;
le tonnelier, bednarz;
tuer, zabić;
la vérité, prawda;
le voyage, podróż;
voyager, podróżować.

(Mercredi le 27 Février, à 10 heures et demie du matin.)

1. Jouez-vous aux cartes ? J'y ai joué dans le temps, mais je n'y joue plus, depuis que j'ai perdu au jeu. — Imaginez-vous, j'avais presque gagné la partie, et voilà M. X. qui coupe du roi et enlève tout mon argent. — Je croyais que la foudre avait éclaté et, malgré l'averse qui me fouettait, je me suis sauvé chez moi. Le lendemain, j'étais tout malade de chagrin et j'ai pris une médecine.— Prenez donc en considération si j'ai raison d'abandonner le jeu. — Mon cher, votre précaution contre le jeu est superflue ; vous n'avez pas d'argent, vous ne perdrez rien. — Car où il n'y a rien, le roi même ne peut rien prendre. — Dans les théâtres de Paris, le public reste si longtemps qu'on est fatigué d'être assis. — Dans un salon on invitait à prendre place un jeune homme, fraîchement revenu de voyage ; celui-ci, voulant absolument qu'on sût qu'il avait voyagé, répondit : Je vous remercie bien, j'ai séjourné si longtemps à Paris. — Pourquoi êtes-vous si silencieuse ? Vous qui avez vu et entendu tant de choses, entamez donc la conversation. — Je préfère encore entamer votre fromage de Hollande qui me paraît être excellent. — Il faudra rassembler tout le monde pour partager les fruits que nous avons ramassés.

2. Pour bien s'amuser on peut plaisanter un peu, mais il ne faut pas calomnier les absents. — J'ai envie de jouer du piano, si vous voulez m'accompagner en chantant. — D'où revenez-vous ? vous me paraissez être très ému. — Un malheur vient de m'arriver ; en retirant mon mouchoir de la poche, j'ai perdu ma bourse. — C'est un malheur que vous ne pouviez pas prévoir ; ne vous désolez donc pas tant. — Ne refuse jamais la consolation aux affligés et les secours aux plus pauvres que toi, même à tes ennemis, car c'est un devoir chrétien de rendre le bien pour le mal. — Comme il fait un peu froid, on ne peut pas ouvrir les croisées tout à fait. Mais pour entretenir l'air frais, il faut les tenir entr'ouvertes. — Si la lumière

est trop forte, on peut baisser le gaz. — Salut, mon vieil ami ! — Pourquoi m'appelles-tu vieux ? j'ai à peine trente ans, je viens de commencer ma trente et unième année, il y a un mois. — Ce n'est pas à cause de l'âge que je t'appelle ainsi, puisque je suis plus âgé que toi, mais parce que tu es parmi mes amis le plus ancien, c'est-à-dire que je te connais depuis longtemps. — A la bonne heure. — Que fais-tu dans ces parages ? Je suis venu dans cette rue pour faire remettre à neuf mon chapeau et faire quelques emplettes ?

3. Pourquoi ne venez-vous jamais me voir ? Parce que d'ordinaire vous n'êtes chez vous que très tard, et je ne veux pas vous causer d'embarras à une heure avancée. — Au contraire, vous me rendriez service, et puis d'où vient cette idée que je suis chez moi rarement? — C'est vrai, dans le temps, quand je travaillais, on ne me voyait pas de presque toute la journée ; mais maintenant j'ai gagné une petite fortune, en travaillant et je suis maître de mon temps. — Je vous en fais mon compliment, mais il faut que je vous avoue ma surprise, en vous voyant riche si tôt. — Aveu pour aveu ! Je vous avoue aussi que je me suis enrichi en usant de tous les expédients. On a obtenu pour moi un emploi lucratif. J'ai épousé une femme riche, et j'ai hérité de deux oncles morts sans famille ; l'un qui s'est tué à force de travail et l'autre qui s'imaginait être toujours malade et qui est mort à force de prendre des médicaments. On ne pouvait pas lui faire sortir de la tête l'idée qu'il était malade. — En sortant aujourd'hui de grand matin, j'ai vu un homme blessé qu'on portait à l'hospice ; il était percé de coups de couteau et sa tête était cassée. On dit que c'est un tonnelier, tué par des personnes inconnues, au moment où il mettait des cerceaux aux tonneaux. Les croisées de son atelier ont été cassées probablement pendant la lutte et on a trouvé par terre un pistolet chargé, laissé probablement par un des malfaiteurs.

Leçon XXIII (Dwudziesta trzecia Lekcya).

DES MODES (O TRYBACH)

Les verbes polonais ont six modes : *tryb bezokoliczny*, l'infinitif ; *tryb oznajmujący*, l'indicatif ; *tryb rozkazujący*, l'impératif ; *tryb warunkowy*, le conditionnel ; *tryb łączący*, le subjonctif ; *tryb życzący*, l'optatif.

Mais seuls *l'infinitif, l'indicatif* et *l'impératif* ont une conjugaison distincte ; les trois derniers se rendant par le passé de l'indicatif à l'aide de certaines conjonctions.

DU MODE INFINITIF (O TRYBIE BEZOKOLICZNYM).

L'infinitif en polonais est terminé généralement en *ć*, quelquefois en *c*, ou bien encore en *dz* : *czytać*, lire ; *piec*, cuire ; *módz*, pouvoir.

Chaque verbe s'emploie à l'infinitif sous ces trois formes, à moins qu'il ne soit défectif.

L'emploi de l'infinitif est beaucoup plus rare en polonais qu'en français, et en général il se met après les verbes qui ne renferment pas un sens complet, comme :

vouloir, chcieć.	désirer, pragnąć.
aller, iść.	demander, prosić.
ordonner, kazać.	conseiller, radzić.
aimer, lubić.	enseigner, uczyć.
falloir, musieć.	souhaiter, życzyć.
avoir, mieć.	commencer, zacząć.
pouvoir, módz.	finir, kończyć.

L'infinitif est employé sous la forme imparfaite, pour exprimer une action dont le commencement et la durée ne sont pas précisés :

Il faut manger pour vivre. Trzeba *jeść* aby żyć.

Donc je suis incertain, *si* je mangeais et *quand* je mangeais.

L'infinitif s'emploie sous la forme parfaite, quand on indique l'accomplissement certain d'une action :

Il faut que je déjeune dans une demi-heure, pour apprendre ma leçon d'aujourd'hui.	Trzeba *abym zjadł śniadanie* za pół godziny, aby *nauczyć się* dzisiejszej lekcyi.

On précise non seulement la manière, mais le temps de l'accomplissement de l'action.

On emploie la forme fréquentative pour marquer une action souvent répétée ou exercée en plusieurs endroits.

Je dois déjeuner journellement à huit heures, et quelquefois je déjeune le même jour en plusieurs endroits.	Muszę *jadać śniadanie* codzień o ósmej godzinie, a czasem *jadam śniadanie* w jednym dniu w różnych miejscach.

Les verbes parfaits veulent au génitif leur régime direct toutes les fois que celui-ci est précédé en français de l'article partitif : *du, des, de la*, c'est-à-dire quand le régime exprime une quantité indéterminée :

Je veux acheter du lait.	Chcę kupić mleka.
Pouvez-vous me faire du café ?	Czy możesz mi zrobić kawy ?

THÈME XXXIII.

absent, nieobecny;
allumer, zapalić;
ajuster, przystosować;
attendre, czekać;
causer, rozmawiać:
les ciseaux, nożyczki;
le courage, odwaga;
la course, bieg;
l'écriture, pismo;
espérer, spodziewać się;
l'étrenne, kolęda;
le feu, ogień;
occuper, zatrudnić, zajmować;
l'ombre, cień;
ouvrir, otworzyć;
passer, przejść;
payer, płacić;
la promenade, przechadzka;
reposer, odpoczywać;
servir, służyć;
tomber, upaść;
verser, lać;
le vêtement, odzienie, ubranie.

(*Vendredi le* 5 *Novembre* 18.., *à* 7 *heures moins* 5 *minutes du matin.*)

1. Avez-vous écrit votre dernier thème ? Je ne pouvais pas écrire mon dernier thème, puisque j'étais absent. — Il fallait donc l'écrire plus tard. — Mais je n'aime pas trop l'écriture ; je préfère me reposer que travailler en classe. — Avez-vous envie d'acheter ce livre ? J'ai envie d'acheter un livre, mais un autre plus amusant et moins cher. — Avez-vous envie de me passer du pain, pour en distribuer à chacun. — Que dites-vous à votre voisin ?— Je lui dis de verser du vin dans les verres de ces dames. — Pourquoi a-t-on coupé tous ces beaux arbres sur la promenade ? Parce qu'ils étaient trop vieux et ne donnaient plus d'ombre, et étant coupés ils serviront à chauffer le poêle. — Savez-vous si le tailleur coupe le drap pour faire les vêtements d'hivér ? Il ne l'a pas encore coupé, parce qu'il n'avait pas le temps. — Avec quoi le tailleur coupe-t-il ? Avec des ciseaux.

2. Qui veut acheter ma montre? J'ai envie de l'acheter. Mais je n'ai pas assez d'argent; si vous voulez attendre jusqu'au jour de l'an, j'espère ramasser de l'argent des étrennes; alors je pourrai bien vous la payer. — Avec qui un mauvais élève cause-t-il? — Il cause avec des bavards comme lui-même, car les bons élèves ne veulent pas l'écouter et la plupart n'ont pas le temps de parler en classe, et ils préfèrent s'occuper de leur travail. — Qu'est-ce que le serrurier veut faire dans notre classe? — Il veut ajuster quelques clefs aux cadenas des élèves qui ne peuvent pas ouvrir leur pupitre. — Pourquoi ne voulez-vous pas aller chercher le domestique, pour qu'il allume le gaz et fasse du feu dans le poêle? — Je veux bien, mais je ne sais pas où il est. — Pourquoi ne voulez-vous pas monter à cheval? — J'ai bien envie de monter, mais je n'ai pas le courage, parce que je crains de tomber, et à vrai dire je n'ai pas assez d'argent pour payer la course.

THÈME XXXIV.

Abuser, nadużyć;
accomplir, spełnić;
achever, kończyć;
admettre, przypuścić;
s'amuser, bawić się;
arriéré, zaległy;
assister à la messe, słuchać mszy;
la chapelle, kaplica;
consister, zależeć;
dégrader, psuć;
le dehors, zewnątrz;
le déjeuner, śniadanie;
déraisonnable, nierozsądny;
descendre, zejść;
détruire, niszczyć;
devenir, stać się;
la différence, różnica;
différer, różnić się;
la discipline, karność;
le dortoir, [illegible]
élever, wychować;
l'enseignement, nauka;
entourer, otaczać;
l'espace, przestrzeń;
étudier; uczyć;
éviter, unikać;
l'exception, wyjątek;
exiger, wymagać;
la fête, święto;
fonder, zakładać;
général, ogólny;
le genou, kolano;
hier, wczoraj;
l'intérieur, wewnątrz;
jamais, nigdy;
juste, sprawiedliwy;
la lecture, czytanie;
se lever, wstać;
la liberté, wolność;
la liste, lista;
la messe, msza;
modeste, skromny;
le moniteur, [illegible]
l'objet, rzecz, przedmiot;
obliger, zmusić;
l'occasion, sposobność;
la page, stronnica;
se plaindre, skarżyć się;
précéder, poprzedzać;
la présidence, przewodnictwo,
priver, pozbawić;
la réclamation, reklamacya, upominanie się;
le régime, reguła;
la ressource, sposób, środek;
restreindre, ścieśnić;
la retenue, zatrzymanie;
la réunion, zgromadzenie;
réunir, zgromadzić;
la sévérité, surowość;
subir, znieść;
la toilette, toaleta;
tranquillement, spokojnie.

(*Lundi 8 Novembre 18.., à 8 heures du matin.*)

1. Comment les élèves ont-ils passé leur journée hier? — Comme à l'ordinaire, bien que ce fût un jour de fête; ils

se sont levés comme tous les jours, et, après avoir fait leur modeste toilette, ils sont descendus du dortoir dans leurs classes, les grands pour étudier pendant une heure, les petits pour s'amuser, avec cette différence qu'à 7 heures ils sont sortis pour se réunir à la chapelle de la maison, afin d'assister à la messe et à l'enseignement chrétien ; après un déjeuner qui ne différait pas de celui des autres jours, on a procédé à la lecture des listes de la semaine, d'après lequelles les uns devenaient libres pour sortir ou pour s'amuser à la maison ; les autres étaient obligés ou d'achever leurs travaux arriérés ou de subir des punitions qu'ils n'avaient pas accomplies pendant la semaine.

2. Le régime de la maison exige que les élèves qui ne sont pas libres soient réunis dans une des classes sous la surveillance d'un professeur. Cette réunion est appelée la retenue ; on y lit les noms de tous les élèves par classe, pour savoir quel travail et quelle punition ils ont à faire. Les punitions consistent soit à écrire un certain nombre de pages ou à se tenir debout ou à genoux tranquillement. Les punitions peuvent être justes ou injustes, parce que l'autorité qui les donne peut se tromper, surtout dans les punitions générales. Pour les éviter, il faudrait que les moniteurs fissent leur devoir et que les bons élèves évitassent la société des mauvais. C'est pourquoi on admet les réclamations, parmi lesquelles les unes sont fondées et les autres déraisonnables. — C'est un grand chagrin pour un élève, qui a sa famille ou des amis en ville, d'être privé de sortie. C'est pourquoi il faut éviter toute occasion de mériter cette punition. L'élève, quoique libre, ne peut jamais s'amuser si bien à l'école que dehors. A l'intérieur il n'y a pas autant de ressources ni autant d'espace, et surtout pas autant de cette liberté, qui est si chère à tout le monde et surtout aux enfants ; on la restreindrait moins dans les établissements publics, destinés à élever les enfants, si ceux-ci n'en abusaient pas pour perdre leur temps et détruire ou dégrader les objets qui les entourent. De là vient la sévérité de la discipline, dont se plaignent les enfants!

Leçon XXIV (Dwudziesta czwarta Lekcya).

DE L'INDICATIF (O TRYBIE OZNAJMUJĄCYM)

L'indicatif a trois temps : le présent, *czas teraźniejszy* ; le passé, *czas przeszły* ; le futur, *czas przyszły*.

O CZASIE TERAŹNIEJSZYM (DU PRÉSENT).

Le présent se forme de l'infinitif ; il n'existe que pour les verbes imparfaits et fréquentatifs. Le présent du verbe imparfait devient futur, quand on rend le verbe parfait à l'aide d'un préfixe ; *piszę*, j'écris ; *napiszę*, j'écrirai.

Dans la formation du présent, il faut faire attention à la terminaison de l'infinitif, qui change au présent de la manière suivante :

Les verbes terminés à l'infinitif par *ać*, changent en *am* : słuchać, *écouter*, słucham.

Les verbes monosyllabiques terminés par : *ać*, *ić*, *yć*, *uć* ont le présent en *ję* : siać, *semer*, sieję ; pić, *boire*, piję ; czuć, *sentir*, czuję ; myć, *laver*, myję.

Plusieurs verbes terminés en *ać*, précédé d'une consonne dure, adoucissent cette consonne : płakać, pleurer, płaczę ; świstać, siffler, świszczę.

Les verbes terminés par : *sać*, changent *s* en *sz* : pisać, écrire, piszę.

Par *tać*, changent *t* en *cz* : kołatać, frapper, kołaczę.

Par *zać*, changent *z* en *ż* : mazać, effacer, mażę.

Les verbes terminés par *ąć*, *aść*, *nąć*, *ść*, font au présent *ę* : miąć, chiffonner, mnę ; kraść, voler, kradnę ; tonąć, se noyer, tonę ; iść, aller, idę.

Les verbes terminés par *ąść*, après avoir retranché *ść*, se terminent en *sę* : trząść, secouer, trzęsę.

Les verbes terminés en *ść*, prennent *s* devant *ę* : nieść, porter, niosę.

En *źć*, prennent *z* devant *ę* : wieźć, porter en voiture, wiezę.

En *ć*, prennent *k* devant *ę* : tłuc, casser, tłukę.

En *dz*, prennent *g* devant *ę* : módz, pouvoir, mogę.

En *eć*, forment le présent en *eję* : boleć, souffrir, boleję.

En *iwać*, changent cette terminaison en *uję* : wykrzykiwać, crier souvent, wykrzykuję.

En *ować*, changent en *uję* : budować, bâtir, buduję.

En *ywać*, changent en *uję* : opisywać, décrire, opisuję.

D'après ce tableau, on voit que la première personne du présent de l'indicatif, au singulier, est terminée par *am*, ou par *ę*.

La seconde personne se forme de la première, savoir :

1° Dans les verbes terminés en *am*, on retranche *m*, en lui substituant *sz* : kocham, kochasz.

2° La formation de la seconde personne du présent des verbes terminés par *ę* dépend des consonnes qui précèdent la lettre *ę* ; ainsi :

Bię se change en *bisz* : lubię, lubisz.

Cę se change en *cisz* : tracę, tracisz.

Czę se change en *czysz* : uczę, uczysz.

Dzę se change en *dzisz* : widzę, widzisz.

Dę se change en *dziesz* : kładę, kładziesz.

Gę se change en *żesz* : mogę, możesz.

Ję se change en *jesz* : piję, pijesz.

Kę se change en *czesz* : tłukę, tłuczesz.

Lę se change en *lisz* : palę, palisz.

Nę se change en *niesz* : tnę, tniesz.

Pię se change en *pisz* : kpię, kpisz.

Rę se change en *rzesz* : biorę, bierzesz.

Rzę se change en *rzesz* : karzę, karzesz, et quelquefois en *rzysz* : korzę, korzysz.

Szę, dans les verbes dérivés de l'infinitif en *ić* se change en *sisz* : proszę, prosisz.

Szę, dans les verbes dérivés de l'infinitif en *yć* ou *eć*, se change en *szysz* : płoszę, płoszysz ; słyszę, słyszysz.

Tę se change en *ciesz* : gnietę, gnieciesz.

Wę se change en *wiesz* : zwę, zwiesz.

Zę se change en *ziesz* : lezę, leziesz.

Żę, des verbes dérivés de l'infinitif en *ić*, se change en *zisz* : grożę, grozisz.

Żę, dans les verbes dérivés de l'infinitif en *yć*, se change en *żysz* : leżę, leżysz.

La troisième personne du singulier se forme en retranchant *sz* de la deuxième personne.

La première et la seconde personnes du pluriel se forment de la troisième personne du singulier en ajoutant *my* pour la première personne et *cie* pour la seconde.

La troisième personne du pluriel se forme de la première du singulier, si le verbe est terminé à cette première personne par *am*, en retranchant *m* et en ajoutant *ją* ; si elle est terminée par *ę*, on change *ę* en *ą*.

CONJUGAISONS

D'après les terminaisons de l'infinitif, on peut classer tous les verbes polonais en six conjugaisons.

Les verbes des deux premières conjugaisons sont terminés par *ać*, précédé d'une consonne. Mais les verbes de la première conjugaison, en formant le présent, changent la finale *ć* en *am*, tandis que, dans les verbes de la seconde conjugaison, on retranche la syllable *ać*, et, en adoucissant la consonne, on termine le présent en *ę* : *kochać*, a au présent : kocham, asz, a ; *rąbać*, a au présent : rąbię, rąbiesz, rąbie.

Exceptions : 1° Quelques verbes terminés en *ać*, se conjuguent d'après la première ou la seconde conjugaison : *paplać*, babiller, fait paplam, ou paplę ; — *bazgrać*, griffonner, fait bazgram, ou bazgrzę.

2° Plusieurs verbes terminés par *ać*, appartiennent à la troisième conjugaison : *brać*, prendre ; *łgać*, mentir ; *prać*, blanchir ; *rwać*, arracher ; *ssać*, sucer ; *strugać*, tailler ; *zwać*, appeler.

3° Les verbes terminés par *ać*, précédé d'une consonne douce, quand ils sont polysyllabiques, se conjuguent d'après la quatrième conjugaison.

Il y a encore des verbes irréguliers pour la première

conjugaison (1) : *dawać*, donner, dont le présent est daję ; *jechać*, aller (en voiture), dont le présent est jadę.

Pour la deuxième conjugaison : *stać*, être debout, dont le présent est stoję ; *bać się*, craindre, boję się.

Les verbes terminés à l'infinitif par *ąć*, *nąć*, *c*, *dz*, *ść*, *źć*, *rzec*, appartiennent à la troisième conjugaison, et le présent se forme en retranchant la terminaison de l'infinitif et en terminant par *ę* : *tonąć*, se noyer, tonę ; *rżnąć*, couper, rżnę.

Cette conjugaison a aussi ses verbes irréguliers : *jeść*, manger, dont le présent est jem ; *chcieć*, vouloir, dont le présent est chcę ; *biedz*, courir, dont le présent est biegnę ; *iść*, aller, dont le présent est idę ; *ledz*, être couché, dont le futur est legnę, *kraść*, voler, a son présent kradnę ; *paść*, tomber, a son futur padnę ; *siąść*, s'asseoir, a son futur siędę ou siądę ; *znaleźć*, trouver, a son futur znajdę.

La quatrième conjugaison contient :

1° Les verbes terminés en *eć*, et les verbes monosyllabiques terminés par *ać*, précédés d'une consonne douce ; *chwiać*, agiter ; *piać*, chanter ; *siać*, semer ; *lać*, verser ; *wiać*, vaner ; *śmiać się*, rire ; *grzać*, chauffer ; *dziać się*, se passer.

2° Tous les verbes en *uć*.

3° Sept verbes en *yć* : *kryć*, cacher ; *myć*, laver ; *wyć*, hurler ; *żyć*, vivre ; *ryć*, graver ; *tyć*, engraisser ; *szyć*, coudre.

4° Quatre verbes en *ić* : *bić*, frapper, battre ; *gnić*, pourrir ; *pić*, boire ; *wić*, tresser.

5° Les verbes terminés par *ować*, ainsi que tous les fréquentatifs en *ywać*, *iwać*.

Le présent des verbes de la quatrième conjugaison se termine par *eję*, *yję*, *iję*.

Les verbes irréguliers sont : *wiedzieć*, savoir, wiem ;

(1) Voir le tableau des verbes irréguliers.

śmieć, oser, śmiem ; *umieć*, savoir, umiem; *rozumieć*, comprendre, rozumiem ; *musieć*, être forcé, muszę ; *wrzeć*, bouillir, wrę.

La cinquième conjugaison renferme les verbes en *eć*, *ić*, qui forment leur présent en retranchant la dernière consonne de l'infinitif et en terminant par ę, *isz*, *i* : *myśleć*, penser, myślę, isz, i ; *czynić*, agir, czynię, isz, i.

Les verbes irréguliers de la cinquième conjugaison sont : *mleć*, moudre, mielę ; *pomnieć*, se souvenir, pomnę.

La sixième conjugaison renferme les verbes terminés par *eć* et *yć*, précédés de *cz*, *sz*, et de la consonne simple *ż*, et qui font au présent *ę*, *ysz*, *y* : *słyszeć*, entendre, słyszę, ysz, y ; *krzyczeć*, crier, krzyczę, ysz, y ; *płoszyć*, effaroucher, płoszę, ysz, y ; *mnożyć*, multiplier, mnożę, ysz, y.

Cette conjugaison n'a aucune irrégularité dans la forme du présent.

Quelques verbes irréguliers n'appartiennent à aucune de ces six conjugaisons. Ce sont les verbes *mieć*, avoir et *być*, être (*nommé le verbe auxiliaire*), dont le premier fait au présent *mam*, *masz*, *ma* et le deuxième *jestem*, *jesteś*, *jest* — et à la troisième personne du pluriel *są*.

Remarque. — Les verbes de toutes les conjugaisons, excepté ceux de la première, peuvent retrancher la lettre *y* finale de la première personne du pluriel. Ex : au lieu de placzemy, piszemy, jedziemy, on peut dire *płaczem*, *piszem*, *jedziem*.

CONJUGAISON DU VERBE AUXILIAIRE BYĆ, ÊTRE.

TRYB BEZOKOLICZNY (INFINITIF).

Być, *être*.

TRYB OZNAJMUJĄCY (INDICATIF).

CZAS TERAŹNIEJSZY (PRÉSENT).

Jestem, *je suis.*	Jesteś, *tu es.*	Jest, *il est, elle est.*
Jesteśmy, *nous sommes.*	Jesteście, *vous êtes.*	Są, *ils sont, elles sont.*

CZAS PRZESZŁY (IMPARFAIT, PASSÉ DÉFINI, PASSÉ INDÉFINI).

masculin.	*féminin.*	*neutre.*
Byłem, *j'étais, je fus, j'ai*	Byłam	Byłom
Byłeś *[été.*	Byłaś	Byłoś
Był	Była	Było
Byliśmy	Byłyśmy	
Byliście	Byłyście	
Byli	Były	

CZAS ZAPRZESZŁY (PLUS-QUE-PARFAIT).

Byłem był, *j'avais été.*	Byłam była	Byłom było
Byłeś był	Byłaś była	Byłoś było
Był był	Była była	Było było
Byliśmy byli	Byłyśmy były	
Byliście byli	Byłyście były	
Byli byli	Były były	

CZAS PRZYSZŁY (FUTUR).

Będę, *je serai.*	Będziesz, *tu seras.*	Będzie, *il sera.*
Będziemy, *nous serons.*	Będziecie, *vous serez.*	Będą, *ils seront.*

TRYB WARUNKOWY (CONDITIONNEL PRÉSENT).

Byłbym, *je serais.*	Byłabym	Byłobym
Byłbyś	Byłabyś	Byłobys
Byłby	Byłaby	Byłoby
Bylibyśmy	Byłybyśmy	
Bylibyście	Byłybyście	
Byliby	Byłyby	

CZAS PRZESZŁY (CONDITIONNEL PASSÉ).

Byłbym był, *j'aurais été,*	Byłabym była	Byłobym było
Byłbyś był *[j'eusse été.*	Byłabyś była	Byłobyś było
Byłby był	Byłaby była	Byłoby było
Bylibyśmy byli	Byłybyśmy były	
Bylibyście byli	Byłybyście były	
Byliby byli	Byłyby były	

TRYB ŁĄCZĄCY (SUBJONCTIF).

Abym był, *que je sois, que*	Abym była	Abym było
Abyś był *[je fusse, que*	Abyś była	Abyś było
Aby był *[j'aie été.*	Aby była	Aby było
Abyśmy byli	Abyśmy były	
Abyście byli	Abyście były	
Aby byli	Aby były	

TRYB ŻYCZĄCY (OPTATIF).

Obym był, *puissé-je être.*	Obym była	Obym było
Obyś był	Obyś była	Obyś było
Oby był	Oby była	Oby było
Obyśmy byli	Obyśmy były	
Obyście byli	Obyście były	
Oby byli	Oby były	

TRYB ROZKAZUJĄCY (IMPÉRATIF).

Sans insistance.	*Avec insistance.*
Bądź, *sois.*	Bądźże, *sois donc*
Niech *ou* niechaj będzie, *qu'il soit.*	Niechże *ou* niechajże będzie
Bądźmy, *soyons.*	Bądźmyż
Bądźcie, *soyez.*	Bądźcież.
Niech *ou* niechaj będą, *qu'ils soient.*	Niechże *ou* niechajże będą.

IMIESŁOWY (PARTICIPES).

	masc.	*fém.*	*neutre*
TERAŹNIEJSZY (présent).	Będący, *étant.*	Będąca	Będące
PRZESZŁY (passé).	Były, *été.*	Była	Byłe
PRZYSZŁY (futur).	Mający być, *devant être.*	Mająca być	Mające być

INVARIABLE PRÉSENT.	Będąc, *étant.*
INVARIABLE PASSÉ.	Bywszy, *ayant été.*
SUBSTANTIF VERBAL.	Bycie, *l'être, l'existence.*

Sur *być* se conjugent tous les verbes composés des prépositions *do*, *na*, *od*, etc., et du verbe *być*, comme : *nabyć, dobyć, odbyć, pobyć, przebyć, przy-być, wybyć ; zbyć*, qui sont tous parfaits, et par conséquent n'ont pas de présent. Mais ils ne sont pas pour cela défectifs, car chacun d'eux a son correspondant imparfait, qui fournit le présent et qui se conjugue à ce temps d'après la première conjugaison : *dobyć, dobywać, dobywam*, etc. ; *odbyć, odbywać, odbywam*, etc.

CONJUGAISON DU VERBE MIEĆ (AVOIR).

TRYB BEZOKOLICZNY (INFINITIF).

CZAS TERAŹNIEJSZY (PRÉSENT).

Mieć, *avoir*.

TRYB OZNAJMUJĄCY (INDICATIF).

CZAS TERAŹNIEJSZY (PRÉSENT).

Mam, *j'ai*.	Masz, *tu as*.	Ma, *il a*, *elle a*.
Mamy, *nous avons*.	Macie, *vous avez*.	Mają, *ils ont*, *elles ont*.

CZAS PRZESZŁY (IMPARFAIT, PASSÉ DÉFINI, PASSÉ INDÉFINI).

masculin	*féminin*	*neutre*
Miałem, *j'avais*, *j'eus*.	Miałam	Miałom
Miałeś	Miałaś	Miałoś
Miał	Miała	Miało
Mieliśmy	Miałyśmy	
Mieliście	Miałyście	
Mieli	Miały	

CZAS ZAPRZESZŁY (PLUS-QUE-PARFAIT).

Miałem był, *j'avais eu*	Miałam była	Miałom było
Miałeś był	Miałaś była	Miałoś było
Miał był	Miała była	Miało było
Mieliśmy byli	Miałyśmy były	
Mieliście byli	Miałyście były	
Mieli byli	Miały były	

CZAS PRZYSZŁY (FUTUR).

Będę miał, *j'aurai*.	Będę miała	Będę miało
Będziesz miał	Będziesz miała	Będziesz miało
Będzie miał	Będzie miała	Będzie miało
Będziemy mieli	Będziemy miały	
Będziecie mieli	Będziecie miały	
Będą mieli	Będą miały	

AUTRE FORME DE FUTUR SANS DISTINCTION DE GENRES.

Mieć, będę, *j'aurai*.	Mieć będziemy
Mieć będziesz	Mieć będziecie
Mieć będzie	Mieć będą

TRYB WARUNKOWY (CONDITIONNEL PRÉSENT).

Miałbym, *j'aurais.*	Miałabym	Miałobym
Miałbyś	Miałabyś	Miałobyś
Miałby	Miałaby	Miałoby

Mielibyśmy	Miałybyśmy
Mielibyście	Miałybyście
Mieliby	Miałyby

CZAS PRZESZŁY (CONDITIONNEL PASSÉ).

Miałbym był, *j'aurais eu.*	Miałabym była	Miałobym było
Miałbyś był	Miałabyś była	Miałobyś było
Miałby był	Miałaby była	Miałoby było

Mielibyśmy byli	Miałybyśmy były
Mielibyście byli	Miałybyście były
Mieliby byli	Miałyby były

TRYB ŁĄCZĄCY (SUBJONCTIF).

Abym miał, *que j'aie, que*	Abym miała	Abym miało
Abyś miał [*j'eusse, que*	Abyś miała	Abyś miało
Aby miał [*j'aie eu.*	Aby miała	Aby miało

Abyśmy mieli	Abyśmy miały
Abyście mieli	Abyście miały
Aby mieli	Aby miały

TRYB ŻYCZĄCY (OPTATIF).

Obym miał, *puissé-je*	Obym miała	Obym miało
Obyś miał [*avoir.*	Obyś miała	Obyś miało
Oby miał	Oby miała	Oby miało

Obyśmy mieli	Obyśmy miały
Obyście mieli	Obyście miały
Oby mieli	Oby miały

TRYB ROZKAZUJĄCY (IMPÉRATIF).

Sans instance.	*Avec instance.*
Miej, *aie.*	Miejże, *aie donc.*
Niech *ou* niechaj ma, *qu'il ait.*	Niechże *ou* niechajże ma
Miejmy, *ayons.*	Miejmyż
Miejcie, *ayez.*	Miejcież
Niech *ou* niechaj mają, *qu'ils aient.*	Niechże *ou* niechajże mają.

IMIESŁOWY (PARTICIPES).

	masc.	*fém.*	*neut.*
TERAŹNIEJSZY (présent).	Mający, *ayant*	Mająca	Mające
PRZESZŁY (pas.)	Miany, *eu.*	Miana	Miane
PRZYSZŁY (fut.)	Mający mieć, *devant avoir*	Mająca mieć	Mające mieć

Invariable présent. Mając, *ayant. Invariable passé.* Miawszy, *ayant eu. Substantif verbal.* Mienie, *l'avoir.*

PREMIÈRE CONJUGAISON

TRYB BEZOKOLICZNY (INFINITIF).

Kochać, *aimer.* (Verbe imparfait).

TRYB OZNAJMUJĄCY (INDICATIF).

CZAS TERAŹNIEJSZY (PRÉSENT).

Kocham, *j'aime.*	Kochasz, *tu aimes.*	Kocha, *il aime, elle aime.*
Kochamy, *nous aimons.*	Kochacie, *vous aimez.*	Kochają, *ils aiment, elles aiment.*

CZAS PRZESZŁY NIEDOKONANY (PASSÉ INDÉFINI).

masculin	*féminin*	*neutre*
Kochałem, *j'aimais*	Kochałam	Kochałom
Kochałeś	Kochałaś	Kochałoś
Kochał	Kochała	Kochało
Kochaliśmy	Kochałyśmy	
Kochaliście	Kochałyście	
Kochali	Kochały	

CZAS ZAPRZESZŁY NIEDOKONANY (PLUS-QUE-PARFAIT, INDÉFINI).

Kochałem był, *j'avais aimé.*	Kochałam była	Kochałom było
Kochałeś był	Kochałaś była	Kochałoś było
Kochał był	Kochała była	Kochało było
Kochaliśmy byli	Kochałyśmy były	
Kochaliście byli	Kochałyście były	
Kochali byli	Kochały były	

CZAS PRZYSZŁY (FUTUR).

Będę kochał, *j'aime-*	Będę kochała	Będę kochało
Będziesz kochał [*rai.*	Będziesz kochała	Będziesz kochało
Będzie kochał	Będzie kochała	Będzie kochało

Będziemy kochali	Będziemy kochały
Będziecie kochali	Będziecie kochaly
Będą kochali	Będą kochaly

AUTRE FORME DU FUTUR SANS DISTINCTION DE GENRES.

Kochać będę	Kochać będziemy
Kochać będziesz	Kochać będziecie
Kochać będzie	Kochać będą

TRYB WARUNKOWY (CONDITIONNEL PRÉSENT).

Kochałbym, *j'aime-*	Kochałabym	Kochałobym
Kochałbyś [*rais.*	Kochałabyś	Kochałobyś
Kochałby	Kochałaby	Kochałoby

Kochalibyśmy	Kochałybyśmy
Kochalibyście	Kochałybyście
Kochaliby	Kochałyby –

CZAS PRZESZŁY (CONDITIONNEL PASSÉ).

Kochałbym był, *j'au-*	Kochałabym była	Kochałobym było
Kochałbyś był [*rais*	Kochałabyś była	Kochałobys było
Kochałby był [*aimé.*	Kochałaby była	Kochałoby było

Kochalibyśmy byli	Kochałybyśmy były
Kochalibyście byli	Kochałybyście były
Kochaliby byli	Kochałyby były

TRYB ŁĄCZĄCY (SUBJONCTIF).

Abymkochał, *que j'ai-*	Abym kochała	Abym kochało
Abyś kochał [*me.*	Abyś kochała	Abyś kochało
Aby kochał	Aby kochała	Aby kochało

Abyśmy kochali	Abyśmy kochały
Abyście kochali	Abyście kochały
Aby kochali.	Aby kochały

TRYB ŻYCZĄCY (OPTATIF).

Obym kochał, *puissé-je*	Obym kochała	Obym kochało
Obyś kochał [*aimer.*	Obyś kochała	Obyś kochało
Oby kochał	Oby kochała	Oby kochało

Obyśmy kochali	Obyśmy kochały
Obyście kochali	Obyście kochały
Oby kochali	Oby kochały

TRYB ROZKAZUJĄCY (IMPÉRATIF).

Sans insistance	*Avec insistance*
Kochaj, *aime.*	Kochajże, *aime donc.*
Niech *ou* niechaj kocha, *qu'il aime.*	Niechże *ou* niechajże kocha
Kochajmy, *aimons.*	Kochajmyż
Kochajcie, *aimez.*	Kochajcież
Niech *ou* niechaj kochają, *qu'ils aiment.*	Niechże *ou* niechajże kochają

IMIESŁOWY (PARTICIPES).

TERAŹNIEJSZY (Présent).	Kochający, *aimant*	Kochająca	Kochające
PRZESZŁY (Passé).	Kochany, *aimé.*	Kochana, *aimée.*	Kochane, *aimé.*
PRZYSZŁY (Futur).	Mający kochać, *devant aimer.*	Mająca kochać	Mające kochać

Invariable présent. Kochając, *en aimant.*
Invariable passé. Kochawszy, *ayant aimé.*
Substantif verbal. Kochanie, *action d'aimer.*

TRYB BEZOKOLICZNY (INFINITIF).

Ukochać, *aimer instantanément* (Verbe parfait).

TRYB OZNAJMUJĄCY (INDICATIF).

CZAS PRZESZŁY DOKONANY (PASSÉ DÉFINI).

masculin	*féminin*	*neutre*
Ukochałem, *j'ai aimé*	Ukochałam	Ukochałom
Ukochałeś	Ukochałaś	Ukochałoś
Ukochał	Ukochała	Ukochało
Ukochaliśmy	Ukochałyśmy	
Ukochaliście	Ukochałyście	
Ukochali	Ukochały	

CZAS ZAPRZESZŁY DOKONANY (PLUS-QUE-PARFAIT DÉFINI).

Ukochałem był, *j'eus aimé*	Ukochałam była	Ukochałom było
Ukochałeś był	Ukochałaś była	Ukochałoś było
Ukochał był	Ukochała była	Ukochało było
Ukochaliśmy byli	Ukochałyśmy były	
Ukochaliście byli	Ukochałyście były	
Ukochali byli	Ukochały były	

CZAS PRZYSZŁY DOKONANY (FUTUR DÉFINI).

Ukocham, *j'aurai aimé.*	Ukochasz, *tu auras aimé.*	Ukocha, *il aura aimé.*
Ukochamy, *nous aurons aimé.*	Ukochącie, *vous aurez aimé.*	Ukochają, *ils auront aimé.*

TRYB WARUNKOWY (CONDITIONNEL PRÉSENT).

Ukochałbym, *j'ai-*	Ukochałabym	Ukochałobym
Ukochałbyś [*me-*	Ukochałabyś	Ukochałobyś
Ukochałby [*rais.*	Ukochałaby	Ukochałoby
Ukochalibyśmy	Ukochałybyśmy	
Ukochalibyście	Ukochałybyście	
Ukochaliby	Ukochałyby	

CZAS PRZESZŁY (CONDITIONNEL PASSÉ).

Ukochałbym był, *j'eusse aimé.*	Ukochałabym była	Ukochałobym było
Ukochałbyś był	Ukochałabyś była	Ukochałobyś było
Ukochałby był	Ukochałaby była	Ukochałoby było
Ukochalbyśmy byli	Ukochałybyśmy były	
Ukochalibyście byli	Ukochałybyście były	
Ukochaliby byli	Ukochałyby były	

TRYB ŁĄCZĄCY (SUBJONCTIF).

Abym ukochał, *que*	Abym ukochała	Abym ukochało
Abyś ukochał [*j'ai-*	Abyś ukochała	Abyś ukochało
Aby ukochał [*masse*	Aby ukochała	Aby ukochało
Abyśmy ukochali	Abyśmy ukochały	
Abyście ukochali	Abyście ukochały	
Aby ukochali	Aby ukochały	

TRYB ŻYCZĄCY (OPTATIF).

Obym ukochał, *puis-*	Obym ukochała	Obym ukochało
Obyś ukochał [*sé-je*	Obyś ukochała	Obyś ukochało
Oby ukochał [*aimer.*	Oby ukochała	Oby ukochało
Obyśmy ukochali	Obyśmy ukochały	
Obyście ukochali	Obyście ukochały	
Oby ukochali	Oby ukóchały	

TRYB ROZKAZUJĄCY (IMPÉRATIF).

Sans insistance	*Avec insistance.*
Ukochaj, *aime.*	Ukochajże, *aime donc.*
Niech *ou* niechaj ukocha, *qu'il aime.*	Niechże *ou* niechajże ukocha.
Ukochajmy, *aimons.*	Ukochajmyż.
Ukochajcie, *aimez.*	Ukochajcież.
Niech *ou* niechaj ukochają, *qu'ils aiment.*	Niechże *ou* niechajże ukochają.

IMIESŁOWY (PARTICIPES).

PRZESZŁY (P.).	Ukochany, *aimé.*	Ukochana	Ukochane
PRZYSZŁY (F.).	Mający ukochać, *devant aimer.*	Mająca ukochać.	Mające ukochać.

Invariable passé. Ukochawszy, *ayant aimé.*
Substantif verbal. Ukochanie, *action d'aimer.*

DEUXIÈME CONJUGAISON

TRYB BEZOKOLICZNY (INFINITIF).

Rąbać, *couper* (Verbe imparfait).

TRYB OZNAJMUJĄCY (INDICATIF).

CZAS TERAŹNIEJSZY) (PRÉSENT).

Rąbię, *je coupe.*	Rąbiesz, *tu coupes.*	Rąbie, *il coupe.*
Rąbiemy, *nous coupons.*	Rąbiecie, *vous coupez.*	Rąbią, *ils coupent.*

CZAS PRZESZŁY NIEDOKONANY (PASSÉ INDÉFINI).

masculin	*féminin*	*neutre*
Rąbałem, *je coupais.*	Rąbałam	Rąbałom
Rąbałeś	Rąbałaś	Rąbałoś
Rąbał	Rąbała	Rąbało
Rąbaliśmy	Rąbałyśmy	
Rąbaliście	Rąbałyście	
Rąbali	Rąbały	

CZAS ZAPRZESZŁY NIEDOKONANY (PLUS-QUE-PARFAIT).

Rąbałem był, *j'avais coupé.*	Rąbałam była	Rąbałom było
etc.	etc.	etc.

CZAS PRZYSZŁY (FUTUR).

Będę rąbał, *je couperai.* etc.	Będę rąbała etc.	Będę rąbało etc.

AUTRE FORME DU FUTUR SANS DISTINCTION DE GENRES.

Rąbać będę, etc. Rąbać będziemy, etc.

TRYB WARUNKOWY (CONDITIONNEL PRÉSENT).

Rąbałbym, *je couperais.*	Rąbałabym	Rąbałobym

CZAS PZRESZŁY (CONDITIONNEL PASSÉ).

Rąbałbym był, *j'aurais coupé.*	Rąbałabym była	Rąbałobym było

TRYB ŁĄCZĄCY (SUBJONCTIF).

Abym rąbał, *que je coupe.*	Abym rąbała	Abym rąbało

TRYB ŻYCZĄCY (OPTATIF).

Obym rąbał, *puissé-je couper.*	Obym rąbała	Obym rąbało

TRYB ROZKAZUJĄCY (IMPÉRATIF).

Sane insistance.	*Avec insistance*
Rąb, *coupe.*	Rąbże, *coupe donc.*
Niech *ou* niechaj rąbie, *qu'il coupe.*	Niechże *ou* niechajże rąbie.
Rąbmy, *coupons.*	Rąbmyż.
Rąbcie, *coupez.*	Rąbcież.
Niech *ou* niechaj rąbią, *qu'ils coupent.*	Niechże *ou* niechajże rąbią.

IMIESŁOWY (PARTICIPES).

TERAŹNIEJSZY (P.).	Rąbiący, *coupant.*	Rąbiąca	Rąbiące
PRZESZŁY (Passé).	Rąbany, *coupé.*	Rąbana	Rąbane
PRZYSZŁY (Futur).	Mający rąbać, *devant couper*	Mająca rąbać	Mające rąbać.

Invariable présent.	Rąbiąc, *en coupant.*
Invariable passé.	Rąbawszy, *ayant coupé.*
Substantif verbal.	Rąbanie, *action de couper.*

TRYB BEZOKOLICZNY (INFINITIF).

Wyrąbać, *couper tout* (Verbe parfait).

TRYB OZNAJMUJĄCY (INDICATIF).

CZAS PRZESZŁY DOKONANY (PASSÉ DÉFINI).

Wyrąbałem, *j'ai coupé tout.*	Wyrąbałam	Wyrąbałom
Wyrąbałeś	Wyrąbałaś	Wyrąbałoś
Wyrąbał	Wyrąbała	Wyrąbało

Wyrąbaliśmy	Wyrąbałyśmy
Wyrąbaliście	Wyrąbałyście
Wyrąbali	Wyrąbały

CZAS ZAPRZESZŁY DOKONANY (PLUS-QUE-PARFAIT), DÉFINI.

Wyrąbałem był, *j'avais coupé tout.*	Wyrąbałam była	Wyrąbałom było

CZAS PRZYSZŁY DOKONANY (FUTUR DÉFINI).

Wyrąbię, *je couperai tout.*	Wyrąbiesz, *tu couperas tout.*	Wyrąbie, *il coupera tout.*
Wyrąbiemy, *nous couperons tout.*	Wyrąbycie, *vous couperez tout.*	Wyrąbią, *ils couperont tout.*

TRYB WARUNKOWY (CONDITIONNEL PRÉSENT).

Wyrąbałbym, *je couperais tout.*	Wyrąbałabym	Wyrąbałobym

CZAS PRZESZŁY (CONDITIONNEL PASSÉ).

Wyrąbałbym był, *j'eusse coupé tout.*	Wyrąbałabym była	Wyrąbałobym było

TRYB ŁĄCZĄCY (SUBJONCTIF).

Abym wyrąbał, *que je coupasse.*	Abym wyrąbała	Abym wyrąbało

TRYB ŻYCZĄCY (OPTATIF).

Obym wyrąbał, *puissé-je couper tout.*	Obym wyrąbała	Obym wyrąbało

TRYB ROZKAZUJĄCY (IMPÉRATIF).

Sans insistance.	*Avec insistance.*
Wyrąb, *coupe tout.*	Wyrąbże, *coupe donc tout.*
Niech *ou* niechaj wyrąbie, *qu'il coupe tout.*	Niechże *ou* niechajże wyrąbie.
Wyrąbmy, *coupons tout.*	Wyrąbmyż.
Wyrąbcie, *coupez tout.*	Wyrąbcież.
Niech *ou* niechaj wyrąbią, *qu'ils coupent tout.*	Niechże *ou* niechajże wyrąbią.

IMIESŁOWY (PARTICIPES).

PRZESZŁY (Passé).	Wyrąbany, *tout coupé.*	Wyrąbana	Wyrąbane
PRZYSZŁY (Futur).	Mający wyrąbać, *devant couper.*	Mająca wyrąbać.	Mające wyrąbać.

Invariable passé. Wyrąbawszy, *ayant tout coupé.*
Substantif verbal. Wyrąbanie, *action de couper tout.*

TROISIÈME CONJUGAISON

TRYB BEZOKOLICZNY (INFINITIF).

Rżnąć, *couper, tailler* (Verbe imparfait).

TRYB OZNAJMUJĄCY (INDICATIF).

CZAS TERAŹNIEJSZY (PRÉSENT).

Rżnę, *je coupe.*	Rżniesz, *tu coupes.*	Rżnie, *il coupe.*
Rżniemy, *nous coupons.*	Rżniecie, *vous coupez.*	Rżną, *ils coupent.*

CZAS PRZESZŁY NIEDOKONANY (PASSÉ DÉFINI).

masculin	*féminin*	*neutre*
Rżnąłem, *je coupais*	Rżnęłam	Rżnęłom
Rżnąłeś	Rżnęłaś	Rżnęłoś
Rżnął	Rżnęła	Rżnęło

Rżnęliśmy	Rżnęłyśmy
Rżnęliście	Rżnęłyście
Rżnęli	Rżnęły

CZAS ZAPRZESZŁY NIEDOKONANY (PLUS-QUE-PARFAIT, INDÉFINI).

Rżnąłem był, *j'avais coupé.*	Rżnęłam była	Rżnęłom było

CZAS PRZYSZŁY (FUTUR).

Będę rżnął, *je couperai.*	Będę rżnęła	Będę rżnęło

AUTRE FORME DU FUTUR SANS DISTINCTION DE GENRES.

Rżnąć będę	Rżnąć będziemy.

TRYB WARUNKOWY (CONDITIONNEL PRÉSENT).

Rżnąłbym, *je couperais.*	Rżnęłabym	Rżnęłobym

CZAS PRZESZŁY (CONDITIONNEL PASSÉ).

Rżnąłbym był, *j'aurais coupé.*	Rżnęłabym była	Rżnęłobym było

TRYB ŁĄCZĄCY (SUBJONCTIF).

Abym rżnął, *que je coupe.*	Abym rżnęła	Abym rżnęło

TRYB ŻYCZĄCY (OPTATIF).

Obym rżnął, *puissé-je couper.*	Obym rżnęła	Obym rżnęło

TRYB ROZKAZUJĄCY (IMPÉRATIF).

Sans insistance.	*Avec insistance.*
Rżnij, *coupe.*	Rżnijże, *coupe donc.*
Niech *ou* niechaj rżnie, *qu'il coupe.*	Niechże *ou* niechajże rżnie.
Rżnijmy, *coupons.*	Rżnijmyż.
Rżnijcie, *coupez.*	Rżnijcież.
Niech *ou* niechaj rżną, *qu'ils coupent.*	Niechże *ou* niechajże rżną.

IMIESŁOWY (PARTICIPES).

TERAŹNIEJSZY (Présent).	Rżnący, *coupant.*	Rżnąca	Rżnące
PRZESZŁY (P.).	Rżnięty, *coupé.*	Rżnięta	Rżnięte
PRZYSZŁY (Futur).	Mający rżnąć *devant couper.*	Mająca rznąć	Mające rżnąć

Invariable présent. Rżnąc, *en coupant.*
Invariable passé. Rżnąwszy, *ayant coupé.*
Substantif verbal. Rżnięcie, *action de couper.*

TRYB BEZOKOLICZNY (INFINITIF).

Wyrżnąć, *couper, tailler* (Verbe parfait).

TRYB OZNAJMUJĄCY (INDICATIF).

CZAS PRZESZŁY DOKONANY (PASSÉ DÉFINI).

masculin	*féminin*	*neutre*
Wyrżnąłem, *je coupais.*	Wyrżnęłam	Wyrżnęłom
Wyrżnąłeś	Wyrżnęłaś	Wyrżnęłoś
Wyrżnął	Wyrżnęła	Wyrżnęło
Wyrżnęliśmy	Wyrżnęłyśmy	
Wyrżnęliście	Wyrżnęłyście	
Wyrżnęli	Wyrżnęły	

CZAS ZAPRZESZŁY DOKONANY (PLUS-QUE-PARFAIT DÉFINI).

Wyrżnąłem był, *j'avais coupé.*	Wyrżnęłam była	Wyrżnęłom było

CZAS PRZYSZŁY DOKONANY (FUTUR DÉFINI).

Wyrżnę, *je couperai.*	Wyrżniesz	Wyrżnie
Wyrżniemy	Wyrżniecie	Wyrżną

TRYB WARUNKOWY (CONDITIONNEL PRÉSENT).

Wyrżnąłbym, *je couperais.*	Wyrżnęłabym	Wyrżnęłobym

CZAS PRZESZŁY (CONDITIONNEL PASSÉ).

Wyrżnąłbym był, *j'aurais coupé.*	Wyrżnęłabym była.	Wyrżnęłobym było

TRYB ŁĄCZĄCY (SUBJONCTIF).

Abym wyrżnął, *que que je coupe.*	Abym wyrżnęła	Abym wyrżnęło

TRYB ŻYCZĄCY (OPTATIF).

Obym wyrżnął, *puissé-je couper.*	Obym wyrżnęła	Obym wyrżnęło

TRYB ROZKAZUJĄCY (IMPÉRATIF).

Sans insistance.	*Avec insistance.*
Wyrżnij, *coupe.*	Wyrżnijże, *coupe donc.*
Niech *ou* niechaj wyrżnie, *qu'il coupe.*	Niechże *ou* niechajże wyrżnie.
Wyrżnijmy, *coupons.*	Wyrżnijmyż.
Wyrżnijcie, *coupez.*	Wyrżnijcież.
Niech *ou* niechaj wyrżną, *qu'ils coupent.*	Niechże *ou* niechajże wyrżną.

IMIESŁOWY (PARTICIPES).

PRZESZŁY (P.).	Wyrżnięty *coupé.*	Wyrżnięta.	Wyrżnięte.
PRZYSZŁY (F.).	Mający wyrżnąć, *devant couper.*	Mająca wyrżnąć.	Mające wyrżnąć.

Invariable passé. Wyrżnąwszy, *ayant coupé.*
Substantif verbal. Wyrżnięcie, *action de couper.*

QUATRIÈME CONJUGAISON

Siać, *semer* (Verbe imparfait).

TRYB BEZOKOLICZNY (INFINITIF).

Siać, *semer.*

TRYB OZNAJMUJĄCY (INDICATIF).

CZAS TERAŹNIEJSZY (PRÉSENT).

Sieję, *je sème*	Siejesz, *tu sèmes*	Sieje, *il sème*
Siejemy, *nous semons.*	Siejecie, *vous semez.*	Sieją, *ils sèment.*

CZAS PRZESZŁY NIEDOKONANY (PASSÉ INDÉFINI).

masculin	*féminin*	*neutre*
Siałem, *je semais.*	Siałam	Siałom
Siałeś	Siałaś	Siałoś
Siał	Siała	Siało
Sialiśmy	Siałyśmy	
Sialiście	Siałyście	
Siali	Siały	

CZAS ZAPRZESZŁY NIEDOKONANY (PLUS-QUE-PARFAIT INDÉFINI).

Siałem był, *j'avais semé.*	Siałam była	Siałom było

CZAS PRZYSZŁY (FUTUR).

Będę siał, *je sèmerai.*	Będę siała	Będę siało

AUTRE FORME DE FUTUR SANS DISTINCTION DE GENRE.

Siać będę Siać będziemy

TRYB WARUNKOWY (CONDITIONNEL PRÉSENT).

Siałbym, *je sèmerais.*	Siałabym	Siałobym

CZAS PRZESZŁY (CONDITIONNEL PASSÉ).

Siałbym był, *j'aurais semé.*	Siałabym była	Siałobym było

TRYB ŁĄCZĄCY (SUBJONCTIF).

Abym siał, *que je sème.*	Abym siała	Abym siało

TRYB ŻYCZĄCY (OPTATIF).

Obym siał, *puissé-je semer.*	Obym siała	Obym siało

TRYB ROZKAZUJĄCY (IMPÉRATIF).

Sans insistance.	*Avec insistance.*
Siej, *sème.*	Siejże, *sème donc.*
Niech *ou* niechaj sieje, *qu'il sème.*	Niechże *ou* niechajże sieje.
Siejmy, *semons.*	Siejmyż.
Siejcie, *semez.*	Siejcież.
Niech *ou* niechaj sieją, *qu'ils sèment.*	Niechże *ou* niechajże sieją.

IMIESŁOWY (PARTICIPES)

TERAŹNIEJSZY (Présent).	Siejący, *semant.*	Siejąca	Siejące
PRZESZŁY (P.).	Siany, *semé.*	Siana	Siane
PRZYSZŁY (F.).	Mający siać, *devant semer*	Mająca siać	Mające siać

Invariable présent.	Siejąc, *en semant.*
Invariable passé.	Siawszy, *ayant semé.*
Substantif verbal.	Sianie, *action de semer.*

TRYB BEZOKOLICZNY (INFINITIF).

Zasiać, *semer* (Verbe parfait).

TRYB OZNAJMUJĄCY (INDICATIF).

CZAS PRZESZŁY DOKONANY (PASSÉ DÉFINI).

masculin	*féminin*	*neutre*
Zasiałem, *j'ai semé.*	Zasiałam	Zasiałom
Zasiałeś	Zasiałaś	Zasiałoś
Zasiał	Zasiała	Zasiało
Zasialiśmy	Zasiałyśmy	
Zasialiście	Zasiałyście	
Zasiali	Zasiały	

CZAS PRESZŁY DOKONANY (PLUS-QUE-PARFAIT DÉFINI).

Zasiałem był, *j'avais semé.*	Zasiałam była	Zasiałom było

CZAS PZRYSZŁY DOKONANY (FUTUR DÉFINI).

Zasieję, *je sèmerai.*	Zasiejesz, *tu sèmeras.*	Zasieje, *il sèmera.*
Zasiejemy, *nous sèmerons.*	Zasiejecie, *vous sèmerez.*	Zasieją, *ils sèmeront.*

TRYB WARUNKOWY (CONDITIONNEL PRÉSENT).

Zasiałbym, *je sèmerais.* Zasiałabym Zasiałobym

CZAS PRZESZŁY (CONDITIONNEL PASSÉ).

Zasiałbym był, *j'aurais semé.* Zasiałabym była Zasiałobym było

TRYB ŁĄCZĄCY (SUBJONCTIF).

Abym zasiał, *que je sème.* Abym zasiała Abym zasiało

TRYB ŻYCZĄCY (OPTATIF).

Obym zasiał, *puissé-je semer.* Obym zasiała Obym zasiało

TRYB ROZKAZUJĄCY (IMPÉRATIF).

Sans insistance	*Avec insistance.*
Zasiej, *sème.*	Zasiejże, *sème donc.*
Niech *ou* niechaj zasieje, *qu'il sème.*	Niechże *ou* niechajże zasieje.
Zasiejmy, *semons.*	Zasiejmyż.
Zasiejcie, *semez.*	Zasiejcież.
Niech *ou* niechaj zasieją, *qu'ils sèment.*	Niechże *ou* niechajże zasieją

IMIESŁOWY (PARTICIPES).

PRZYSZŁY (Pas.). Zasiany, *semé (ensemencé).* Zasiana Zasiane

PRZYSZŁY (F.). Mający zasiać, *devant semer.* Mająca zasiać Mające zasiać

Invariable passé Zasiawszy, *ayant semé.*
Substantif verbal Zasianie, *action de semer.*

CINQUIÈME CONJUGAISON

TRYB BEZOKOLICZNY (INFINITIF).

Czynić, *faire, agir* (Verbe imparfait).

TRYB OZNAJMUJĄCY (INDICATIF).

CZAS TERAŹNIEJSZY NIEDOKONANY (PRÉSENT INDÉFINI).

Czynię, *je fais.* Czynisz, *tu fais.* Czyni, *il fait.*
Czynimy, *nous faisons.* Czynicie, *vous faites.* Czynią, *ils font.*

CZAS PRZESZŁY NIEDOKOKANY (PASSÉ INDÉFINI).

masculin	*féminin*	*neutre*
Czyniłem, *je faisais*	Czyniłam	Czyniłom
Czyniłes	Czyniłaś	Czyniłoś
Czynił	Czyniła	Czyniło
Czyniliśmy	Czyniłyśmy	
Czyniliście	Czyniłyście	
Czynili	Czyniły	

CZAS ZAPRZESZŁY NIEDOKONANY (PLUS-QUE-PARFAIT INDÉFINI).

Czyniłem był, *j'avais fait.*	Czyniłam była	Czyniłom było

CZAS PRZYSZŁY NIEDOKONANY (FUTUR INDÉFINI).

Będę czynił, *je ferai.*	Będę czyniła	Będę czyniło

AUTRE FORME DE FUTUR SANS DISTINCTION DE GENRES

Czynić będę — Czynić będziemy

TRYB WARUNKOWY (CONDITIONNEL PRÉSENT).

Czyniłbym, *je ferais*	Czyniłabym	Czyniłobym

CZAS PRZESZŁY (CONDITIONNEL PASSÉ).

Czyniłbym był, *j'aurais fait.*	Czyniłabym była	Czyniłobym było

TRYB ŁĄCZĄCY (SUBJONCTIF).

Abym czynił, *que je fasse.*	Abym czyniła	Abym czyniło

TRYB ŻYCZĄCY (OPTATIF).

Obym czynił, *puissé-je faire.*	Obym czyniła	Obym czyniło

TRYB ROZKAZUJĄCY (IMPÉRATIF).

Sans insistance.	*Avec insistance.*
Czyń, *fais.*	Czyńże, *fais donc.*
Niech *ou* niechaj czyni, *qu'il fasse.*	Niechże *ou* niechajże czyni.
Czyńmy, *faisons.*	Czyńmyż.
Czyńcie, *faites.*	Czyńcież.
Niech *ou* niechaj czynią, *qu'ils fassent.*	Niechże *ou* niechajże czynią.

IMIESŁOWY (PARTICIPES).

TERAŹNIEJSZY (Prés.).	Czyniący, *faisant.*	Czyniąca	Czyniące
PRZESZŁY (P.).	Czyniony, *fait*	Czyniona.	Czynione
PRZYSZŁY (F.).	Mający czynić, *devant faire.*	Mająca czynić.	Mające czynić.

Invariable présent.	Czyniąc, *faisant.*
Invariable passé.	Czyniwszy, *ayant fait.*
Substantif verbal.	Czynienie, *action de faire.*

TRYB BEZOKOLICZNY (INFINITIF).

Uczynić, *faire, agir* (Verbe parfait).

TRYB OZNAJMUJĄCY (INDICATIF).

CZAS PRZESZŁY DOKONANY (PASSÉ DÉFINI).

masculin	*féminin*	*neutre*
Uczyniłem, *j'ai fait*	Uczyniłam	Uczyniłom
Uczyniłeś *(ou je fis.*	Uczyniłaś	Uczyniłoś
Uczynił	Uczyniła	Uczyniło

Uczyniliśmy	Uczyniłyśmy
Uczyniliście	Uczyniłyście
Uczynili	Uczyniły

CZAS ZAPRZESZŁY DOKONANY (PLUS-QUE-PARFAIT DÉFINI).

Uczyniłem był, *j'avais fait.*	Uczyniłam była	Uczyniłom było

CZAS PRZYSZŁY DOKONANY (FUTUR DÉFINI).

Uczynię, *je ferai.*	Uczynisz, *tu feras.*	Uczyni, *il fera.*
Uczynimy, *nous ferons.*	Uczynicie, *vous ferez.*	Uczynią, *ils fer[illegible]*

TRYB WARUNKOWY (CONDITIONNEL PRÉSENT).

Uczyniłbym, *je ferais.*	Uczyniłabym	Uczyniłobym

CZAS PRZESZŁY (CONDITIONNEL PASSÉ).

Uczyniłbym był, *j'aurais fait.*	Uczyniłabym była	Uczyniłobym było

TRYB ŁĄCZĄCY (SUBJONCTIF).

Abym uczynił, *que je fasse.*	Abym uczyniła	Abym uczyniło

TRYB ŻYCZĄCY (OPTATIF).

Obym uczynił, *puissé-je faire.*	Obym uczyniła	Obym uczyniło

TRYB ROZKAZUJĄCY (IMPÉRATIF).

Sans insistance.	*Avec insistance.*
Uczyń, *fais.*	Uczyńże, *fais donc.*
Niech *ou* niechaj uczyni, *qu'il fasse.*	Niechże *ou* niechajże uczyni.
Uczyńmy, *faisons.*	Uczyńmyż.
Uczyńcie, *faites.*	Uczyńcież.
Niech *ou* niechaj uczynią, *qu'ils fassent.*	Niechże *ou* niechajże uczynią.

IMIESŁOWY (PARTICIPES).

PRZESZŁY (Passé).	Uczyniony, *fait.*	Uczyniona	Uczynione
PRZYSZŁY (Futur).	Mający uczynić, *devant faire.*	Mająca uczynić	Mające uczynić

Invariable passé. Uczyniwszy, *ayant fait.*
Substantif verbal. Uczynienie, *action de faire.*

SIXIÈME CONJUGAISON

TRYB BEZOKOLICZNY (INFINITIF).

Słyszeć, *entendre* (Verbe imparfait).

TRYB OZNAJMUJĄCY (INDICATIF).

CZAS TERAŹNIEJSZY (PRÉSENT).

Słyszę, *j'entends.*	Słyszysz, *tu entends.*	Słyszy, *il entend.*
Słyszymy, *nous entendons.*	Słyszycie, *vous entendez.*	Słyszą, *ils entendent.*

CZAS PRZESZŁY NIEDOKONANY (PASSÉ INDÉFINI).

masculin	*féminin*	*neutre*
Słyszałem, *j'entendais.*	Słyszałam	Słyszałom
Słyszałeś	Słyszałaś	Słyszałoś
Słyszał	Słyszała	Słyszało

Słyszeliśmy	Słyszałyśmy
Słyszeliście	Słyszałyście
Słyszeli	Słyszały

CZAS ZAPRZESZŁY NIEDOKONANY (PLUS-QUE-PARFAIT INDÉFINI).

Słyszałem był, *j'avais entendu.*	Słyszałam była	Słyszałom było

CZAS PRZYSZŁY (FUTUR).

Będę słyszał, *j'entendrai.*	Będę słyszała	Będę słyszało

AUTRE FORME DU FUTUR SANS DISTINCTION DE GENRES.

Słyszeć będę	Słyszeć będziemy

TRYB WARUNKOWY (CONDITIONNEL PRÉSENT).

Słyszałbym, *j'entendrais.*	Słyszałabym	Słyszałobym

CZAS PRZESZŁY (CONDITIONNEL PASSÉ).

Słyszałbym był, *j'aurais entendu.*	Słyszałabym była	Słyszałobym było

TRYB ŁĄCZĄCY (SUBJONCTIF).

Abym słyszał, *que j'entende.*	Abym słyszała	Abym słyszało

TRYB ŻYCZĄCY (OPTATIF).

Niech *ou* niechaj słyszą, *qu'ils entendent.*	Niechże *ou* niechajże słyszą.

TRYB ROZKAZUJĄCY (IMPÉRATIF).

Sans insistance.	*Avec insistance.*
Słysz, *entends.*	Słyszże, *entends donc.*
Niech *ou* niechaj słyszy, *qu'il entende.*	Niechże *ou* niechajże słyszy.
Słyszmy, *entendons.*	Słyszmyż.
Słyszcie, *entendez.*	Słyszcież.
Niech *ou* niechaj słyszą, *qu'ils entendent.*	Niechże *ou* niechajże słyszą.

IMIESŁOWY (PARTICIPES).

TERAŹNIEJSZY (Présent).	Słyszący, *entendant.*	Słysząca	Słyszące
PRZESZŁY (Pas.)	Słyszany, *entendu.*	Słyszana	Słyszane
PRZYSZŁY (Futur).	Mający słyszeć, *devant entendre.*	Mająca słyszeć	Mające słyszeć

Invariable présent.	Słysząc, *en entendant.*
Invariable passé.	Słyszawszy, *ayant entendu.*
Substantif verbal.	Słyszenie, *action d'entendre.*

TRYB BEZOKOLICZNY (INFINITIF).

Usłyszeć, *entendre* (Verbe parfait).

TRYB OZNAJMUJĄCY (INDICATIF).

CZAS PRZESZŁY DOKONANY (PASSÉ DÉFINI).

masculin	*féminin*	*neutre*
Usłyszałem, *j'entendis ou j'ai entendu*	Usłyszałam	Usłyszałom
Usłyszałeś	Usłyszałaś	Usłyszałoś
Usłyszał	Usłyszała	Usłyszało
Usłyszeliśmy	Usłyszałyśmy	
Usłyszeliście	Usłyszałyście	
Usłyszeli	Usłyszały	

CZAS ZAPRZESZŁY DOKONANY (PLUS-QUE-PARFAIT DÉFINI).

Usłyszałem był, *j'avais entendu.*	Usłyszałam była	Usłyszałom było

CZAS PRZYSZŁY DOKONANY (FUTUR DÉFINI).

Usłyszę, *j'entendrai.*	Usłyszysz, *tu entendras.*	Usłyszy, *il entendra.*
Usłyszymy, *nous entendrons.*	Usłyszycie, *vous entendrez.*	Usłyszą, *ils entendront.*

TRYB WARUNKOWY (CONDITIONNEL PRÉSENT).

Usłyszałbym, *j'entendrais.*	Usłyszałabym	Usłyszałobym

CZAS PRZESZŁY (CONDITIONNEL PASSÉ).

Usłyszałbym był, *j'aurais entendu.*	Usłyszałabym była	Usłyszałobym było

TRYB ŁĄCZĄCY (SUBJONCTIF).

Abym usłyszał, *que j'entende.*	Abym usłyszała	Abym usłyszało

TRYB ŻYCZĄCY (OPTATIF).

Obym usłyszał, *puissé-je entendre*	Obym usłyszała	Obym usłyszało

TRYB ROZKAZUJĄCY (IMPÉRATIF).

Sans insistance.	*Avec insistance.*
Usłysz, *entends.*	Usłyszże, *entends donc.*
Niech *ou* niechaj usłyszy, *qu'il entende.*	Niechże *ou* niechajże usłyszy.
Usłyszmy, *entendons.*	Usłyszmyż.
Usłyszcie, *entendez.*	Usłyszcież.
Niech *ou* niechaj usłyszą, *qu'ils entendent.*	Niechże *ou* niechajże usłyszą.

IMIESŁOWY (PARTICIPES).

PRZESZŁY (Passé).	Usłyszany, *entendu.*	Usłyszana	Usłyszane
PRZYSZŁY (Futur).	Mający usłyszeć, *devant entendre.*	Mająca usłyszeć.	Mające usłyszeć

Invariable passé. Usłyszawszy, *ayant entendu.*
Substantif verbal. Usłyszenie, *action d'entendre.*

SŁOWA NIEFOREMNE (VERBES IRRÉGULIERS)

TRYB BEZOKOLICZNY *Mode Infinitif.*	TRYB OZNAJMUJĄCY *Mode Indicatif.*		TRYB ROZKAZUJĄCY. *Impératif.*
—	CZAS TERAŹNIEJSZY I PRZYSZŁY (słów dokonanych) *Temps présent et futur (dans les verbes parfaits).*	CZAS PRZESZŁY. *Temps passé* —	—
BAĆ SIĘ, craindre	boję się, boisz się,	bałem się	bój się
BIEDZ, *ou*	biegę, bieżysz, bieży, biegą	biegłem	bież
BIEGNĄĆ, courir.	biegnę, biegniesz, biegnie, biegną	biegnąłem	biegnij
BOŚĆ (rogami), frapper des cornes.	bodę, bodziesz, bodą	bodłem	bódź
BRAĆ, prendre.	biorę, bierzesz, bierze, biorą	brałem	bierz

INFINITIF	INDICATIF		IMPÉRATIF
BRZMIEĆ, résonner, bourdonner.	brzmię, brzmisz, brzmi, brzmią	brzmiałem	brzmij
BRZMIEĆ, se gonfler, enfler.	brzmieję, jesz, je, brzmieją	(*na*) brzmiałem (*dans les composés*).	brzmiej
CHCIEĆ, vouloir.	chcę, chcesz, chcą	chciałem	chciej
CIĄĆ, couper.	tnę, tniesz, tną	ciąłem	tnij
CIEC, couler.	ciekę, cieczesz, cieką	ciekłem	ciecz
CZIĆ, honorer, adorer.	czczę, czisz, czczą	czciłem	czij
CZYŚCIĆ, nettoyer.	czyszczę, cisz	czyściłem	czyść
DAĆ, donner.	dam, *je donnerai*, dasz, da, dadzą	dałem	daj
DAWAĆ (*v. fréquent. de* DAĆ), donner souvent	daję, dajesz, daje daje, *ou* dawam, dawasz, dawają	dawałem	dawaj
DĄĆ, souffler.	dmę, dmiesz, dmą	dąłem	dmij
DEPTAĆ, fouler aux pieds, marcher sur q. c.	depcę *ou* depczę	deptałem	depc *ou* depcz
DOSIĄDZ *ou* DOSIĘGNĄĆ, atteindre.	dosięgę, *j'atteindrai*, dosiężesz, że, gną, *ou* dosięgnę, gniesz, gnie	*masc.* dosiągłem, *fém.* dosięgłam	dosiąż *ou* dosięgnij
DOSTAĆ, *se tenir debout, demeurer debout jusquà la fin, etc., comme* STAĆ			
DOSTAĆ, recevoir	dostanę, *je recevrai*, niesz, nie, dostaną	dostałem	dostań
DRZEĆ, déchirer.	drę, drżesz, drą	darłem	drzyj
DRŻEĆ, trembler.	drżę, drzysz, drżą	drżałem	drżyj
GIĄĆ, courber.	gnę, gniesz, gną	giąłem	gnij

INFINITIF	INDICATIF		IMPÉRATIF
GORZEĆ ou GOREĆ brûler.	gorę, gorzesz *ou* goresz, gorzemy *ou* goremy, gorą, *albo* goreję *ou* gorzeję, gorejesz *ou* gorzejesz, goreje *ou* gorzeje, goreja *ou* gorzeją	gorzałem	gorz
GRZĄŚĆ *ou* GRZĘZNĄĆ, s'enfoncer.	grzęznę	grzązłem	grzęznij
GRZEŚĆ, *abréviation du verbe* GRZEBAĆ, fouiller, remuer la terre.	grzebię (régulièrement).	grzebałem	grzeb
GWIZDAĆ, siffler.	gwiżdżę, dżesz, dże, dżą, *ou* gwizdam, dasz, da, dają.	gwizdałem	gwiżdż *ou* gwizdaj
IŚĆ, aller.	idę, idziesz, idzie, idziemy, idziecie, idą	*masc.* szedłem, szedłeś, szedł, szliśmy, szliście, szli. *fém.* szłam, aś, a, szłyśmy, ście, ły, *neut.* szłom, ś, ło, szły.	idź
(*Subst. verbal*:	iście, *action d'aller*).		
JĄĆ *ou* IMAĆ, saisir quelqu'un, chercher à prendre quelqu'un ou quelque chose.	imę, imiesz, imie my, cie, imą	*masc.* jąłem, jąleś, jął, jęliśmy, jęli; *fém.* jęłam, *neut.* jęłom	imaj *ou* imiej
JECHAĆ, aller en voiture, *ou* à cheval.	jadę, jedziesz, jedzie, jadą	jechałem	jedź
JEŚĆ, manger.	jem, jesz, je, jedzą.	jadłem	jedz
KLĄĆ, jurer.	klnę, klniesz, klnie, klną	*masc.* kląłem, klął, klęliśmy, klęli; *fém.* klęłam, klęła	klnij

INFINITIF	INDICATIF		IMPÉRATIF
KŁAŚĆ, mettre, placer.	kładę, kładziesz, kładzie, kładą	kładłem	kładź
KŁÓĆ *ou* KŁUĆ, piquer.	kolę, kolesz, kole, kolą *ou* kłuję, kłujesz, je, kłują	kłólem *ou* kłulem	kol *ou* kłuj
KRAŚĆ, *abréviation de* KRADNĄĆ, voler.	kradnę, dniesz, dnie, kradną	kradłem	kradnij
ŁĄDZ, *abréviation de* ŁĘGNĄĆ, couver.	lęgnę, lęgniesz, gnie, lęgną	*masc.* lągłem, *fém.* lęgłam	lęż *ou* lęgnij
LEDZ, *abréviation de* LEGNĄĆ, être couché, tomber, périr.	legnę, *je périrai*, gniesz, gnie, legną	ległem	legnij
LEŹĆ, se traîner.	lezę, leziesz, lezie, lezą, *ou* lazą	*masc.* lazłem, leźliśmy, leźli, *fém.* lazłyśmy, lazły	leź
ŁGAĆ, mentir	łżę, łżesz, łże, łżą.	łgałem	łżyj
MIĄĆ, chiffonner.	mnę, mniesz, mnie, mną]	*masc.* miąłem, eś, miął, mięli, *fém.* mięłam, mięły	mnij
MIEĆ, avoir (*voir le verbe auxiliaire*).			
MLEĆ, moudre.	mielę, mielesz, miele, mielą	mełłem, mełł	miel
MÓDZ, pouvoir.	mogę, możesz, może, możemy, mogą	mogłem	(1)
MRZEĆ, mourir, *comme* DRZEĆ.			
MŚCIĆ, se venger.	mszczę się, mścisz się, mści się, mszczą się	mścilem się	mscij się
MUSIEĆ, être forcé.	muszę, musisz, musi, muszą	musiałem	*il n'y en a pas*
NAŁEŹĆ, trouver.	najdę, *je trouverai*, najdziesz.	nalazłem	najdź

(1) Existe seulement dans les verbes composés: wymódz, *obtenir*, wymóż; pomódz, *aider*, pomóz.

INFINITIF	INDICATIF		IMPÉRATIF
NIEŚĆ, porter.	niosę, niesiesz, niesie, niosą	niosłem, ś, niósł	nieś
PAŚĆ, paître.	pasę, siesz, sie, są	pasłem	paś
PAŚĆ *ou* PAŚDŹ *abréviation de* PADNĄĆ, tomber par terre).	padnę, *je tomberai*, padniesz, padną	padłem, padł	padnij
PIĄĆ, *plus usité* PIĄĆ SIĘ, grimper.	pnę (się), pniesz, pnie, pną	piąłem (się)	pnij (się)
PLĄTAĆ, mêler, embrouiller.	plączę	plątałem	plącz

PLEĆ, sarcler, arracher (les mauvases herbes) *comme* MLEĆ.

INFINITIF	INDICATIF		IMPÉRATIF
PLEŚĆ, tresser, radoter.	plotę, pleciesz, plecie, plotą	*masc.* plotłem, plótł *fém.* plotłam, plotła	pleć
PŁAKAĆ, pleurer.	płaczę	płakałem	płacz
POCZĄĆ, commencer.	pocznę, *je commencerai.*	*masc.* począłem, *fém.* poczęłam	pocznij
POMNIEĆ, se souvenir.	pomnę, pomnisz, pomni, pomną	pomniałem	pomnij

PRAĆ, laver, blanchir *comme* BRAĆ.

INFINITIF	INDICATIF		IMPÉRATIF
PRÓĆ *ou* PRUĆ, découdre.	porzę, porzesz, porze, porzą, *ou* pruję, jesz, je, prują.	prółem *ou* prułem	porz *ou* pruj
PRZĄŚĆ, filer.	przędę, dziesz, przędzie, przędą	*masc.* prządłem, *fém.* przędłam	prządź *ou* przędź
PRZEĆ, pousser.	prę, przesz, prze, prą	parłem	przyj
PRZEĆ, suer, pourrir.	przeję, jesz, je, przeją	przałem (*on dit au temps passé imp.*) było parno, *il faisait chaud.*	przej
PRZYSIĄDZ, prêter serment, jurer.	przysięgnę, *je jurerai*	*masc.* przysiągłem, siągł, *fém.* przysięgłam.	przysięgnij
ROŚĆ, *abréviation de* ROSNĄĆ, croître.	rosnę, rośniesz, rosną	rosłem, rósł	rośnij

INFINITIF	INDICATIF		IMPÉRATIF
ROZPOSTRZEĆ, étaler, déployer, *comme* TRZEĆ.			
ROZUMIEĆ, comprendre, *comme* UMIEĆ.			
RWAĆ, arracher.	rwę, rwiesz, rwie, rwą	rwałem	rwij
SCHNĄĆ, sécher.	schnę, schniesz, schnie, schną	schnąłem, łeś, ł, schnęliśmy *ou* schłem, schłeś, schł, schliśmy ście, schli.	schnij
ŚCIĄĆ, abattre, *comme* CIĄĆ *change* ś *en* z *au futur*: ZETNĘ, j'abattra			
SIAŚĆ *et* SIEŚĆ, s'asseoir.	siędę *ou* siądę, *je m'assiérai*, siędziesz *ou* siądziesz, się-dzie *ou* siądzie, siędą *ou* siądą.	siadłem, siadł, siedli	siądź
SŁAĆ, faire le lit.	ścielę	słałem	ściel
SŁAĆ, envoyer.	szlę, szlesz, szle, szlą; *ou* ślę, ślesz, śle, ślą	słałem	szlij *ou* śl
SMIEĆ, oser.	śmiem, śmiesz, śmie, śmią *ou* śmieją	śmiałem	śmiej
SPAĆ, dormir.	śpię, śpisz, śpi, śpią	spałem	śpij
SSAĆ, sucer.	ssę, ssiesz, ssie, ssą	ssałem	ssij
STAĆ, se tenir debout.	stoję, stoisz, stoi, stoją	stałem	stój
STAĆ SIĘ, devenir. (forme son futur et impératif du verbe : STANĄĆ, s'arrêter).	stanę się, *je deviendrai*, staniesz się, staną się.	stałem się	stań się
STAWAĆ, s'arrêter, *comme* DAWAĆ.			
STRZEDZ, garder.	strzegę, strzeżesz, strzeże, strzegą	strzegłem	strzeż
STRZYDZ, couper avec des ciseaux, *comme* STRZEDZ, *en changeant* e *du radical en* y.			
TAIĆ tenir une chose secrète.	taję, taisz, tai, taimy, taicie, tają	tailem	taj

INDICATIF		INFINITIF	IMPÉRATIF
TAJEĆ, fondre.	taję, tajesz, taje, jemy, jecie, tają	tajałem	tajaj *ou* taj
TKAĆ, fourrer.	tkam, tkasz, tka, tkają	tkałem	tkaj
TKAĆ, tisser.	tkę, tczesz, tcze, tką	tkałem	tczej
TRZĄŚĆ, secouer.	trzęsę, siesz, sie, trzęsiemy	*masc.* trząsłem, trzęśliśmy ; *fém.* trzęsłam	trzęś
TRZEĆ, frotter, pulvériser, *comme* DRZEĆ.			
UMIEĆ, savoir.	umiem, umieją	umiałem	umiej
WIDAĆ, il paraît, on voit, *s'emploie seulement à l'infinitif.*			
WIDZIEĆ, voir.	widzę, widzisz, widzi, widzą	widziałem	*n'existe pas*
WIEDZIEĆ, savoir	wiem, wiesz, wie, wiedzą	wiedziałem	wiedz
WIEŚDŹ *ou* WIEŚĆ conduire.	wiodę, wiedziesz, wiedzie, wiodą	wiódł wiodłem,	wiedź
WIEŹĆ (transporter) en voiture	wiozę, wieziesz, wiezie, wiozą	wiozłem, wiózł	wieź
WLEC, traîner.	wlokę *ou* wlekę, wleczesz, wlecze, wloką *ou* wleką	*masc.* wlokłem, wlókł, wlekli, *fém.* wlokły.	wlecz
WOLEĆ, préférer.	wolę, wolisz, woli, wolą	wolałem	*n'existe pas*
WRZEĆ, bouillir.	wrę, wrzesz, wre *ou* wrze, wrą	wrzałem	wrzej
WZIĄĆ, *ou* WZIĄŚĆ, prendre.	wezmę, *je prendrai*, weźmiesz, weźmie, wezmą	*masc.* wziąłem, *fém.* wzięłam	weź
ŻĄĆ, moissonner.	żnę, żniesz, żnie, żną	*masc.* żąłem, *fém.* żęłam	żnij
ZNALEŹĆ, trouver, *comme* NALEŹĆ.			
ŻREĆ *ou* ŻRZEĆ, manger, dévorer.	żrę, żresz, żre, ŻRĄ	żarłem	żrzyj
ZWAĆ, nommer.	zwę, zwiesz, zwie, zwą, *ou* zowię, zowiesz, zowie, zowią	zwałem	zwij

THÈME XXXV.

Abîmer, niszczyć;
altéré, spragniony;
apprendre, uczyć;
l'argenterie, srebro;
aucun, żaden;
l'aversion, wstręt;
le bijou, klejnot;
brûler, palić;
casser, łamać;
changer, zmienić;
la chaussure, obówie;
le cheveu, włos;
le côté, bok (strona);
le cousin, krewny;
couvrir, okryć;
demander, pytać;
l'emplette, sprawunek;
ensuite, potem;
épars, rozrzucony;
faire, robić;
la feuille, arkusz;
goûter, kosztować;
l'habit, odzież;
l'horloger, zegarmistrz;
l'intention, zamiar;
inutilement, nadaremnie, napróżno;
le lit, łóżko;
malheureusement, nieszczęśliwie;
la masse, massa;
le meuble, mebel;
nettoyer, czyścić;
parmi, między, pomiędzy;
passer, przejść,
patère, wieszadło;
perdre, gubić;
la poussière, kurz;
le prétexte, pozór;
prononcer, wymawiać;
raccommoder, naprawia[illegible];
ramasser, zbierać;
reconnaître, poznać;
le reproche, wymówka;
la revanche, odwet;
le soin, pilność;
le sol, ziemia (podłoga);
souhaiter, życzyć;
tailler, ciąć;
volontiers, chętni[illegible]

(*Mardi, le* 16 *Novembre, à* 7 *heures moins* 20 *du soir.*)

1. Qu'est-ce que vous ramassez avec tant de soin? — Je ramasse les papiers qui sont épars sur le sol de la classe. — Qu'en faites-vous ensuite ? — Je mets de côté ce qui est bon pour vendre aux marchands de papiers, et ce qui est mauvais, je le brûle. — Pourrez-vous casser cette canne? — Je suis assez fort pour la casser, même pour casser tous les meubles qui sont ici ; mais je n'aime abîmer aucun objet inutilement. — Est-ce que les élèves de l'Ecole polonaise apprennent volontiers le polonais? — La plupart l'apprennent assez volontiers; mais, parlant peu, ils prononcent mal ; malheureusement on en voit parmi eux qui ont de l'aversion pour la langue de leurs pères sous le prétexte qu'elle est difficile; et ils disent qu'ils ne peuvent pas l'apprendre. — A qui avez-vous acheté cette montre? — Je l'ai achetée chez l'horloger, dans la grand'rue. J'achète habituellement chez lui non seulement des montres, mais aussi des bijoux et de l'argenterie. L'année passée, j'ai acheté chez lui pour moi pour ma famille et pour mes amis, pour plus de cinq mille francs. — Qu'est-ce que vous demandez à mon domestique ? — Je lui demande d'abord de me dire quel temps il fait dehors; ensuite je lui demande de me donner ma canne placée dans un coin de ma chambre, mon chapeau suspendu à la patère et mes gants qui sont sur le lit, pour aller faire des emplettes en ville.

2. Qu'est-ce que vous cherchez dans votre portefeuille? — Je cherche un crayon et une feuille de papier pour écrire un petit billet. — Pouvez-vous me dire si votre cousin est chez lui ? — Je ne puis vous le dire, car je ne vais pas chez lui depuis une dizaine de jours; je lui ai pris une masse de livres, que j'ai prêtés à mes camarades, et que je ne peux pas reprendre, parce qu'ils les ont perdus, et maintenant je crains des reproches. — Avec quelles plumes écrivez-vous le mieux ? Avec les plumes d'acier ou avec les plumes d'oie ? —J'écris toujours avec des plumes d'acier ; d'abord, parce que les plumes d'acier sont meilleures, et puis il faut tailler les plumes d'oie, ce qui prend beaucoup de temps. — Que voulez-vous faire ce soir ? J'ai l'intention d'aller en promenade et en même temps je passerai chez mon cordonnier qui me raccommode ma chaussure. Mais avant tout je dois nettoyer mes habits et mon chapeau qui sont couverts de poussière. — Pourquoi mangez-vous si peu ? — Je mange toujours peu le soir, mais en revanche je bois beaucoup, parce que je suis altéré. — Voulez-vous goûter au moins de ces fruits? — Je ne veux pas y goûter, parce qu'ils paraissent être très bons, et si je commençais à les goûter, je les mangerais tous. — Pourquoi vous levez-vous ? est-ce que vous voulez vous en aller ? — Je ne peux pas rester davantage ; j'ai envie de me coucher et je vous souhaite le bonsoir. — Est-ce bien vous, mon cher Charles ? J'ai peine à vous reconnaître, tant vous êtes changé. — C'est que j'ai pris d'autres vêtements, et je me suis fait couper les cheveux.

Leçon XXV (Dwudziesta piąta Lekcya).

DU TEMPS PASSÉ (O CZASIE PRZESZŁYM).

Les verbes polonais subissent des modifications au temps passé, non seulement pour le nombre et les personnes, mais aussi pour les genres.

Le passé se forme de l'infinitif, en retranchant les terminaisons *c*, *ć*, *dz*, et en ajoutant :

1re pers. du sing.	*łem, łam, łom*	byłem, byłam. byłom
2e — —	*łeś, łaś, łoś*	byłeś, byłaś, byłoś

3e pers. du sing.	*ł, ła, ło*	był, była, było
1re pers. du plur.	*liśmy, łyśmy*	byliśmy, byłyśmy
2e — —	*liście, łyście*	byliście, byłyście
3e — —	*li, ły.*	byli, były

Les verbes de la troisième conjugaison, qui recouvrent au présent les consonnes perdues, les conservent aussi au passé, et, au lieu de former leur passé de l'infinitif, ils le forment du présent :

Bość *frapper des cornes*, qui fait au présent bodę, a au passé bodłem ; kłaść, *poser*, kładę, kładłem ; kraść, *voler*, kradnę, kradłem ; paść, *tomber*, padnę, padłem.

Les verbes : *gnieść*, chiffonner ; *mieść* (zamiatać), balayer ; *pleść*, tresser, forment leur passé en *łłem* : gniotłem, miotłem, plotłem.

Les verbes terminés en *c*, forment leur passé en *kłem* : piec, rôtir, piekłem.

Les verbes terminés en *dz*, forment leur passé en *głem* : módz, pouvoir, mogłem.

Les verbes terminés en *ąć*, qui recouvrent quelques consonnes au présent, les perdent de nouveau au passé : *dąć*, souffler, ayant au présent *dmę*, a au passé *dąłem* ; *żąć*, moissonner, ayant au présent *żnę*, a au passé *żąłem*.

Les verbes de la troisième conjugaison, terminés à l'infinitif en *ąć* ou *nąć*, changent au passé la voyelle *ą* en *ę*, au féminin et au neutre du singulier et dans tous les genres du pluriel : stanąć, s'arrêter, stanąłem, stanęłam, stanęłom, stanęliśmy, stanęliście, stanęli.

Il y a plusieurs verbes terminés en *nąć* qui perdent cette syllabe au passé : klęknąć, se mettre à genoux, kląkłem, klękłam, klękłom ; zlęknąć się, s'effrayer, zląkłem się, zlękłam się, zlękłom się.

Mais la plupart des verbes en *nąć* retiennent cette

syllabe : płynąć, nager, płynąłem, płynęłam, płynęłom ; minąć, passer outre, minąłem, minęłam, minęłom.

Les verbes de la troisième conjugaison terminés en *rzeć*, ont leur passé en *arłem* : *drzeć*, déchirer, *wrzeć*, bouillir, ont au passé *darłem* et *warłem*.

Les verbes de la quatrième conjugaison terminés en *rzeć*, forment leur passé en *rzałem* : ujrzeć, apercevoir, ujrzałem ; drżeć, trembler, drżałem.

Les verbes ayant à la dernière syllable de l'infinitif un *e* entre deux lettres douces, changent cet *e* en *a* au passé, excepté au masculin du pluriel : chcieć, vouloir, chciałem, chciałam, chciałom, chcieliśmy, chciałyśmy.

Les verbes irréguliers pour la formation du passé, sont : *jeść*, manger, qui fait jadłem, jadłam, jadłom ; *iść*, aller, qui fait szedłem, szłam, szłom, et leurs dérivés.

Le verbe *jechać*, aller à cheval ou en voiture, forme son passé d'une manière régulière.

Le verbe *mleć*, moudre, a au passé : mełłem, mełłam, mełłom.

Pleć, sarcler, fait au présent pielę, et au passé pełłem.

Les verbes polonais sont souvent employés au passé avec la terminaison contractée à la première et à la seconde personne du singulier et du pluriel ; on ajoute cette terminaison aux mots précédant le verbe :

Avez-vous été à l'église ?	Czy byłeś w kościele ? *ou* Czyś był w kościele ?
Je n'y ai jamais été.	Nie byłem tam nigdy, *ou* Nigdym tam nie był.
Où avez-vous été ?	Gdzie byliście ? *ou* Gdzieście byli ?
Nous n'avons été nulle part.	Nie byliśmy nigdzie, *ou* Nigdzieśmy nie byli.

DE L'EMPLOI DES FORMES AU TEMPS PASSÉ
(O UŻYCIU FORM W CZASIE PRZESZŁYM).

On emploie le passé de la forme imparfaite, quand il faut traduire l'imparfait français :

Tout ce que je disais, tout ce que je faisais pour lui, était perdu.	Wszystko com mówił, wszystko com robił dla niego, było stracone.

On se sert du passé des verbes parfaits en polonais pour traduire le passé défini français, ou bien le passé indéfini lorsqu'il exprime une action entièrement terminée :

J'ai déjà copié tous mes cahiers et appris toutes mes leçons.	Jużem przepisał wszystkie moje zeszyty i nauczył się wszystkich moich lekcyj.

Il arrive souvent d'employer en français le passé indéfini là où, en polonais, le passé de la forme imparfaite est usité, surtout dans les verbes qui expriment une action vague comme : *chcieć*, vouloir ; *czuć*, sentir ; *módz*, pouvoir ; *słyszeć*, entendre ; *widzieć*, voir ; *życzyć*, souhaiter, ou d'autres verbes qui expriment une action ou un état qui dure toujours :

J'ai voulu aller à la promenade, mais je n'ai pas pu.	Chciałem iść na przechadzkę, ale nie mogłem.
Je désirais me lever de bonne heure, mais je n'ai pas entendu l'horloge.	Życzyłem sobie wstać wcześnie, ale nie słyszałem zegaru.
J'ai vu aujourd'hui ma sœur qui vient d'arriver de province.	Widziałem dzisiaj moją siostrę, która tylko co przyjechała z prowincyi.
Pourquoi n'êtes-vous pas allé avec nous à la promenade ?	Dla czegoś nie poszedł z nami na przechadzkę?
Je n'y suis pas allé, parce que je n'ai pas voulu.	Nie poszedłem, bo nie chciałem.
Avez-vous entendu la musique ?	Czy słyszałeś muzykę ?
J'ai voulu l'entendre, mais je n'ai pas pu.	Chciałem słyszeć, lecz nie mogłem.

On emploie la forme fréquentative au passé pour exprimer une action répétée souvent ou faite habituellement.

Dans les verbes qui n'ont pas la forme imparfaite, on remplace celle-ci par la forme fréquentative, surtout dans les verbes composés d'un préfixe qui change leur signification primitive :

Comment passez-vous votre temps à la campagne ?	Jak przepędzasz swój czas na wsi ?
Je l'ai passé de la manière suivante :	Przepędzałem go następnym sposobem :
Je me levais au petit jour, je me lavais et m'habillais, je prenais mon fusil et j'allais au bois ; au retour, je déjeunais, ensuite je travaillais jusqu'à midi. A midi, je dînais ; après le dîner je montais à cheval, ou, en cas de mauvais temps, je jouais aux cartes ou je m'amusais (de la conversation) à causer.	Wstawałem o świcie, umywałem się i ubierałem się, brałem strzelbę i szedłem do lasu ; wróciwszy, jadałem śniadanie, potem pracowałem aż do południa. W południe jadłem obiad; po obiedzie jeździłem konno, lub w razie niepogody grywałem w karty lub zabawiałem się rozmową.

Le verbe *wyjść*, sortir, est dérivé de *iść*, aller ; son fréquentatif est *wychodzić*, sortir souvent.

Le verbe *zamknąć*, fermer, vient de *mknąć*, s'élancer ; son fréquentatif est *zamykać*, fermer à plusieurs reprises ; *wyjąć*, sortir quelque chose, provient du verbe *jąć*, saisir ; son fréquentatif est *wyjmować* :

Où allez-vous ?	Dokąd idziesz ?
D'où sortez-vous ?	Zkąd wychodzisz ?
Je sors de la classe.	Wychodzę z klassy.
J'ai l'habitude de sortir toujours à cette heure pour prendre un médicament.	Mam zwyczaj wychodzić o tej godzinie aby zażyć lekarstwo.
Fermez la porte	Zamknij drzwi !
Quelqu'un a passé vite par la porte sans la fermer.	Ktoś przemknął się drzwiami nie zamknąwszy ich.
Cependant, il faut la fermer, parce qu'il fait froid.	Jednakże trzeba je zamykać bo jest zimno.
X... a enfoncé une plume dans la cuisse de son voisin ; heureusement celui-ci l'a saisie et l'a retirée tout de suite ; cela prouve qu'il est très habile pour la retirer.	X... wbił pióro w udo swego sąsiada ; na szczęście ten je schwycił i wyjął natychmiast, co dowodzi że jest bardzo zręczny do wyjmowania.
S'il eût été plus tendre, il l'aurait gardée en souvenir d'amitié.	Gdyby był czulszym, byłby je zatrzymał na pamiątkę przyjaźni.

Lorsque le sujet d'une phrase est un mot de quantité

indéterminée, comme *wiele, mało, dużo,* ou un nombre cardinal à partir de 5, ou même 2, 3, 4 lorsqu'ils se rapportent aux personnes mâles, les verbes polonais se mettent *au passé* à la troisième personne du singulier neutre.

Mais, si le sujet de la phrase est un pronom personnel, et que le nombre soit un attribut on le met en polonais au génitif pluriel avec la construction impersonnelle :

Après ces pluies, il y aura beaucoup de malades.	Po tych deszczach będzie wielu chorych.
Quatre livres et douze cahiers étaient dans la table du professeur.	Cztery książki i dwanaście zeszytów było w stole profesora.
Combien êtes-vous dans cette classe qui parlez anglais ?	Ilu was jest w tej klassie mówiących po angielsku?
Nous ne sommes que trois.	Jest nas tylko trzech.

THÈME XXXVI.

L'avenir, przyszłość ;
le cachet, pieczęć ;
cacheter, pieczętować;
la cheminée, komin;
la chaîne, łańcuch;

composer, ułożyć;
la confiture, konfitura;
la connaissance, przytomność;
le conseil, rada;
coudre, szyć;
craindre, bać się;
déchirer, drzeć;
décider, zdecydować;
le dégât, spustoszenie, szkoda;
désirer, żądać;
dessiner, rysować;
le devoir, obowiązek;

échapper, wymknąć się;
encadrer, oprawić;
entrer, wchodzić;
l'enveloppe, koperta;
étonner, dziwić;

facile, łatwy;
la gravure, rycina;
gronder, łajać;
l'honneur, zaszczyt, honor;
l'image, obraz;
infatigable, niezmordowany;
la lettre, list;
maintenant, teraz;
nommer, wymienić, nazwać;
nouveau, nowy;
la patience, cierpliwość;
le plaisir, przyjemność;
la porcelaine, porcelana;
le pot, słoik, garczek;

présenter, przedstawić;
presser, spieszyć;
raconter, opowiedzieć;
la raison, rozum;
le retour, powrót;

refuser, odmówić;
regarder, patrzeć;
se rendre, udać się;
retourner, wrócić;
le rideau, firanka;
saint, święty;
la sortie, wyjście;
le soufflet, mieszek;
le souper, kolacya;
le tiroir, szuflada;
le tour, koło;
trouer, przedziura-
la visite, wizyta.

(Lundi, le 29 Novembre 18.., à midi et demi.)

1. Qu'avez-vous fait hier toute la journée ? — A dix heures du matin je me suis échappé de l'école ; je me suis rendu chez mes parents qui m'attendaient pour déjeuner ; ensuite j'allumai un bon feu dans la cheminée; et, comme le temps était froid dehors, j'ai regardé des gravures, j'ai dessiné, j'ai écrit une lettre à ma grand'mère. J'ai fait quelques emplettes pour mes parents, j'ai rendu visite à quelques voisins ; en passant, je suis entré dans l'église nouvelle de Saint-Michel qu'on a bâtie cette année dans la rue Saint-Jean. De retour à la maison, j'ai encadré une image, j'ai cousu un bouton à mon gilet après avoir dîné et soupé. — Je m'étonne que vous puissiez faire tant de choses en un jour ; vous êtes vraiment un homme infatigable. — Que voulez-vous ? je suis comme cela : quand je me mets au travail, je ne m'arrête pas et je travaille bien. Hier, par exemple, chez mes parents, j'ai cassé un pot de confitures, deux tasses de porcelaine, j'ai déchiré un rideau, j'ai brisé une chaîne de montre et j'ai troué le soufflet. Comme je ne pouvais pas défaire le mal qui était fait, pour éviter d'être grondé, je retournai tout de suite après le souper à l'école, sous le prétexte que je craignais d'être en retard. — Si vous faites autant de dégâts chez vos parents à chaque sortie, ils vous nomment avec raison leur très cher fils. — Il faut dire que cela n'arrive pas toujours. Mais hier, c'était réellement une journée malheureuse.

2. Ecoutez-vous ? mon ami. — Vous m'avez raconté ce que vous avez fait hier pendant toute la journée et je vous ai écouté avec patience. Maintenant, c'est à votre tour d'écouter ce que je vais vous dire. — C'est bien, je vous écoute. — Je vais vous demander un service. — Dites lequel ? Vous savez que j'aime à rendre service à mes amis. — Voici de quoi il s'agit : j'ai une lettre très pressée à écrire, et comme je n'ai ni papier, ni plumes, ni encre, je vous prie de me prêter quelques feuilles de papier à lettres, une enveloppe et de l'encre noire, de la cire à cacheter, un cachet et surtout une bonne plume. — Il n'y a rien de plus facile. Allez à ma table et vous trouverez tout cela dans le tiroir. — Est-ce tout ce que vous désirez? — Mais non ; j'ai encore une autre chose à vous demander. — Qu'est-ce que c'est ? Je n'ai rien à vous refuser. — Je vais vous demander un conseil ; comme c'est une lettre qui décide de mon avenir et que vous êtes un homme d'expérience, vous ne me refuserez peut-être pas de la composer, ou au moins de la corriger ? — Volontiers, si mes conseils peuvent vous être utiles à quelque chose, mais je crois que vous êtes plus habile que moi, ou au moins autant que moi, pour vous tirer de cette

affaire. — Connaissez-vous ma famille qui vient d'arriver de province ? — Non, je n'ai pas l'honneur de la connaître. — Si vous désirez faire sa connaissance, je me ferai un devoir de vous présenter. — Cela me fera plaisir.

THÈME XXXVII.

L'achat, sprawunek;
l'action, czyn;
adroit, zręczny;
aider, pomagać;
appliquer, przykładać;
arracher, wyrwać;
arrêter, zatrzymać;
autrefois, niegdyś;
le bain, kąpiel;
la besogne, robota;
la bonté, dobroć;
la branche, gałęź;
la brosse, szczotka;
le cochon, świnia;
commettre, popełnić;
la cuisine, kuchnia;
la dent, ząb;
dépenser, wydawać;
la distraction, roztargnienie;
la douleur, ból;
descriptif, opisowy;
le désespoir, rozpacz;
le désordre, nieporządek;

le dessert, wety, desser;
le dessin, rysunek;
empêcher, przeszkadzać;
l'empressement, pośpiech;
encombrer, zawalić, zatkać;
engourdir, zdrętwieć;
essouffler, zadyszeć się;
l'été, lato;
la fabrique, fabryka;
la faute, błąd;
la friandise, przysmak;
garder, chować;
gémir, jęczyć;
l'haleine, oddech;
hérisser, jeżyć;
l'historien, historyk;
la honte, hańba, wstyd;
indispensable, konieczny;
intituler, zatytułować;
inutile, nieużyteczny;
le joujou, zabawka;
le linge, bielizna;
le loup, wilk;

le maître, właściciel, pan;
malpropre, brudny;
manquer, braknąć;
la méchanceté, złośliwość;
mécontent, niekontent;
la mesure, miara;
la niche, psota;
occasionner, spowodować;
ouvrir, otwierać;
la part, część;
partager, dzielić;
pauvre, biedny;
le peigne, grzebień;
permettre, pozwalać;
personnel, osobisty;
éplucher, obierać;
la poésie, poezya;
pousser des cris, krzyczeć;
profond, głęboki;
quitter, opuścić;
renverser, przewrócić;
reposer, odpocząć;
se repentir, żałować;

la saison, pora;
sec, suchy;
sérieux, poważny;
le sieur, pan;
le singe, małpa;

la sollicitude, troskliwość;
le souci, troska;
sournois, skryty;
le souvenir, pamiątka;
suivre, postępować;

supposer, przypuścić;
la terre, ziemia;
têtu, uparty;
tirer, ciągnąć;
vite, prędko.

(*Mardi, le* 23 *Décembre* 18.., *à* 8 *heures moins le quart du soir.*)

1. Lisez-vous beaucoup ? — J'ai lu beaucoup autrefois, maintenant je lis peu, mais de bons ouvrages. — M'est-il permis de vous demander ce que vous lisiez ? — Maintenant je lis justement deux ouvrages : un le matin et l'autre pendant les soirées. — Le premier est plus sérieux, écrit en français. — C'est l'ouvrage de Thiers, un des

plus profonds historiens de notre temps; l'autre est écrit en polonais; c'est une poésie descriptive intitulée « Monsieur Thadée», composée par notre grand poète Mickiewicz. — J'avoue avec honte n'avoir lu ni l'un ni l'autre de ces ouvrages ; je voudrais bien les avoir lus tous les deux. Voulez-vous être assez bon pour me prêter soit l'un, soit l'autre. — Je vais vous les prêter tous les deux ; mais à mesure que j'aurai lu volume par volume. — Arrêtez-vous, cher voisin; où courez-vous si vite? vous avez manqué de me renverser ; vous êtes tout essoufflé, reposez-vous, prenez haleine et dites-moi d'où vient cet empressement. — Ne m'en parlez-pas ; au moins aidez-moi dans mon embarras. Mes parents sont sur le point de quitter Paris; ils partent en Pologne; comme vous savez, ils ont plusieurs petits enfants, il faut à chacun un souvenir ; je vais donc faire des achats de joujoux, de bonbons, de gravures. Vous me rendrez un grand service si vous voulez m'accompagner. — Je n'ai pas le temps; autrement je l'aurais fait avec plaisir; je suis accablé de travail, et vous savez bien que vous m'avez répété souvent qu'il ne faut pas remettre à demain ce qu'on a à faire aujourd'hui.

2. Qui est-ce qui vous raccommode votre linge, quand il est déchiré ? — C'est le moindre de mes soucis. J'ai une famille pleine de sollicitude qui se partage cette besogne. Outre ma mère et mes deux tantes, mes trois sœurs pensent à moi sans cesse. — Que fait votre voisin avec tous ces couteaux, qu'il achète à chaque instant ? — C'est un homme très adroit qui connaît beaucoup de métiers; il achète ces couteaux pour son usage personnel, et vous savez qu'on peut faire avec les couteaux une foule de choses. Il a un couteau pour chaque chose : un pour couper le pain, un autre pour éplucher les légumes, les couteaux de dessert, les couteaux de cuisine ; ensuite les canifs pour tailler les plumes et couper le papier, les couteaux de jardinier pour tailler les branches et couper les fleurs. — Pourquoi ouvrez-vous à chaque instant votre pupitre ? — Je cherche chaque fois quelque chose dont j'ai besoin. Vous avez donc beaucoup de choses dans votre pupitre ? — J'ai seulement ce qui est indispensable et utile. Cependant il y a des élèves qui gardent dans leur pupitre des affaires non seulement inutiles, mais qui empêchent d'étudier, et occasionnent des distractions et des punitions. — Où serrez-vous vos lettres et votre argent ? — Je serre les premières dans mon portefeuille ; quant à l'argent, j'ai moins d'embarras, parce que je le dépense. — A quoi dépensez-vous votre argent ? — Je le dépense à acheter des livres, des instruments de dessin et

du beau papier ; mais je le dépense aussi en friandises que je partage avec mes camarades ; quelquefois j'en donne aux pauvres, et je crois que de toutes mes dépenses c'est la plus raisonnable. — Sortez-vous souvent en promenade ? — Nous sortons chaque fois que le temps le permet. Mais au printemps, lorsqu'il fera beau, nous sortirons tous les dimanches, et l'été tous les jeudis pour aller aux bains.

3. Dites-nous s'il est vrai que vous voulez nous quitter pour partir en province. — C'est vrai ; je pars un de ces jours, et ma famille me suivra dans une semaine. — Qu'est-ce que vous allez faire en province ? — Je vais recueillir l'héritage qui me revient après la mort d'un de mes oncles. Cet héritage consiste en terres, en bois, en vignes et en plusieurs fabriques qui sont dans un grand désordre et ont besoin de l'œil du maître. — Pensez-vous y rester longtemps durant la belle saison ? — Ma famille y restera peu ; quant à moi, j'y resterai peut-être toujours. — Entendez-vous ce jeune homme qui gémit si fort ; je voudrais savoir ce qu'il a ; il paraît qu'il a mal aux dents et il pousse des cris de douleur ; les cris et les gémissements ne sont pas un remède ; il ferait mieux de se faire arracher les dents malades, ou d'y appliquer quelque chose pour calmer la douleur. — Pourquoi portez-vous vos cheveux toujours hérissés ? On supposerait que vous revenez d'un endroit où l'on se tire les cheveux, ou que vous êtes dans le désespoir ; vous n'avez donc pas un peigne et une brosse ? — Au contraire, je me peigne chaque matin. Mais mes cheveux sont secs et ne veulent pas tenir ensemble. — Pourquoi êtes-vous si triste ? — Je suis triste parce que je suis mécontent d'avoir commis une mauvaise action. — C'est bien de votre part de vous repentir des fautes commises, mais il valait mieux encore les éviter. — Pourquoi grondez-vous ce garçon ? — Je le gronde parce qu'il le mérite à chaque instant. Il est le premier à faire des niches, des dégâts et des méchancetés, et le dernier au travail ; il est vorace comme un loup, têtu comme un âne, malpropre comme un cochon et sournois et méchant comme un singe.

THÈME XXXVIII.

L'accident, wypadek;	le beau-père, ojczym;	la campagne, wieś;
l'adieu, pożegnanie;	bonsoir, dobry wieczór;	la cendre, popiół;
s'adresser, udać się;	le bord, brzeg;	la chance, szczęście;
agricole, rolniczy;	bouillir, kipieć;	chiffonner, miąć;
l'avoine, owies;	briser, łamać;	la concierge, odźwierna;

constamment, stale;
le conte, bajka;
la contrée, okolica;
le coude, łokieć;
courir, biegać;
se croiser, minąć się;
se crotter, zabłocić się;
se dandiner, kołysać się;
débiter, opowiadać;
déclarer, donieść, wyznać;
le désagrément, nieprzyjemność;
déshabituer, odzwyczajać;
difficile, trudny;
divertir, zabawić;
le drame, dramat;
l'effet, skutek;
les environs, okolice;
excuser, tłómaczyć;
fâcher, rozgniewać;
fatiguer, męczyć;
fermer, zamknąć;
fouiller, kopać, szukać;
le froment, pszenica;
la fumée, dym;
la garnison, załoga;
la gelée, mróz;
la gouvernante, guwernantka;
l'habitude, zwyczaj;
humide, wilgotny;
impatient, niecierpliwy;
importuner, być natrętnym;
incommoder, zawadzać;
inquiéter, niepokoić;
intéresser, interesować;
le joueur, gracz;
lentement, wolno;
loin, daleko;
mâcher, żuć;
la moisson, żniwo;
le morceau, kawał;
mouiller, maczać;
mûrir, dojrzeć;
négliger, zaniedbać;
le nez, nos;
la nouvelle, nowina;
l'objet, przedmiot;
l'occupation, zatrudnienie;
l'officier, oficer;
l'ongle, paznokieć;
ordinairement, zwykle;
l'orge, jęczmień;
le pantalon, spodnie;
la pièce, sztuka;
la place, miejsce;
pleurer, płakać;
la poche, kieszeń;
la politesse, grzeczność;
la poste, poczta;
prochain, przyszły;
le quart d'heure, kwadrans;
se rappeler, przypomnieć sobie;
récolter, zbierać;
ridicule, śmieszny;
ronger, obgryzać;
le sarrasin, tatarka;
le seigle, żyto;
le séjour, pobyt;
seller, siodłać;
la semence, zasiew;
semer, siać;
le silence, milczenie;
le sommeil, sen;
le sou, grosz;
souffler, dmuchać;
souffrir, cierpieć;
le spectacle, widowisko;
le spectateur, widz;
le taquin, kłótliwy, lubiący się sprzeczać;
terminer, kończyć;
la théière, imbryk do herbaty;
traîner, ciągnąć;
la volonté, chęć;
la vue, widok, wzrok.

(*Jeudi, le* 2 *Janvier, à* 10 *heures moins* 25 *du matin.*)

1. Sortez-vous quelque part, que vous prenez vos gants et que vous mettez votre chapeau ? — Vous avez deviné, je vais en promenade, et j'attends seulement que le domestique m'amène le cheval qu'il est en train de seller. — Il ne fait pas bon se promener à cheval en ce moment; les chemins sont malpropres et on revient mouillé et crotté au point que l'amusement ne vaut pas le désagrément. — Comme vous allumez lentement le feu! depuis un quart d'heure que vous soufflez, vous ne venez pas à bout de l'allumer. — Mais il n'y a rien d'étonnant: le bois est humide et le soufflet est troué. — Soufflez donc plutôt avec la bouche, mais fermez les yeux pour ne pas être incommodé par la fumée et la cendre. — Dites-moi, vous qui connaissez si bien la campagne, si les semailles d'hiver sont déjà terminées. — Cela dépend de la contrée.

Dans le nord, on les termine de bonne heure, parce que le froid et les gelées viennent plus tôt; dans le midi on sème même au mois de décembre, mais on récolte aussi deux fois l'année. — Et quand récolte-t-on en Pologne ? — La Pologne est plus vaste encore que la France, et la moisson dépend aussi de la province et de la contrée, et même de l'espèce de blé. Les avoines et l'orge mûrissent plus tôt, le seigle et le froment plus tard. Le sarrasin encore plus tard. Ensuite on moissonne aux environs de Cracovie, sur les bords du San et surtout en Podolie, dès le commencement de juillet ; tandis qu'en Lithuanie et surtout dans la Ruthénie Blanche, on commence à couper le blé six semaines plus tard. Mais je crois que ma conversation agricole vous ennuie ; je vais vous faire mes adieux.

2. Je vous souhaiterai le bonsoir. — Comment, vous partez déjà ? asseyez-vous et causons. — C'est par politesse que vous me retenez, car vous avez sommeil et vos yeux se ferment malgré vous. Votre chandelle est près de s'éteindre, je vous souhaite donc une bonne nuit. — Que chiffonnez-vous dans votre main ? — C'est un morceau du papier inutile que je chiffonne, quand je n'ai rien à faire. J'ai l'habitude de chiffonner quelque chose dans mes mains ; je sais bien que c'est ridicule. Mais c'est si difficile de se défaire de ses mauvaises habitudes. C'est une habitude plutôt inutile que mauvaise ; il y en a tant d'autres qui sont pires ; par exemple de se balancer sur sa chaise, de tenir constamment les mains dans les poches de son pantalon, ou ses coudes sur la table, de mâcher du papier, de fouiller dans son nez ou de ronger ses ongles ; et ces habitudes prennent tellement le dessus qu'on ne peut plus s'en défaire. — Le temps est très mauvais ; on ne peut ni se promener ni courir, et, comme je n'ai guère envie de travailler, contez-moi quelque chose pour me divertir. — Vous vous adressez mal ; je ne suis guère en humeur de débiter des contes. — Alors, je vous déclare qu'en me refusant la chose que je vous demande, vous êtes peu poli et que vous faites mal les honneurs de chez vous. — On offre ce qu'on a ; si, en place des contes que vous exigez et que je ne peux pas vous offrir, vous vouliez accepter une tasse de thé, vous me feriez un grand plaisir. — Je l'accepterais volontiers si j'avais le temps d'attendre que votre thé soit fait. — Vous n'attendrez pas longtemps. L'eau bout, je mets du thé dans la théière, je verse seulement de l'eau bouillante et tout est fini. — Alors le thé sera trop chaud et je serai forcé de souffler une demi-heure, ou je m'échauderai et je serai malade. — Maintenant je vois que vous êtes de mauvaise volonté

ou plutôt que vous voulez absolument me quitter ; je ne vous retiens plus ; partez à la grâce de Dieu et revenez une autre fois plus aimable. — Il faut bien que je parte puisque vous me mettez à la porte. — Quant à cela, c'est trop fort. — Vous voulez toujours avoir raison, et vous êtes querelleur et taquin ; faites ce que vous voulez, je ne vous adresserai plus un mot.

3. Y a-t-il longtemps que vous n'avez pas reçu de nouvelles de votre famille ? — Ordinairement, j'en reçois tous les huit jours ; mais voici quelque temps qu'elle me néglige. — Mais si vous n'avez pas répondu à leur dernière lettre, ce n'est pas leur faute. — Bien au contraire ; j'ai répondu courrier par courrier ; j'ai l'habitude de répondre chaque fois qu'ils m'écrivent. Leur silence m'inquiète, et je crains qu'il ne leur soit arrivé un accident. Dans ma prochaine lettre, je ne manquerai pas de leur écrire quelques mots à votre sujet, ce qui leur fera un grand plaisir. — Vous croyez donc qu'ils s'intéressent tant à moi. — Sans doute, ils vous aiment comme si vous étiez de la famille, et pendant mon dernier séjour chez eux, il s'est passé rarement une journée sans qu'il fût question de vous. — Qu'est-ce que vous avez ramassé par terre ? — J'ai ramassé une pièce de dix sous que j'ai aperçue de loin. — Vous avez une chance particulière ; chaque fois que vous sortez, vous trouvez quelque chose. Je vous vois à chaque instant ramasser quelque objet. Je crois que vous ferez bien de quitter toutes vos occupations et de ne faire que vous promener ; vous ferez bientôt fortune sans travailler. — Qu'avez-vous eu les jours passés ? Vous n'êtes pas venu chez nous ; dans votre maison le concierge répondait que vous étiez absent, et vous avez l'air tout fatigué. Vous étiez sans doute en voyage ? — J'étais bien loin d'être en voyage ; j'étais souffrant et, pour ne pas être importuné, le concierge disait aux visiteurs qu'il ne connaissait pas, que je n'étais pas chez moi ; j'étais tellement brisé par la douleur que j'avais peine à me traîner du lit à la cheminée. — En ce cas, je vous plains et vous excuse. — Avez-vous vu mon frère ? — Je ne me souviens pas de l'avoir vu. — Mais ma femme m'a dit qu'il était venu plusieurs fois. — Il paraît que nous nous sommes croisés et qu'il est venu me chercher à huit heures. On dit même qu'il a été impatienté et fâché ; et il a prié ma femme de vous dire qu'il était allé au spectacle, et qu'il vous attendait. Il fallait donc y aller le trouver. — Est-ce que vous allez souvent au spectacle ? — Très souvent ; la semaine dernière j'y suis allé quatre fois, j'y étais hier et j'irai encore demain. — Quelle pièce a-t-on donnée hier ? — On a joué un drame intitulé « La vie d'un joueur » ;

cette pièce a fait un grand effet; tous les spectateurs en étaient émus ; j'ai vu même des dames qui pleuraient. — Y avait-il beaucoup de monde au théâtre ? — Tous ceux que vous connaissez y étaient ; notre voisin et la voisine avec leurs quatre enfants, le docteur avec toute sa famille; mon beau-père, ma nièce avec sa gouvernante, la moitié des officiers de la garnison; j'ai vu même des prêtres et une foule de monde dont je ne me souviens plus ou que je connais seulement de vue.

THÈME XXXIX.

L'aîné, starszy;
l'Assomption, Wniebowzięcie;
bourdonner, szumieć;
le bureau, biuro;
le cadet, młodszy;
la carafe, flaszka;
la dépense, wydatek;
l'écuyer, giermek;
l'éducation, wychowanie;
l'équitation, jazda konna;
forcer, zmusić;
le gain, zarobek;
le houblon, chmiel;
l'hydromel, miód (do picia);

le madère, madera;
la maladie, choroba;
le médicament, lekarstwo;
la minute, minuta;
la paroisse, parafia;
rattraper, dogonić;
la redingote, surdut;
régaler, częstować;
remplacer, zastąpić;
ressembler, być podobnym;
rétablir, wyzdrowieć;
la route, droga;
le sermon, kazanie;
survivre, przeżyć;
les vacances, wakacje;
les vêpres, nieszpory;
la voiture, powóz.

(*Marid, le* 6 *Février* 18.., *à* 10 *heures et quart du matin.*)

1. Allez donc voir si le domestique a fait ma chambre ? Pas encore ; il est en train de l'arranger et de faire le lit ; ensuite il allumera votre feu et préparera votre déjeuner. — Où avez-vous passé la semaine dernière ? On ne vous a pas vu à l'école. — J'étais chez mes parents, de l'autre côté de Paris, et je vous assure que je ne me suis pas ennuyé. — Pourquoi n'êtes-vous pas resté à la maison tout à fait ? — Je suis revenu pour me mettre au courant des travaux qu'on a pu faire pendant mon absence ; parce que le repos, si agréable qu'il soit, fatigue à la fin, et on n'est pas fait en ce monde seulement pour se reposer. — Etiez-vous hier à l'église ? — J'étais hier à l'église de l'Assomption où j'ai entendu un bon sermon. — Et vous allez souvent à l'église ? — J'y allais dans le temps, quand j'habitais plus près. Maintenant j'y vais à peine une fois par mois ; mais en revanche je vais chaque jour à l'église de ma paroisse, quelquefois même je vais aux vêpres. — Le tailleur vous a-t-il fait votre gilet qu'il avait promis pour lundi ? Il ne l'a pas fait, quoique une semaine soit déjà passée depuis ; il travaille très bien, mais il ne tient as parole. — L'année passée j'ai attendu deux mois une

redingote. — Je connaissais un élève qui avait l'air de travailler toujours, mais qui n'avait jamais appris ses leçons, ni fait ses devoirs ; les autres étudiaient moins que lui, et savaient leur leçon.

2. De quelle bouteille avez-vous versé ce vin ? — Je l'ai versé de la mienne ; j'ai l'habitude de verser toujours de ma bouteille, si je veux régaler quelqu'un. — Mon frère cadet prenait des leçons d'équitation chez un écuyer anglais. Il en a pris une vingtaine et il se tient à cheval comme s'il y était cloué. — Dites-moi qui a acheté son cheval gris, qui était si bon à la course ? — Un colonel a voulu l'acheter ; mais il ne l'a pas acheté parce qu'il le trouvait trop cher. — Une petite fille mettait longtemps pour écrire une petite lettre et ne pouvait l'achever ; son frère aîné vit son embarras et l'écrivit en cinq minutes. — J'ai connu deux sœurs qui avaient une maison d'éducation de demoiselles ; on les voyait toujours ensemble, et, lorsqu'elles furent forcées de se quitter, elles s'écrivaient toutes les semaines ; quand l'aînée est morte à la suite d'une maladie de poitrine, la plus jeune lui a survécu seulement un mois. — Avez-vous jamais bu de l'hydromel ? — Je n'en ai jamais bu, mais il me semble, que l'autre jour, quand vous étiez chez nous, vous en avez goûté un peu et que vous l'avez trouvé trop fort. — Comment ! c'était de l'hydromel ? Et moi qui le prenais pour du vin de madère. — La vérité est que l'hydromel, quand il est vieux, ressemble tout à fait au vin de Madère. — Avec quoi fait-on de l'hydromel ? — On le fait avec du miel et du houblon.

3. Avez-vous remis l'argent au pharmacien ? — Je lui ai donné vingt-cinq francs pour les médicaments que j'avais pris pendant la maladie de ma famille. — Est-ce que le voisin vous a prêté de l'argent ? — Comment voulez-vous qu'il m'en prête ? Au contraire, c'est lui qui m'en a emprunté, et il n'en a pas encore assez pour toutes ses dépenses. — Avez-vous connu les mêmes élèves que moi ? — J'ai connu les mêmes et encore d'autres, puisque je suis à l'école depuis plus longtemps que vous. — Avez-vous gagné beaucoup d'argent cette semaine ? — J'ai gagné pas mal d'argent, mais j'en ai reçu très peu ; pas même la moitié de mon gain. — M'avez-vous apporté le livre que vous m'avez emprunté le mois passé ? — Je l'ai oublié ; je l'oublie toujours en sortant, et c'est seulement en route que je me le rappelle. — Est-il vrai que votre frère a voulu acheter une maison ? — Il voulait en acheter une, mais elle était trop chère pour lui. — Parliez-vous belge quand vous étiez en vacances à Bruxelles ? — Je ne

pouvais pas parler belge, parce que la langue belge n'existe pas ; les Belges parlent français. — A qui est cette voiture ? — Elle est au vieux marchand anglais, dont vous avez vu les fils chez moi. — Votre frère est-il tombé malade, qu'on ne l'a pas vu dans son bureau ? — Il est tombé malade, et c'est moi qui le remplace jusqu'à ce qu'il soit rétabli. — Pourquoi n'avez-vous presque rien mangé hier ? — J'ai mangé peu, parce que je n'avais pas grand'faim. J'avais un mauvais goût dans la bouche, la tête me tournait, je ne voyais pas clair, j'avais des bourdonnements dans les oreilles ; mais en revanche j'ai bu comme quatre, parce que j'étais très altéré ; j'ai vidé à chaque repas la carafe entière, je prenais encore celle de mes voisins.

Leçon XXVI (Dwudziesta szósta Lekcya).

DU PLUS-QUE-PARFAIT (O CZASIE ZAPRZESZŁYM)

Le plus-que-parfait d'un verbe se forme du passé de ce verbe, à l'aide du passé du verbe auxiliaire *być*.

On conjugue ces deux passés de telle sorte que l'un change à toutes les personnes, et l'autre reste à la troisième personne du nombre et du genre respectifs :

zrobiłem był — zrobiłam była — zrobiłom było
zrobiłeś był — zrobiłaś była — zrobiłoś było
zrobił był — zrobiła była — zrobiło było

zrobiliśmy byli — zrobiłyśmy były
zrobiliście byli — zrobiłyście były
Zrobili byli — zrobiły były ; *ou* :

byłem zrobił — byłam zrobiła — byłom zrobiło
byłeś zrobił — byłaś zrobiła — byłoś zrobiło
był zrobił — była zrobiła — było zrobiło

byliśmy zrobili — byłyśmy zrobiły
byliście zrobili — byłyście zrobiły
byli zrobili — były zrobiły.

Le plus-que-parfait s'emploie dans les trois formes selon la certitude avec laquelle on énonce l'action au plus-que-parfait. Mais en général, l'emploi du plus-que-parfait est restreint en polonais ; on le remplace par le passé de la forme parfaite, quelquefois par le passé de la forme imparfaite et rarement par le passé fréquentatif ;

cela arrive quand le plus-que-parfait français est précédé de l'adverbe *souvent* :

J'avais déjà fini la lettre, lorsqu'on vint la réclamer.	Jużem był (skończył) napisał list gdy przyszli upomnieć się o niego.
J'écrivais ma lettre, lorsqu'il entra dans ma chambre.	Pisałem był właśnie list gdy wszedł do mego pokoju.
J'avais souvent écrit des lettres qui n'arrivaient pas à leur destination.	Pisywałem był listy które niedochodziły swego przeznaczenia.

On répond à la question : quelle heure est-il ? *która godzina* ? par les nombres ordinaux, au nominatif du genre féminin, en accordant le nombre avec le substantif *godzina*, qui est sous-entendu :

Il est une heure,	Pierwsza,
Il est trois heures,	Trzecia,
Il est sept heures,	Siódma,
Il est midi,	Dwunasta *ou* południe,
Il est minuit,	Dwunasta *ou* północ.

Pour exprimer les demi-heures on emploie le mot *pół*, suivi de la préposition *do*, avec le génitif et on prend le nombre ordinal de l'heure suivante :

Il est deux heures et demie,	Jest wpół do trzeciej,
Il est midi et demi,	Jest wpół do pierwszej,
Un quart d'heure,	Kwadrans,
Une minute,	Minuta,
Une seconde,	Sekunda.

Pour exprimer les fractions qui suivent une heure quelconque, on met, après le mot où les mots qui marquent ces fractions, la préposition *na*, suivie du nombre ordinal de l'heure suivante, mis à l'accusatif :

Il est une heure et un quart,	Kwadrans na drugą,
Il est deux heures sept minutes,	Siedm minut na trzecią,
Il est quatre heures moins un quart.	Trzy kwadranse na czwartą.

Si la différence est seulement de quelques minutes pour atteindre l'heure suivante, au lieu de *na*, on met la préposition *do*, pour marquer le temps avant l'heure devant sonner et la préposition *po* pour marquer le temps après l'heure passée :

Il est une heure moins cinq,	Pięć minut do pierwszej,
Il est une heure cinq.	Pieć minut po pierwszej.

La réponse à la question : à quelle heure ? *o której godzinie* ? se rend par les nombres ordinaux précédés de la préposition *o*, avec le locatif. Mais les fractions d'heure restent invariables :

A cinq heures,	O piątej,
A midi,	O południu *ou* w południe,
A six heures dix minutes,	O szóstej i dziesięć minut,
A une heure et demie.	O wpól do drugiej.

Le verbe imparfait *iść*, aller, a pour forme définie *pójść*, et comme fréquentative, *chodzić*.

Le verbe imparfait *jechać*, aller en voiture, a la forme définie : *pojechać* ; fréquentative : *jeździć*.

Le verbe imparfait *jechać konno*, aller à cheval, fait à sa forme définie : *pojechać konno* ; fréquentative : *jeździć konno*.

Le verbe parfait *przyjść*, venir à pied, a pour forme fréquentative : *przychodzić*.

Le verbe parfait *przyjechać*, venir en voiture, a pour forme fréquentative : *przyjeżdżać*.

Le verbe parfait *odejść*, partir, a pour forme fréquentative : *odchodzić*.

Le verbe parfait *odjechać*, partir soit en voiture, soit à cheval, a pour forme fréquentative : *odjeżdżać*.

Le verbe parfait *wyjść*, sortir, a pour forme fréquentative : *wychodzić*.

Le verbe parfait *wyjechać*, sortir (partir) soit en voiture, soit à cheval, a pour forme fréquentative : *wyjeżdżac*.

Le verbe imparfait *nieść*, porter, a pour forme définie : *zanieść* ; fréquentative : *zanosić*.

Le verbe imparfait *wieźć*, porter, en voiture ou à cheval, a pour forme définie : *zawieźć* ; fréquentative : *wozić*, *zawozić*.

Le verbe parfait *przynieść*, apporter à pied, a pour forme fréquentative : *przynosić*.

Le verbe parfait *przywieźć*, apporter en voiture, a pour forme fréquentative : *przywozić*.

Le verbe parfait *odnieść*, rapporter, a pour forme fréquentative : *odnosić*.

Le verbe parfait *odwieźć*, rapporter en voiture ou à cheval, a pour forme fréquentative : *odwozić*.

Le verbe imparfait *wieść*, mener, a pour forme définie : *zawieść* ; fréquentative : *wodzić* (mener quelqu'un par le bout du nez — wodzić kogoś za nos).

Le verbe *faire* suivi de l'infinitif d'un autre verbe se traduit par *kazać* suivi de l'infinitif du verbe qui désigne l'action :

Faire faire du feu,	Kazać rozpalić ogień,
Faire faire la cuisine,	Kazać ugotować jedzenie,
Faire faire la chambre,	Kazać uprzątnąć pokój,
Faire faire le lit.	Kazać posłać łóżko.

Quelquefois le verbe *faire*, suivi d'un infinitif en français se traduit en polonais par *dać*, suivi de l'infinitif ou de la préposition *do* gouvernant le génitif du nom formé par le verbe :

Il a fait raccommoder sa montre.	Dał naprawić swój zegarek, *ou* Dał swój zegarek do naprawy.
Il ne se laissera pas faire du tort.	Nie da się skrzywdzić.
J'ai quelque chose à te dire.	Mam ci coś powiedzieć, *ou* Mam ci coś do powiedzenia.

THÈME XL.

L'affaire, sprawa;
l'Afrique, Afryka;
l'allée, aleja;
l'almanach, kalendarz;
les Antilles, Antylle;
les antiquités, starożytności;
apprécier, oceniać;
l'Autriche, Austrya;
avoir raison, mieć słuszność;
balayer, zamiatać;
la baleine, wieloryb;
le ballot, paka;
le beau temps, pogoda;
la bibliothèque, biblioteka;
la Bretagne, Brytania;
la caisse, pudło;
le cas, przypadek;
la cave, piwnica;
certainement, niezawodnie;
la Chine, Chiny;
le continent, ląd stały;
continuellement, zawsze;
le convoi, konwój;
le couvent, klasztor;
éloigner, oddalić;
emprunter, pożyczyć;
engloutir, pochłonąć;
envoyer, posłać;
les épices, korzenie;
fixe, stały;
la fluxion, zapalenie;
glacial, lodowaty;
le grenier, śpichlerz;
habiller, ubierać;
le hareng, śledź;
l'ignorant, nieuk;
l'instrument à corde, instrument rżnięty;
le jardin des plantes, ogród botaniczny;
jaune, żółty;
leste, zwinny;
lestement, zwinnie;
une lieue, mila;
la livraison, zeszyt;
le logement, mieszkanie;
louer, nająć;
le luxe, zbytek;
la marchandise, towar;
le marin, marynarz;
la mémoire, pamięć;
le meunier, młynarz;
moudre, mleć;
le moulin, młyn;
la musique, muzyka;
le nord, północ;
la nuit, noc;
l'océan, ocean;
le parfum, zapach;
le pauvre, biedny;
la peau, skóra;
la pêche, połów;
préciser, oznaczyć dokładnie;
la précision, dokładność;
près, blisko, przy;
probablement, prawdopodobnie;
rapporter, odnieść;
le relieur, introligator;
le repas, jedzenie;
à plusieurs reprises, kilkakrotnie;
retirer, wydobyć, usuwać;
la ruine, ruina;
le sable, piasek;
la seconde, sekunda;
signifier, znaczyć;
le tort, krzywda;
le tremblement de terre, trzęsienie ziemi;
la petite vérole, ospa;
voler, kraść;

(*Lundi, le* 13 *Mars, à* 6 *heures moins cinq minutes du matin.*)

1. Où votre domestique porte-t-il cette lettre? — Il en porte trois: une chez le banquier, l'autre chez ma sœur qui est au couvent et la troisième à la poste. — Je croyais qu'il les avait portées hier. — Sans doute il les a portées aujourd'hui; il les a même portées de grand matin. — Comment, il court donc continuellement avec des lettres? — Je l'envoie ordinairement, quand il a déjà terminé toutes ses occupations domestiques; mais, quand il y a des lettres très pressées, il va à la poste aussitôt qu'il se lève. — Pourquoi écrivez-vous tant de lettres? — J'ai une foule de connaissances, d'amis, qui sont éloignés, beaucoup d'affaires d'argent, des personnes pour lesquelles je fais des commissions ou des emplettes; tout cela m'oblige

à écrire quelquefois une quinzaine de lettres par jour. — Avez-vous déjà rapporté au cabinet de lecture des livres que vous avez empruntés samedi ? — Je les ai déjà rapportés, et à leur place j'ai pris quatre volumes de mémoires et trois almanachs, sans compter les livres que j'ai achetés chez le libraire et les livraisons qu'on m'apporte chaque semaine. — Si vous vous mettez à ramasser tant de livres, vous aurez bientôt une bibliothèque et il faudra louer un logement exprès pour vos livres. —Qu'est-ce que votre oncle vous a rapporté de son voyage en Afrique ? — Il ne m'a pas apporté beaucoup de choses ; d'abord parce qu'il a voyagé en grande partie sur le continent et à pied ; puis il est tombé malade à plusieurs reprises, de sorte qu'il est revenu plus pauvre qu'il ne l'était en partant. Il m'avait promis de m'apporter du sable d'or, des dents d'éléphant, des peaux de lion, Dieu sait quoi ! et pour tout souvenir de voyage, il a une canne à sucre et quelques petits sacs avec des épices. — Pourquoi est-il devenu si pauvre ? — Il dit qu'il a été volé plusieurs fois ; on lui avait pris ses caisses et ses ballots, et, comme je vous le disais, il a été malade plusieurs fois. — De quelle maladie ? — Ce fut d'abord la fièvre jaune, puis la petite vérole et à la fin une fluxion de poitrine. — Il est heureux d'avoir échappé à ces maladies.

2. Vous sortez ?—Je vais sortir parce qu'il fait beau temps. — Allez-vous bien loin ? — Je vais jusqu'au Jardin des Plantes. — Voulez-vous que j'aille avec vous ? — Certainement, mais habillez-vous vite et préparez-vous à marcher lestement, car il faut que nous soyons de retour avant midi. — Où est allé votre fils aîné qui est marin ? — Il est parti pour Drontheim en Norvège pour la pêche aux baleines, et de là il passera sur les côtes du Danemark, pour prendre part à la pêche aux harengs. — On pêche les baleines probablement plus tôt pour les empêcher de manger les harengs ? — On voit que vous êtes bien ignorant sur les affaires de la pêche de mer. On pêche la baleine plus tôt, parce qu'au nord, le froid arrive plus vite et que les harengs arrivent plus tard dans les pays moins froids, parce qu'ils se retirent de l'Océan glacial. —Quelles marchandises importe-t-on de la Grande-Bretagne en France ? — On importe des objets d'acier et des denrées coloniales comme le thé de la Chine, le sucre des Antilles, et des draps. — Et qu'est-ce qu'on exporte de France en Angleterre ? — On exporte des vins, des fruits, des étoffes de soie, des parfums, et d'autres objets de luxe. — Et qu'est-ce qu'on importe d'Italie ? — On importe des instruments de musique, surtout des instruments à cordes, des antiquités ramassées dans les ruines ou retirées des

villes qui ont été englouties dans le temps par des tremblements de terre, comme Herculanum et Pompéi, près de Naples. — Est-ce que le meunier a déjà moulu le blé que vous lui avez envoyé à moudre? — Pas encore; il donne pour excuse que le temps est trop sec et qu'il n'y a pas assez d'eau, de sorte que son moulin ne peut pas moudre; et puis dans le moulin c'est l'habitude de moudre d'abord le blé du premier arrivant; de là le proverbe: « Le premier arrivé moud son blé le premier ».— Et pourquoi n'envoyez-vous pas votre blé au moulin à vent? — Parce qu'il est éloigné d'une lieue et demie.

3. Quand partez-vous pour Posen? — Ce n'est pas à Posen que je vais, c'est à Léopol. — Cependant il me semble que ces deux villes sont tout près l'une de l'autre, puisque l'Autriche et la Prusse se touchent. — La France et l'Italie aussi, cependant Brest et Palerme sont un peu éloignées l'une de l'autre. — C'est pourtant vrai que ces deux villes sont distantes de 500 lieues peut-être. — Et de combien Posen est-il éloigné de Léopol? — De Posen à Léopol il y a 90 milles polonais ou 150 lieues. — Avez-vous déjà balayé la chambre? — Pas encore, mais justement je la balaye. — Vous me faites attendre trop longtemps et je vous trouve bien lent. — S'il vous fallait balayer toute la maison depuis le grenier jusqu'à la cave et puis la cour et les allées du jardin, je ne sais pas si vous seriez plus leste. — Tu as raison et c'est moi qui avais tort de mal apprécier ton travail. — Quelle heure est-il? — Il n'est pas tard, il est à peu près dix heures. — Mais votre réponse ne signifie rien; pourquoi ne voulez-vous pas me dire l'heure juste? — Eh bien! il est dix heures moins un quart, plus trois minutes et deux secondes. — On ne peut pas être plus précis. — Mais pourquoi demandez-vous l'heure avec tant de précision? — Parce que je veux savoir si j'ai assez de temps pour aller à la ville et en revenir et ne pas manquer l'heure du départ du train du chemin de fer du Nord. — Pourquoi l'heure du départ vous inquiète-t-elle? — Parce que je voudrais avoir le plaisir de vous reconduire, puisque vous partez aujourd'hui. — Le départ est à midi cinq minutes, mais il faut y être cinq minutes avant midi. — Dans ce cas, j'ai assez de temps; il me reste deux heures et 10 minutes; je peux disposer de deux heures et 10 minutes. — A quelle heure prenez-vous vos repas? — Je n'ai pas d'heures fixes; je mange quand j'ai faim; mais chez mes parents, on prend le café à huit heures, on déjeune à 11 heures et 37 minutes, parce que c'est l'heure du départ de mon père pour son bureau; à cinq heures moins quelques minutes

on se met à table pour dîner et l'on soupe très tard, quelquefois vers dix heures.

Leçon XXVII (Dwudziesta siódma Lekcya).

DU TEMPS FUTUR (O CZASIE PRZYSZŁYM)

Le futur se forme de deux manières :

1° Pour les verbes imparfaits et fréquentatifs, à l'aide du verbe auxiliaire *być*, et de la troisième personne du passé du verbe dont on veut former le futur :

J'aimerai, będę kochał
tu aimeras, będziesz kochał
il aimera, będzie kochał, etc.

Il y a aussi une autre manière, quoique rarement usitée, de former le futur des verbes imparfaits et fréquentatifs de l'infinitif du verbe conjugué et du futur du verbe ***być*** qui doit être placé le dernier de la phrase :

kochać będę, kochać będziesz, etc.

2° Le futur des verbes parfaits n'est pas autre chose que le présent du même verbe dans sa forme imparfaite; mais la particule précédant le présent du verbe imparfait le rend en même temps parfait et le change en futur :

czytam, je lis ; *prze*czytam, je lirai.

Les verbes parfaits n'ayant point de forme imparfaite, c'est-à-dire les verbes parfaits de leur nature sans l'aide de particules, forment leur futur d'après les règles de la formation du présent :

kupić, acheter ; kupię, j'achèterai.

Les verbes composés, dérivés du verbe *jąć,* saisir, forment le futur en *imę* :

przyjąć, accepter ; przyjmę, j'accepterai.
wijąć, retirer ; wyjmę, je retirerai.
nająć, louer ; najmę, je louerai.

Le verbe znaleźć, trouver, fait au futur znajdę, je trouverai.

DE L'EMPLOI DES FORMES AU FUTUR

(O UŻYCIU FORM W CZASIE PRZYSZŁYM).

On emploie le futur à la forme imparfaite, pour désigner une action dont la durée et l'accomplissement sont incertains. Pour désigner l'accomplissement ou le but d'une action certaine, on emploie la forme parfaite :

Qu'est-ce que vous ferez ce matin avant le déjeuner ?	Co będziecie robić dziś rano przed śniadaniem ?
Nous apprendrons le polonais, nous apprendrons la 12e leçon.	Będziemy uczyć się języka polskiego, nauczymy się lekcyi dwunastej.

Chaque fois qu'on énonce une action faite avec certitude, ou quand on désigne la durée, le commencement, la fin ou le but d'une action, on se sert toujours de la forme parfaite.

Le futur antérieur français se rend ordinairement par le futur de la forme parfaite en polonais :

Quand j'aurai fait.	Jak zrobię.

Mais ce futur de la forme parfaite ne se traduit pas toujours par le futur antérieur en français :

Jutro pójdę do teatru.	J'irai au théâtre demain.

Le futur de la forme fréquentative est employé pour exprimer une action répétée ou dont l'accomplissement exige un certain temps ; mais l'emploi de cette forme est rare au futur ; on s'en sert dans les verbes qui n'ont pas de forme imparfaite, et pour exprimer une action ne pouvant pas être rendue par la forme parfaite.

Les verbes qui marquent un mouvement ne sont jamais employés au futur de la forme imparfaite, parce que le but du mouvement est exprimé ou sous-entendu ; c'est pourquoi on ne dit pas : *będę szedł, będę jechał*, mais *pójdę, pojadę.*

Cependant si le mouvement doit être fréquentatif ou énoncé d'une manière très incertaine, on remplace la forme imparfaite par la forme fréquentative :

Quand je m'éloignerai de vous, je vous écrirai des lettres.	Kiedy się od was oddalę, będę do was często pisywał listy.

La conjonction *si*, suivie du présent en français, se traduit par *jeśli* ou *jeżeli* avec le futur, et la seconde moitié de la phrase commence par la conjonction *to* :

Si vous travaillez bien, vous apprendrez vite cette leçon.	Jeżli będziecie dobrze pracować, *to* nauczycie się prędko tej lekcyi.

Quand se rend par *jak* ou *gdy*, lorsqu'il n'est pas interrogatif, mais conjonctif :

Quand vous aurez fini votre thème, vous le mettrez au propre.	Jak ukończycie swoje zadanie, to przepiszecie je na czysto.

THÈME XLI.

L'antichambre, przedpokój;
l'armoire, szafa;
l'arrondissement, obwód, cyrkuł;
l'article, artykuł, szczegół;
assurer, utwierdzić, ubezpieczyć;
l'avenir, przyszłość;
la boîte, pudło;
la borne, granica;
la cannelle, cynamon;
central, główny, centralny;
la chaleur upał, ciepło;
la Champagne, Szampania;
le champagne, szampańskie wino;
choisir, wybierać;
commander, rozkazywać;
la commode, komoda;
confier, powierzyć;
copier, przepisać;
la cravate, krawat;
creux, głęboki;
décacheter, odpieczętować;
demain, jutro;
désigner, przeznaczyć;
la destination, przeznaczenie;
difficile, trudny;
le dos, grzbiet, plecy;
drôle, śmieszny;
entier, cały;
l'épicier, kupiec korzenny;
l'état, stan;
évident, widoczny;
exact, dokładny;
expédier, wysłać;
le facteur, listowy;
le faïencier, fabrykant fajansów;
le fardeau, ciężar;
le florin, złoty;
le gâteau, ciastko;
le jambon, szynka;
le linge, bielizna;
le magasin, sklep, magazyn;
obliger, przymusić;
ôter, zdjąć;
le paquet, paczka;
la pâtisserie, piekarnia ciastek;
le pâtissier, pasztetnik;
peser, ważyć;
plat, płaski;
le raisin, winogrono;
régler, liniować;
la réponse, odpowiedź;
restituer, zwrócić;
le saladier, salaterka;
serrer, chować, ścisnąć;
la soucoupe, spodek;
la soupière, waza;
susceptible, drażliwy.

(*Vendredi, le* 20 *Avril* 18.., 6 *h.* 10 *minutes du matin.*)

1. Tu seras assez bon, mon fils, pour me faire quelques commissions. Demain matin aussitôt que tu auras déjeuné,

tu demanderas de l'argent à ta mère et tu iras en ville chez le libraire ; tu achèteras du papier réglé, un almanach pour l'année prochaine et quelques crayons ; après quoi, tu te rendras chez le pâtissier : tu achèteras chez lui un gâteau aux fruits, quelques paquets de biscuits et de la petite pâtisserie pour le dessert. En chemin, tu entreras chez un épicier pour choisir un beau pain de sucre, un jambon, quelques livres de raisins secs, de la cannelle, du café et d'autres objets que ta mère commandera. Dans le magasin aux vins, tu achèteras quelques bouteilles de vin de Champagne, et chez le marchand de faïences tu choisiras une soupière pour huit personnes, deux douzaines d'assiettes creuses et autant de plates, deux saladiers et une dizaine de tasses avec des soucoupes. — Je ne manquerai pas de faire tout ce que vous m'avez commandé; mais il faut que je vous demande comment je pourrai apporter tout cela. — Pourquoi donc? — D'abord parce que je suis petit et pas très fort, ensuite parce que les articles sont nombreux, difficiles à prendre ensemble et le fardeau trop grand. — La réponse est juste, mais la demande : comment tout apporter? est bien drôle; est-ce qu'on envoie, jamais, surtout à ton âge, quelqu'un pour apporter quelque chose sur son dos ou sous le bras. Si tu as assez d'argent, tu loueras une voiture dans laquelle tu apporteras tes emplettes. — Jean, vous me direz où vous serrez mes habits, mon linge, mes chaussures ; je ne les trouve nulle part ; je sortirai dans 20 minutes et j'en aurai besoin pour m'habiller. — Mais, monsieur, tout est à sa place; et à l'avenir si je ne suis pas à la maison au moment où vous vous habillerez, vous trouverez votre linge dans la commode ; vous découvrirez vos habits dans l'armoire, vous verrez vos bottes dans l'antichambre ; en un mot, chaque chose à sa place.

2. Croyez-vous que votre frère a déjà lu la lettre que je lui ai envoyée ce matin? — Il la lira seulement ce soir, parce que la lettre n'arrivera qu'assez tard chez lui. — A quoi bon y a-t-il une poste à Paris ? D'ici à l'habitation de votre frère il y a tout au plus 20 minutes. Il faut une journée entière pour que la lettre arrive à sa destination. — La cause est visible; vous mettez votre lettre à la boîte qui est au coin de la rue ; on l'enlèvera et on la portera au bureau de poste dans une heure et demie ; de là votre lettre fera une promenade forcée au bureau central de la poste ; de là on l'expédiera au bureau de l'arrondissement, et là on la confiera au facteur qui la remettra à son tour au concierge. Ainsi elle passera par dix mains différentes, lue, retournée, soupesée ; il n'y a donc rien d'étonnant si elle arrive tard. Vous voyez

alors que mon frère la décachètera et la lira ce soir et qu'il vous répondra seulement demain. — Si vous ne travaillez pas assez pour apprendre quelque chose, et si vous ne travaillez pas, personne ne vous donnera du pain quand vous n'en aurez plus. — J'éspère que tant que je serai bien portant, je gagnerai toujours ma vie en travaillant et que j'économiserai même quelques petites ressources en cas de maladie. — Est-ce que vous avez prêté vos habits à quelqu'un ? — Je ne les ai prêtés à personne ; je ne prêterai jamais mes habits, je les donnerai plutôt. C'est une mauvaise habitude d'emprunter les vêtements d'autrui ; d'abord ils vous iront toujours mal ; ensuite vous les tacherez par accident, et si vous êtes un homme susceptible, vous serez très embarrassé pour les rendre en cet état, ou vous les payerez. — Croyez-vous que votre oncle me prêtera mille florins si je les lui demande? — Peut-être qu'il vous les prêtera, si vous l'assurez d'être exact pour les rendre. Mais si vous ne les restituez pas au moment désigné, il ne vous croira jamais à l'avenir. — Avez-vous déjà fini de copier vos cahiers ? — Je ne les ai pas encore copiés ; quand j'aurai fini, je vous le dirai. — Pourquoi avez-vous ôté votre cravate ? — Je l'aï ôtée parce que j'avais chaud. Quand les chaleurs viendront, je l'ôterai toujours. — Est-ce que vous laisserez votre frère à la maison quand vous irez au spectacle ? — C'est tout le contraire; moi je garderai la maison, et c'est lui qui ira. — Avez-vous entendu ce que le professeur a dit aux élèves ? — Je n'ai pas bien entendu, parce que j'étais occupé à lire un livre. — Eh bien ! je vais vous le dire : Il nous a dit que si jeudi soir nous n'avons pas fini de mettre au propre nos cahiers, nous serons obligés de les écrire vendredi toute la journée. Celui qui ne les aura pas terminés d'ici là sera en faute.

THÈME XLII.

Accepter, przyjąć;
l'artiste, artysta;
atteindre, dosięgnąć;
convalescent, rekonwalescent;
le débiteur, dłużnik;
désormais, odtąd;
distingué, znakomity;
envelopper, obwinąć;
exactement, dokładnie;
frêle, słaby;
grandir, rosnąć;
l'histoire, historya;
informer, uwiadomić;
le jour de l'an, Nowy rok;
le jour de Noël, Boże Narodzenie;
la loi, prawo;
le manteau, płaszcz;
minutieux, drobiazgowy;
mourir, umrzeć;
l'observation, uwaga;
Pâques, Wielkanoc;
le paysage, pejzaż, widok;
la peinture, malarstwo;
la Pentecôte, Zielone Świątki;
la provision, zapas;
solennel, uroczysty;
le tableau, obraz;
la taille, wzrost.

(*Mercredi, le 22 Mai 18.., à 9 h. et demie du matin.*)

1. Viendras-tu dîner chez nous le jour de Noël ? — Sans doute, si tu m'invites. — Mais tu n'as pas besoin d'invitation, tu es invité pour toujours et tu sais d'avance que ta présence fera un grand plaisir à toute la famille. Seulement tu n'oublieras pas, comme cela t'arrive quelquefois, que nous dînons à cinq heures précises. — Qui me prêtera de l'argent ? — Je vous en prêterai volontiers ; j'allais même vous le proposer, mais je ne savais pas si vous accepteriez. De combien avez-vous besoin ? — Il me faudra cent florins. — Où avez-vous mis mon parapluie ? je ne puis le trouver nulle part. — Je l'ai mis dans un coin de la chambre. Si vous cherchez bien, vous le trouverez. — Quand vous aurez mis vos gants et votre manteau, nous sortirons. Mais vous vous envelopperez bien parce qu'il fait très froid ; et vous qui êtes convalescent, vous pourriez tomber malade. — Que dites-vous au domestique ? — Je lui dis que s'il fait soigneusement ma chambre et mon lit, s'il fait deux fois par jour du feu dans ma chambre, je lui donnerai de belles étrennes. — Est-ce que vous sortirez ? — Je sortirai bientôt ; je jouirai du beau temps, parce que je ne suis pas sorti pendant une semaine, et peut-être que je ne sortirai pas d'ici une quinzaine de jours à cause de mes travaux arriérés. — Acceptez-vous une tasse de thé ? — Avec plaisir. Je ne refuse jamais le thé, quand il est bon; et chez vous, il est toujours excellent. — Que fera le cousin de votre propriétaire après midi ? — Il ira au Bois de Boulogne. Je pensais qu'il viendrait chez nous et que nous ferions une partie de cartes. — Depuis la dernière leçon que vous lui avez donnée, je crains qu'il n'évite le jeu. — Etes-vous déjà allé chez votre père ? — Nous n'y sommes pas encore allés, mais nous y irons demain. — Votre ami est-il déjà revenu de sa promenade à cheval ? — Il va revenir d'un moment à l'autre. — Votre fils viendra-t-il chez vous le jour de l'an? car je le vois très rarement à la maison. — Votre observation est juste ; l'année passée il venait tous les jeudis et tous les dimanches; plus tard on lui permettait à peine de venir deux fois par mois ; il dit même que désormais il ne pourra venir qu'une seule fois, parce qu'on travaille beaucoup; mais un jour aussi solennel que le jour de l'an il viendra certainement.

2. Connaissez-vous ce jeune homme qui passe ? — Je le connais ; je le vois très souvent, je l'ai vu hier et je le verrai ce soir. — Qui est-il ? — C'est un artiste distingué; il s'occupe de peinture, il fait de grands tableaux, des paysages et même des portraits d'une ressemblance frap-

pante. Il demeure dans la même rue et dans la même maison que mes amis, et si vous voulez faire connaissance avec lui, je vous présenterai à lui; il vous fera votre portrait. — Est-ce que votre débiteur vous a restitué l'argent qu'il vous doit ? — Il m'en a rendu une partie, en m'assurant qu'il me paierait le mois prochain. — Où irez-vous demain ? — J'irai d'abord à l'église ; ensuite j'entrerai chez mon ancien ami qui est très malade et qui mourra peut-être de cette maladie. Je m'informerai s'il n'a pas besoin de moi ; puis j'achèterai quelques provisions de bouche pour les fêtes qui arrivent dans quelques jours ; je reviendrai alors à la maison et je déposerai mes emplettes, et je passerai le reste de la journée comme à l'ordinaire en travaillant et je me coucherai de bonne heure. — Quel âge avez-vous ? — J'aurai à Pâques 14 ans. — Et moi 13 à la Pentecôte ; donc je suis plus jeune que vous de 13 mois et demi ; cela me console un peu ; parce que je suis bien petit ; j'aurai au moins le temps de vous rattraper. — Certes vous grandirez pendant 13 mois, mais je ne vous attendrai pas non plus et je grandirai aussi. Poussez comme vous voudrez ; il vous sera difficile d'atteindre ma taille. — On m'a dit cependant que l'homme grandit jusqu'à un certain âge, qu'ensuite il s'arrête. Or, vous, étant plus âgé, vous cesserez de grandir, tandis que je continuerai. — A quel âge l'homme cesse-t-il de grandir ? — Il n'y a pas de loi pour cela : les enfants forts qui, dans leur jeune âge, ne grandissent pas, continuent à grandir jusqu'à l'âge de 20 ans, quelquefois plus tard, tandis que les enfants frêles ou qui ont grandi dans leur enfance s'arrêtent à l'âge de 16 ou 19 ans. — Comme vous finirez bientôt ce thème, je ne vous donnerai plus de cahiers. Vous serrerez vos plumes et vous sortirez ensuite ; vous entrerez en classe et vous prendrez part à la leçon d'histoire.

THÈME XLIII.

Le badaud, gap, głupiec;
la barre, drąg;
la bijouterie, jubilerstwo;
borner, ograniczyć;
la capitale, stolica;
le carnaval, karnawał;
le carreau, szyba;
la carte de visite, karta
engraisser, tyć;
l'exercice, ćwiczenie;
la fenêtre, okno;
filer, prząść;
la foule, tłum;
la girouette, chorągiewka;
l'habitant, mieszkaniec;
le Hollandais, Holender;
l'outil, narzędzie;
pittoresque, malowniczy;
le pont, most;
possible, możliwy;
le prix, nagroda;
la propreté, czystość;
la règle, reguła;
respecter, szanować;

se chagriner, martwić się;
le commerce, handel;
le costume, ubiór, strój;
couler, ciec;
délicieux, wyborny;
désœuvré, niezatrudniony;
la difficulté, trudność;
la distribution, rozdawa- [nie;
égarer, błądzić;
l'enfance, dzieciństwo;
le labourage, uprawa roli;
le lac, jezioro;
longtemps, długo;
magnifique, wspaniały;
maladroit, niezręczny;
le motif, powód, przyczy- [na;
la neige, śnieg;
s'occuper, zatrudnić się;
l'opinion, zdanie;
l'orfèvre, złotnik;
piętro, dół;
se souvenir, przypomin sobie;
suffisamment, dostatecznie;
la Suisse, Szwajcarya;
tâcher, starać się;
tricoter, robić pończochy;
vanner, czyścić zboże;
le volet, okiennica;

(*Samedi le* 27 *Juin* 18.., *à* 7 *heures moins* 5 *du matin*).

1. Connaissez-vous bien les capitales de l'Europe ? — Je connais seulement Paris où je suis né, je n'ai eu ni le temps ni les moyens de connaître les autres pays; mais je les connaîtrai quand je voyagerai un jour. Mais je vous adresserai la même question, avez-vous vu beaucoup de pays ? — J'ai pas mal voyagé, mais j'étais si jeune que je me rappelle à peine ce que j'ai vu. — Cependant je n'oublierai jamais l'impression que certains pays et que certaines villes ont faite sur moi. Ainsi je me souviendrai toujours de la vue magnifique de Constantinople; je me rappellerai toujours la propreté et la richesse des villes hollandaises; je dessinerais encore aujourd'hui les paysages pittoresques et les bords des lacs de la Suisse. — Vous avez une bonne mémoire ; moi, je ne pourrais pas me rappeler ce que j'ai vu dans mon enfance. — Iras-tu en vacances cette année ? — Je l'espère et je le désire. Mes parents m'ont écrit dans leur dernière lettre que si je les assure que j'aurai au moins deux prix, ils viendront à la distribution et qu'ils m'emmèneront pour deux mois. Dans ce cas, j'irai voir les bords de la mer et je passerai des vacances délicieuses. — Je voudrais savoir pourquoi je parle avec tant de difficulté le polonais. — Pourtant c'est très facile à comprendre ; vous le parlerez mieux quand vous causerez plus souvent dans cette langue, quand vous écrirez des lettres et quand vous lirez des livres; si vous vous bornez à apprendre les règles et si vous ne faites pas d'autres exercices que les thèmes, vous comprendrez votre langue, mais vous ne l'apprendrez jamais suffisamment ; celui qui ne tâche pas de savoir, n'apprendra jamais rien, celui qui ne s'exerce pas dans ce qu'il a appris, sera toujours maladroit. — Celui qui ne sème pas ne récoltera jamais. — Qu'est-ce que vous cherchez si longtemps ? — Je cherche une plume et mes cahiers qui se sont égarés quelque part.

2. Comment passerez-vous le jour de l'an ? — Je tâcherai de le passer le mieux possible : je ferai des visites aux parents et aux amis, j'écrirai des cartes de visite pour mon père, je jouerai avec mes petites sœurs ; je me promènerai s'il fait beau, j'irai peut-être au spectacle, et, si je trouve un bon livre, je passerai une partie de la journée à lire. — Pourquoi appelez-vous cet homme-là une girouette ? — Tout le monde l'appelle ainsi parce qu'il change d'opinion à chaque instant. — Vous verrez que cet homme parviendra toujours ; il sera toujours heureux. — C'est possible, mais il ne sera jamais respecté. — Savez-vous ce qui est arrivé la nuit passée dans notre maison ? Au rez-de-chaussée habite un orfèvre qui s'est retiré du commerce ; or, on a brisé les volets, enlevé un carreau et on lui a pris beaucoup d'argenterie, des montres d'un grand prix et une quantité de bijoux. — Il n'y a rien d'étonnant qu'on l'ait volé ; on sait qu'il est seul à la maison, et on le volera encore, s'il ne prend pas un domestique et s'il ne fait pas mettre des barres de fer aux fenêtres. — Dites-moi, qu'est-ce que les habitants de la campagne feront pendant l'hiver ? Tous leurs travaux terminés, quand la neige couvrira les champs, il ne restera rien à faire dehors. — Ils s'occuperont de leurs maisons, ils battront le blé, ils le vanneront, ils raccommoderont les outils de labourage; leurs femmes fileront, tricoteront, coudront et prépareront les vivres pour tout l'hiver. — Avez-vous retrouvé la bague que vous avez perdue ? — Je ne l'ai pas encore retrouvée parce que je n'ai pas eu le temps de la chercher, mais je la retrouverai, d'abord parce que je la chercherai moi-même, ensuite parce que je promettrai une grande récompense qui vaudra plus que la bague ; alors celui qui la trouvera me l'apportera sans doute. — Que fait cette foule d'hommes sur le pont ? — Ce sont des badauds qui regardent comme l'eau coule. — Lorsque vous aurez habité plus longtemps Paris, vous verrez souvent de pareils spectacles : sans aucun motif, un passant désœuvré s'arrêtera sur le pont et regardera le fleuve, ou au milieu de la route lèvera la tête en l'air ; aussitôt se trouveront des personnes qui se placeront près de lui en faisant la même chose et le pont ou la rue seront à l'instant même encombrés d'hommes qui ne sauront pas pourquoi ils se sont arrêtés. — Avez-vous reçu des nouvelles de votre famille ? — Je viens d'en recevoir. — Comment se porte-t-elle, et que fait-elle là-bas? — C'est toujours la même chose : mon grand-père se plaint du mauvais temps, ce qui ne l'empêche pas de vendre très cher son vin et son blé ; ma grand'mère élève et engraisse des poules ; mon père se chagrine d'avance de la mau-

vaise récolte ; ma mère se prépare à nous recevoir le jour de l'an ; mes sœurs font des costumes pour le carnaval et les domestiques s'occupent chacun de son ouvrage.

Leçon XXVIII (Dwudziesta ósma Lekcya).

DU MODE CONDITIONNEL (O TRYBIE WARUNKOWYM)

On forme le conditionnel de la troisième personne du singulier et du pluriel, de tous les genres du passé de l'indicatif, en ajoutant les terminaisons *bym*, *byś*, *by*, *byśmy*, *byście*, *by* :

Je serais,	byłbym, byłabym, byłobym.
Tu serais,	byłbyś, byłabyś, byłobyś.
Il serait,	byłby, byłaby, byłoby.
Nous serions,	bylibyśmy, byłybyśmy.
Vous seriez,	bylibyście, byłybyście.
Ils seraient,	byliby, byłyby.

Les terminaisons *bym*, *byś*, *by*, *byśmy*, *byście*, *by*, peuvent être détachées du verbe et ajoutées soit au sujet, soit à la conjonction gouvernant le conditionnel, ou à tout autre mot placé avant le verbe dans la phrase :

Je lirais,	czytałbym *ou* jabym czytał.
Tu écrirais,	pisałbys *ou* tybyś pisał.
Elle chanterait,	śpiewałaby *ou* onaby śpiewała.
Comme nous aurions bien ri,	Jakbyśmy się uśmieli, *ou* jak dobrze byśmy się uśmieli.
Ils se sauveraient bien vite,	Ucieklіby prędko, *ou* oniby uciekli prędko, *ou* prędkoby uciekli.

Les verbes au conditionnel sont susceptibles d'être énoncés sous chacune des trois formes, selon la condition plus ou moins définie : *pisałbym*, exprime une action vague, sans but ni limite ; *napisałbym*, exprime la même action d'une manière certaine ; *pisywałbym*, exprime l'action répétée

Le passé du conditionnel se forme aussi du verbe *być*, qu'on met au conditionnel, et du verbe conjugué à la troisième personne du passé.

Ce conditionnel s'emploie à la forme parfaite :

Je serais allé chez vous, si j'avais su que vous étiez de retour.	Byłbym poszedł do Pana, gdybym wiedział żeś Pan powrócił.

Le conditionnel se met après les conjonctions *gdyby*, *jeżeliby* (si), *byleby* (pourvu que), *chybaby* (à moins que).

La terminaison *by* de ces conjonctions désigne le conditionnel. En la retranchant, les conjonctions *gdy*, *jeżeli*, *byle*, *chyba*, peuvent être employées avec un autre temps du verbe. C'est à ces conjonctions aussi qu'on attache les syllabes marquant la terminaison de la personne ou du nombre : *gdybym*, *gdybyśmy*.

La conjontion *si*, suivie de l'imparfait, se rend en polonais par le conditionnel :

Si je savais,	Gdybym wiedział.
Si tu savais,	Gdybyś wiedział.
S'il entendait,	Gdyby słyszał.

Après *chyba*, sans la terminaison *by*, on peut employer le futur ou le présent, comme après la conjonction *jeżeli*, quand le conditionnel est précédé d'une conjonction, et la seconde partie de la phrase commence par *to*, avec la terminaison *bym*, *byś*, *by* :

Si j'avais su que vous m'en donneriez, je n'en aurais pas acheté.	Gdybym wiedział, że mi dasz, tobym nie kupował.

Remarque. — La conjonction française *si*, suivie du présent, se traduit par *jeśli* avec le futur ; et la même conjonction, suivie du passé, se traduit par *gdyby*, ce qui dénote le conditionnel en polonais.

En français, après le passé d'un verbe, le second verbe de la même phrase se met à l'imparfait ; mais, en polonais, après les verbes : *myśleć*, penser, *mówić*, parler, *wierzyć*, croire, *wnosić*, supposer, *wątpić*, douter, *domyślić się*, se douter, le second membre de la phrase se met au présent :

J'ai supposé que vous saviez,	Przypuszałem, że umiesz.
Je vous disais qu'il n'était pas chez lui,	Mówiłem Panu, że nie jest w domu.
Je n'ai jamais pensé qu'ils étaient si malades,	Nie sądziłem nigdy, że są tak chorzy.

Après le passé des verbes nommés plus haut, on remplace le conditionnel français par le futur en polonais :

J'espérais qu'il viendrait, Spodziewałem się, że przyjdzie.

DU MODE SUBJONCTIF (O TRYBIE ŁĄCZĄCYM)

Le subjonctif en polonais ressemble au conditionnel avec la différence que la particule *by* n'est jointe ni au verbe, ni à aucun mot de la phrase, mais à la conjonction :

Que je dise, żebym powiedział.
Que nous allions, żebyśmy poszli.

Par conséquent le sujet doit être précédé d'une conjonction quelconque (*by*, *żeby*, *aby*, *iżby*), qui se traduit par *que*. Il faut remarquer que ces conjonctions, sans la particule *by*, s'emploient avec l'indicatif, car en polonais c'est le sens de la phrase qui exige le subjonctif, et non pas les conjonctions qui le gouvernent.

On emploie le subjonctif en polonais :

1° Après le verbe marquant : la volonté, *chęć* ; le doute, *wątpliwość* ; l'ordre, *rozkaz* ; la méfiance, *niedowierzanie* ; le désir, *życzenie* ; l'intention, *zamiar*.

2° Après les verbes négatifs :

Je désire vous voir heureux,	Pragnę, żebyś był szczęśliwym.
Je lui ordonnai d'apporter de l'eau,	Kazałem mu, aby przyniosł wody.
Je ne crois pas qu'il arrive aujourd'hui.	Nie sądzę aby przyszedł dzisiaj.

Le subjonctif, en polonais, n'a qu'un seul temps qui remplace le présent et le passé :

Je veux qu'il fasse cela, Chcę, aby to zrobił.
J'ai voulu qu'il fît cela, Chciałem, żeby to zrobił.

DU MODE OPTATIF (O TRYBIE ŻYCZĄCYM)

L'optatif diffère du subjonctif par les conjonctions dont il est précédé ; ce sont : *oby*, *bodajby* (qui est une contraction de : *Bóg daj by*) pouvant se traduire en français par *que* ou *puisse*.

Ce mode est employé pour marquer un souhait :

Que Dieu vous bénisse, Bodajby cię Bóg błogosławił.
Puisse-t-il vivre heureux ! Oby żył szczęśliwy !

THÈME. XLIV.

L'acheteur, kupiec;
l'adoption, przybranie;
l'Allemagne, Niemcy;
l'Amérique, Ameryka;
l'automne, jesień;
bénir, błogosławić;
complimenter, winszować;
comptant, gotowy;
considérable, znaczny;
le défunt, zmarły;
le détail, szczegół;
le diable, djábeł, szatan;
directement, wprost;
le droit, prawo;
durer, trwać;
s'embarquer, wsiąść na okręt;
l'erreur, błąd;
l'escroc, oszust;
explorer, zwiedzać;
l'extrémité, koniec;
féliciter, winszować;
glorieux, sławny;
l'héritage, dziedzictwo;
l'horreur, przerażenie;
impayable, nieocceniony;
l'importance, ważność;
l'instance, naleganie;
involontairement, mimowolnie;
le ladre, skąpy, sknera;
légal, prawny;
le lieu, miejsce;
mêler, mięszać;
le monument, pomnik;
la naissance, urodzenie;
le numéraire, moneta brzęcząca;
la parenté, pokrewieństwo;
le passeport, paszport;
praticable, możebny;
le préparatif, przygotowanie;
présumer, wnosić;
la preuve, dowód;
procurer, wystarać się;
recommander, zalecić;
renouveler, odnowić;
rigoureux, tęgi, surowy; ostry;
satisfait, zadowolniony;
le secret, tajemnica;
le tombeau, grób;
la vente, przedaż;
viser, podpisać;
visiter, odwiedzić,

(*Lundi, le* 10 *Janvier* 18...)

1. Je voudrais savoir si la nouvelle qu'on raconte est vraie. — De quelle nouvelle parlez-vous ? — Je parle de votre départ [illegible]rce que tout le monde dit et répète que

vous voulez nous quitter. — Il y a quelque chose de vrai dans cette nouvelle ; seulement on fait erreur en présumant que je voudrais vous quitter avec plaisir. C'est tout le contraire ; j'aimerais mieux rester parmi vous, mais des affaires d'une grande importance m'appellent malgré moi. — Et quand partez-vous ? — Je partirai dans deux ou trois semaines, si j'ai terminé mes préparatifs de voyage. Si je ne partais pas avant le printemps, je m'exposerais à perdre une fortune considérable. Mais je ferai mon possible pour revenir dans quelques mois. — Est-il permis de vous demander où vous allez ? — Certainement ; ce n'est pas un secret. J'irai d'abord à Londres pour me procurer les papiers indispensables qui prouvent ma parenté avec mon cousin défunt et mes droits à l'héritage ; de là je me rendrai à Liverpool pour m'embarquer, et, dans 13 jours, je serai en Amérique, à moins qu'un malheur quelconque ne m'arrive. Je pourrais arriver plus vite au lieu de ma destination, si je partais directement de Paris au Havre ; mais, n'ayant pas de preuves légales, je le ferais inutilement et je dépenserais de l'argent plutôt que d'en rapporter.

2. Quant à moi, je ferai un voyage moins dangereux et moins lucratif et qui durera plus longtemps, mais plus agréable que le vôtre. — Je suis bien curieux de savoir où vous pourrez aller, vous qui avez les voyages en horreur. — Cette fois-ci je ferai ce voyage avec plaisir. Voici mon secret : mes sœurs qui sont en Pologne et d'autres cousins que je voudrais connaître et qui désireraient aussi me voir, ont mis tant d'insistance pour que je vienne les voir, que je me suis décidé à me mettre en route, aussitôt que la saison rigoureuse aura cessé. — Par où irez-vous ? — Je voudrais partir par le chemin de fer de Lyon, ensuite je voudrais visiter Genève, Milan et Venise, et après traverser l'Autriche ; mais sans doute on me refusera de viser mes passeports ; je suis donc forcé de choisir un autre chemin. J'irai par Bruxelles et Cologne à Dresde, et de là par Breslau et Posen, je gagnerai Varsovie, où je voudrais m'arrêter quelques semaines pour voir mes anciens amis et attendre que le chemin devienne praticable, pour continuer ma route ; de là je reviendrai par Brześć à Wilno, si on me le permet, et même jusque chez mon oncle qui habite à l'autre extrémité de la Pologne, près de Smoleńsk. Après avoir visité toutes les personnes qui désirent me voir et après avoir repris connaissance du lieu de ma naissance et des endroits où j'ai passé ma jeunesse, je reviendrai par le même chemin jusqu'à Brześć. Mais, de là, je ne voudrais plus revenir par Varsovie, mais je préférerais visiter Lublin et Léopol, m'arrêter chez

quelques amis qui habitent la Galicie, et, après avoir exploré ces pays que j'ai connus, saluer en passant dans l'ancienne capitale de la Pologne, les tombeaux de nos rois et les monuments de notre glorieux passé ; puis revenir par l'Allemagne en France, ma patrie d'adoption. En somme, j'espère qu'au commencement de l'automne je serai de retour pour vous embrasser et vous raconter les détails de mon voyage, et probablement pour vous féliciter de la fortune que pendant ce temps vous aurez rapportée d'Amérique.

3. Est-il vrai que vous vendrez votre maison si vous trouvez un acheteur ? — C'est plus que vrai, puisque je l'ai déjà vendue. — Est-ce qu'on peut vous féliciter d'avoir fait une bonne affaire ? — Que le diable emporte les affaires et surtout les hommes qui se mêlent de celles des autres ! — Mais je ne comprends pas pourquoi vous vous fâchez ? Je vous ai recommandé un homme très adroit pour faire des ventes et des achats ; il vous a procuré un acheteur qui vous a payé comptant et vous n'êtes pas encore satisfait ? — Vous êtes impayable : que le bon Dieu vous bénisse, vous voyez tout en beau. Votre homme d'affaires est un fourbe et votre acheteur un ladre. L'homme d'affaires s'est fait payer d'avance 10 0/0 en numéraire, et l'acheteur m'a payé la maison en papiers que personne ne veut recevoir ; de sorte que je n'ai ni maison, ni argent. Voilà une affaire que j'ai bien menée ; plutôt faire soi-même les ventes et les achats. — Voudriez-vous apprendre l'italien ? — Je l'apprendrais volontiers, si j'avais le temps, mais nous sommes tellement occupés qu'il ne me reste pas même assez de temps pour me livrer à la musique que j'aime tant, et pour m'exercer dans ma langue maternelle que je savais si bien et que je commence à oublier faute d'exercice.

Leçon XXIX

(Dwudziesta dziewiąta Lekcya).

DU MODE IMPÉRATIF

(O TRYBIE ROZKAZUJĄCYM)

L'impératif n'a au singulier que la deuxième personne et au pluriel que la première et la deuxième personnes.

Pour exprimer la troisième personne du singulier et la troisième du pluriel, on se sert de l'adverbe *niech* ou *nie-*

chaj, se traduisant en français par *que*, avec le présent des verbes imparfaits et avec le futur des verbes parfaits :

Permets-moi de dormir,	Pozwól mi niech śpię.
Laisse-moi lire,	Daj mi niech czytam.
Permets-moi de dormir,	Pozwól mi niech się wyśpię.

La deuxième personne du singulier de l'impératif se forme de la troisième personne du singulier du présent de l'indicatif, ou dans les verbes parfaits du futur, en retranchant la dernière voyelle et en adoucissant la voyelle qui précède la consonne finale : pisać, pisze, *pisz* ; robić, robi, *rób*.

La première et la deuxième personnes du pluriel se forment de la deuxième du singulier en ajoutant *my* pour la première et *cie* pour la deuxième : pisz, *piszmy*, *piszcie*.

Si la voyelle finale de la troisième personne du présent ou du futur est en *i*, précédé d'une voyelle, on le change en *j* : stoi, impératif : stój, stójmy, stójcie.

Lorsque *j* est suivie d'une voyelle, on retranche cette voyelle à l'impératif, car en polonais *j* est une consonne : verser, lać ; lej, lejmy, lejcie.

Dans les verbes de la première conjugaison terminés en *a*, pour former l'impératif, on ajoute un *j* à la troisième personne du présent et du futur : kochać, aimer : kochaj, kochajmy, kochajcie ; czytać, lire : czytaj, czytajmy, czytajcie.

Lorsque la troisième personne du présent ou du futur est terminée en *ie*, on retranche ordinairement l'*e*, et l'on ajoute le *j* pour former l'impératif : rwać, troisième personne rwie : *rwij*, arrache ! zacząć, troisième personne zacznie : *zacznij*, commence.

Il y a des verbes qui n'ont pas d'impératif comme : boleć, avoir mal ; módz, pouvoir ; musieć, falloir ; widzieć, voir ; woleć, préférer.

D'autres forment leur impératif d'une manière irrégulière, tels que : być, être, *bądź* ; chcieć, vouloir, *chciej* ;

jeść, manger ; *jedz* ; wiedzieć, savoir, *wiedz* ; wziąć, prendre, *weź*.

Quant aux formes, on emploie l'impératif de la forme parfaite dans les phrases affirmatives et la forme imparfaite dans les phrases négatives : Ecris cette lettre, *napisz* ten list ; n'écris pas cette lettre, *nie pisz* tego listu.

Pour exprimer l'ordre d'une manière plus énergique ou avec emphase, on ajoute à la terminaison de l'impératif la syllabe *że*.

DES PRÉPOSITIONS (O PRZYIMKACH)

Les prépositions servent à exprimer les rapports qui ne sauraient être rendus par la déclinaison ; par conséquent, ils complètent la déclinaison.

On emploie les prépositions après les verbes, les substantifs et les adjectifs. Ils régissent un, deux et même trois cas différents.

Les prépositions qui gouvernent un seul cas, sont :

Gouvernant le génitif : *bez*, sans ; *do*, à ; *w*, chez ; *dla*, pour ; *koło*, *około*, autour de ; *prócz*, outre ; *zamiast* ou *miasto*, au lieu de ; *od*, de ; *podle*, *wedle*, à côté de ; *wśród*, *pośród*, au milieu de ; *podług*, *według*, selon ; *u*, chez ; *względem*, à l'égard de.

Gouvernent encore le génitif les adverbes employés prépositionnellement, comme : *blizko*, près de ; *zewnątrz*, hors de ; *obok*, à côté de ; *wzdłuż*, le long de ; *poprzek*, à travers de ; *wszerz*, en large ; *wewnątrz*, en dedans ; *wgłąb*, en profondeur.

Les prépositions *bez*, *około*, *oprócz*, sont usitées comme en français. La première de ces prépositions entre dans la composition des mots : *bezczelny*, effronté ; *bezrozumny*, déraisonnable ; *bezimienny*, anonyme ; *bezludny*, inhabitable ; *bezleśny*, dépourvu de bois, etc.

La préposition *do* est très souvent employée :

1° traduisant la préposition *chez*, elle marque le mouvement vers une personne ou un endroit ; idę do matki, pójdę do miasta.

2° *do* se traduisant par *à*, *dans*, *en*, marque le mouvement à l'intérieur d'un endroit renfermé : idę do ogrodu, idę do klassy, idę do szkoły.

3° *do* est traduit par les prépositions : *pour*, *de*, *à*, après les substantifs quand on veut désigner le but et la destination ou la propriété :

Szczoteczka do zębów,	une brosse à dents.
Ołówek do rysunku,	un crayon à dessiner.
Książka do nabożeństwa,	un livre de prières.
Żelazo do prasowania,	fer à repasser.
Mydło do mycia rąk,	savon pour laver les mains.

4° La préposition *do* gouvernant toujours le génitif s'emploie après les adjectifs : *ciężki*, lourd ; *lekki*, léger ; *dobry*, bon ; *zły*, mauvais ; *ochoczy*, joyeux , ardent ; *podobny*, ressemblant ; *prędki*, prompt ; *ociężały*, alourdi, *skłonny*, enclin ; *sposobny*, apte ; *stosowny*, conforme ; *zdolny*, *zdatny*, capable :

Ciężki do pracy,	prędki do gniewu.
dobry do krajania,	skłonny do kłamstwa.
lekki do lotu,	zdolny do rzemiosła.
zły do muzyki,	podobny do ojca, etc.

5° *do* se traduit par : *jusqu'à* , lorsque le prémier membre de la phrase renferme la préposition *od* qui signifie *depuis* :

Od Bożego Narodzenia do trzech króli jest dni trzynaście.
Nauczycie się lekcyi od strony siódmej aż do końca rozdziału.

6° On emploie *do* pour désigner le degré jusqu'auquel l'action a été faite; alors il a la signification de *jusqu'à* ou *environ* ;

Kazimierz Wielki założył do stu miast.	Casimir le Grand fonda environ cent villes.
W bitwie pod Płowcami legło do pięćdziesięciu tysięcy Krzyżaków.	A la bataille de Płowce périrent jusqu'à 50.000 chevaliers teutoniques.

REMARQUE. — C'est ainsi qu'on forme les expressions :

Co do mnie, co do niego.	Quant à moi, quant à lui.
Ani do tańca, ani do różańca.	Bon à rien. (ni pour la danse, ni pour le chapelet.)

7° Après les verbes composés de la particule *do*, le régime direct est précédé de la préposition *do* :

Dodać do obiadu,	Ajouter au dîner.
Dokuczyć do ostatniego,	S'acharner jusqu'à l'extrémité.
Dobiedz do mety,	Atteindre le but en courant.

8° *do* forme les adverbes : *dokąd* ? jusqu'où ? *dotąd*, jusqu'ici ; *dopokąd*, jusqu'à quand ? *dopotąd*, jusqu'à ce que.

Dla, gouverne le génitif et se traduit par *pour*, quand on veut désigner la raison ou le but ou quand on fait une action en faveur d'une personne ou au préjudice d'une autre :

Wyjechał za granicę dla nauki,	Il est parti à l'étranger pour s'instruire.
Zrób to dla mnie,	Fais cela pour moi.

Les prépositions : *około*, *zamiast*, *podle*, *według*, *wśród*, *względem*, s'emploient dans le même sens qu'en français ; il n'y a que la préposition *od* qui ait plusieurs acceptions, ainsi :

1° Elle s'emploie comme la conjonction française *que* après le comparatif :

Lepszy od niego,	Meilleur que lui.
Młodszy odemnie,	Plus jeune que moi.

2° *Od* s'emploie après les adjectifs : *daleki*, éloigné ; *inny*, *inszy*, autre ; *odmienny*, *różny*, différent ; *wstrętny*, antipathique.

De là viennent les expressions :

Mówić od rzeczy,	Déraisonner.
Ja nie od tego,	Je ne m'y oppose pas.

3° On emploie *od* après les verbes marquant le mouvement, de chez une personne, ou du milieu d'un endroit :

Wyjechałem od mego przyjaciela ; Statki parowe chodzą od Krakowa do Gdańska.

4° En parlant du temps, on emploie la préposition *od*, dans le sens de *depuis* : od trzech lat, *depuis trois ans.*

On emploie *od* après les verbes marquant la résistance, l'affection passive, la reprise ; alors il correspond à la préposition française *de* ou *contre* :

Bronić od ognia,	Défendre contre le feu ;
Ochraniać od słońca,	Préserver du soleil ;
Różnić się od kogoś,	Différer de quelqu'un ;
Uwolnić od złego,	Délivrer du mal ;
Wybawić od śmierci,	Sauver de la mort.

De là viennent les expressions :

Lekarstwo od bólu zębów, od kaszlu.	Les remèdes contre les maux de dents, contre la toux.

5° La préposition *od* marque la cause extérieure, indépendante des personnes :

Spalony od słońca,	Brûlé par le soleil ;
Zmokły od deszczu,	Mouillé par la pluie.

6° On emploie encore *od* pour traduire la préposition française *par* :

Obdarty od zbójców,	Dévalisé par des malfaiteurs.

La préposition *u* correspond en français à la préposition *chez*, et s'emploie avec le nom des personnes, mais seulement avec les verbes marquant le repos :

Jestem u siebie cały dzień,	Je suis chez moi toute la journée.

Avec les verbes marquant mouvement, *chez* se traduit par *do* :

Idę do niego.	Je vais chez lui.

1° *U* est employé pour traduire la préposition *près* marquant l'endroit comme : *u drzwi*, près de la porte ; *u stołu*, près de la table.

2° En énumérant les parties du corps, de l'habillement, ou les positions de l'objet qui forme une totalité :

Mamy po pięć palców u każdej ręki,	Nous avons cinq doigts à chaque main ;
Rękaw u płaszcza.	La manche du manteau ;
Trzonek u noża,	Le manche du couteau ;
Rękojeść u szabli,	Le manche du sabre ;
Haftki u sukni,	Les agrafes à la robe ;
Kieszenie u spodni,	Les poches du pantalon ;
Klamka u drzwi,	Le loquet de la porte ;
Ucho u dzbana,	L'anse d'une cruche

Prépositions gouvernant le datif.

Ku, envers, vers :

Idę ku miastu,	Je vais vers la ville ;
Wyszedł ku mnie,	Il sortit vers moi.

Naprzekor, en dépit de :

Robi naprzekor wszystkim ludziom,	Il agit en dépit de tout le monde.

Prépositions gouvernant l'accusatif.

Przez, par, à travers ; il se traduit aussi par *pendant*, avec les mots marquant le temps :

Ukarany przez nauczyciela,	Puni par le professeur ;
Przez rzekę,	A travers la rivière ;
Przez las,	A travers le bois ;
Przez cały dzień,	Pendant tout le jour.

Préposition marquant le prépositionnel.

Przy se traduit en français par : *à côté de, auprès* et souvent par *à*, en parlant d'une action dont on a été témoin :

Dom przy moście, przy kościele,	La maison à côté du pont, de l'église ;
Przy nauczycielu,	En présence du professeur ;
Byłem przy jego śmierci,	J'assistais à sa mort ;
Wódz miał przy swym boku wybór żołnierzy,	Le chef avait à côté de lui l'élite des soldats.

Przy se traduit par *sur*, en parlant d'un objet qu'on garde sur soi :

Nie mam pieniędzy przy sobie,	Je n'ai pas d'argent sur moi.

C'est dans ce sens qu'on dit :

Porter le sabre,	Być przy szabli ;
Avoir une montre,	Być przy zegarku ;
Porter les éperons,	Być przy ostrogach.

THÈME XLV.

S'adresser, udać się;
l'âme, dusza;
l'armurier, puszkarz;
l'avertissement, przestro-
le blâme, nagana; {ga;
le boulevard, bulwar;
la bourse, woreczek;
la boutique, sklep;
le café, kawiarnia;
la cloche, dzwon;
le compagnon, towarzysz;
complaisant, grzeczny;
confier, powierzyć;
le confiseur, cukiernik;
le conseil, rada;
contracter, ułożyć się z kim;
convenable, przyzwoity;
le corps, ciało;

dénoncer, donieść;
dépendre, zależeć;
destiner, przeznaczyć;
la distinction, odróżnienie;
enrager, wściec się;
l'estampe, rycina;
l'entretien, utrzymanie;
subir un examen, składać
(złożyć) egzamin;
l'explication, wytłómacze-
nie;
franchement, otwarcie;
gaiement, wesoło;
garnir, zaopatrzyć;
la hâte, pośpiech;
indécent, nieprzyzwoity;
initier, wtajemniczyć;
malhonnête, nieuczciwy;
la monnaie, drobna mo-
neta, drobne pieniądze;
la prière, modlitwa;
le propos, stosowno po-
wiedzenie, stosownie;
la propriété, własność;
rangé, porządny;
repousser, odpychać;
la rigueur, ścisłość;
le son, głos;
studieux, pilny;
le témoin, świadek;
le traitement, postępowa-
l'uniforme, mundur; [nie;
l'usage, obyczaj.

(*Lundi le* 17 *Janvier* 18.., *à* 9 *heures moins* 10 *minutes du matin.*)

1. Hier soir, en me promenant le long des boulevards, j'ai rencontré deux petits garçons se promenant l'un à côté de l'autre, et qui paraissaient être frères. Le plus jeune adressait des questions à l'aîné, et celui-ci lui donnait des conseils. Le lendemain le petit garçon allait devenir élève de l'école, et il avait besoin d'être initié aux usages. Tu te lèveras, disait l'aîné, au son de la cloche, ensuite tu feras comme les autres ; tu t'habilleras à la hâte et après avoir fait ta prière, tu descendras en classe avec tes nouveaux compagnons ; tu demanderas au professeur qu'il te donne une place et de l'occupation. Sans doute tu seras obligé de subir un examen, duquel dépendra la classe dont tu feras partie. Fais attention de bien tenir tes livres, tes cahiers et les autres effets qui te seront confiés propres et en ordre. Ecoute attentivement l'explication des leçons; sois rangé et propre en

écrivant tes devoirs. Choisis pour camarades des élèves studieux, sois voisin complaisant. Pendant les récréations joue gaiement avec tous les élèves sans distinction. Partage avec eux les friandises que tes moyens te permettent d'acheter. Evite les entretiens et les propos malhonnêtes et inconvenants ; respecte la propriété des autres ; protège les petits contre les mauvais traitements des forts. Ne dénonce jamais les autres, mais si tu es témoin d'une mauvaise action empêche franchement de la commettre, et tu verras que tu seras aimé et respecté par tout le monde. Le plus jeune garçon paraissait écouter avec une grande attention ces avertissements. Puisse-t-il les suivre !

2. Viens donc près de moi, et écoute ce que je vais te dire. Habille-toi et nous sortirons en ville. Attends donc, étourdi que tu es ; tu ne sais pas comment il faut t'habiller ; prends ton uniforme et tes gants, ta cravate de soie et tes mouchoirs propres, car nous irons en visite. Donne auparavant un coup de brosse à tes souliers et n'oublie pas de prendre ton billet ; nous irons à pied, car il fait beau temps, mais nous reviendrons en voiture. Probablement on nous invitera à dîner ; sois convenable et sobre à table. J'espère que tu oublieras toutes les mauvaises habitudes contractées à la table de l'école ; que tu ne mettras pas les morceaux qui te déplaisent sur la nappe de la table, que tu n'émietteras pas le pain dans les assiettes, et que tu tâcheras d'incommoder le moins possible tes voisins. — Soyez tranquille, je ferai tout ce que vous me recommandez et je ne mériterai pas votre blâme. — Mais je m'aperçois seulement maintenant que je suis sorti sans avoir pris ma bourse ; as-tu de l'argent sur toi ? — Sans doute, je ne sors jamais sans en emporter un peu. Dans une grande ville, l'homme qui sort sans argent est comme un corps sans âme. — Comptez donc ; combien en avez-vous ? J'ai trois pièces en or, une vingtaine de francs en argent et un peu de monnaie. C'est plus qu'il ne nous faut. — Nous irons le long de la grande rue qui conduit au marché. Nous traverserons la place du marché et le pont. Peut-être que nous entrerons à l'église, mais n'oublions pas en passant d'entrer chez le confiseur, afin d'acheter des étrennes pour les enfants de nos amis. C'est un usage de rigueur. De l'autre côté de la rivière, près du pont, entre le café et la boutique d'un armurier, il y a un marchand d'estampes. Vous entrerez chez lui et vous choisirez les images qui sont le meilleur marché. — Il est mal de se trouver en société de joueurs. Notre voisin est sorti de chez lui, ayant les poches garnies d'argent, et il est revenu sans avoir une

pièce : quant à moi, je ne perds jamais d'argent au jeu. — C'est très naturel, vous ne jouez jamais. — Au contraire, je suis un joueur enragé. — Quel jeu jouez-vous? — Je joue à la balle.

THÈME XLVI.

Absolu, zupełny, bez granic, samowładny;
adorer, uwielbiać;
l'amitié, przyjaźń;
arranger, urządzać;
attirer, przyciągać;
l'auberge, gospoda,
augmenter, pomnażać;
d'avance, naprzód;
la barrière, rogatka;
communiquer, udzielić;
la compagnie, towarzystwo;
la créature, stworzenie;
diriger, kierować;
discerner, rozpoznać;
le don, dar;
l'emportement, gniew;
engager, zastawiać, zaciągnąć;
s'entretenir, rozmawiać;
épargner, oszczędzać;
l'exécution, wykonanie;
la faiblesse, słabość;
le flatteur, pochlebca;
l'invasion, najazd, napad;
inviolable, nietykalny;
mériter, zasłużyć;
le mets, potrawa;
la numération, liczenie;
la parole, słowo;
la part, udział;
la passion, namiętność;
la plaine, równina;
plaire, podobać się;
posséder, posiadać;
le projet, projekt, zamiar;
la puissance, władza;
régir, zarządzać;
le repentir, żal;
superstitieux, zabobonny
tourner, obracać;
l'univers, świat.

(19 *Janvier* 18.., *à* 3 *heures après midi.*)

1. Mon cher Charles, je veux te communiquer un projet ; je ne sais pas s'il te plaira et si tu voudras prendre part à son exécution. — Voyons quel est votre projet ? — Allons nous promener. — Où veux-tu que nous nous promenions ? — Nous sortirons hors de la barrière dans la plaine, entre la ville et le bois de Boulogne ; nous irons jusqu'à la première auberge que nous trouverons sur notre chemin ; là nous commanderons un dîner pour toutes les personnes de notre compagnie. Choisis toi-même les mets, désigne d'avance les places à chacun, arrange tout pour le dîner, comme tu voudras, car tu es le plus adroit d'entre nous pour ces affaires. — Si nous savions maîtriser nos passions, nous nous épargnerions beaucoup de désagréments. — Quand l'avare posséderait tout l'or du monde, il ne serait pas encore satisfait. — Tenez strictement votre parole, mais ne l'engagez pas inconsidérément. — Il faut que vous alliez à Paris et que vous me fassiez ces emplettes, parce que je ne crois pas que votre frère les ait faites. — Je ne crois pas qu'il puisse y avoir de vraies amitiés entre des personnes qui ne sont pas vertueuses. — Je vous disais que Dieu régit l'univers par sa puissance absolue. — J'ai lu dans l'histoire que les Egyptiens étaient très superstitieux et qu'ils adoraient

jusqu'aux légumes de leur jardins. — Dieu a voulu que les invasions des barbares détruisissent l'Empire Romain. — Il y en a peu parmi les élèves qui sachent la numération en polonais. — La faiblesse de l'esprit humain empêche de discerner le vrai du faux, le bien du mal, l'ami du flatteur. — Tâchons de maîtriser nos emportements, car tout ce qui se commet dans la passion se fait contre la raison et donne dans la suite des motifs de repentir. — De toutes les créatures, l'homme est le seul qui puisse s'entretenir avec les absents. — La terre tourne autour du soleil et la lune autour de la terre.

Leçon XXX (Trzydziesta Lekcya).

DES PARTICIPES (O IMIESŁOWACH)

Il y a quatre participes en polonais : deux pour le présent et deux pour le passé.

LES PARTICIPES PRÉSENTS.

Le participe présent s'emploie seulement à la forme imparfaite et désigne le rapport du présent.

Le premier de ces participes s'appelle participe invariable, *Imiesłów nieodmienny* ou participe verbal, *Imiesłów słowny* ; il se forme de la troisième personne du pluriel du présent de l'indicatif, en y ajoutant la lettre *c* : *skakać*, sauter ; *skaczą*, *skacząc*.

Ce participe est invariable et régit le même cas que le verbe dont il est dérivé et sert à remplacer le présent précédé des adverbes ou des conjonctions : *gdy*, lorsque ; *jak*, comme ; *ponieważ*, parce que ; *podczas*, pendant ; *gdy*, que :

Ce garçon rit toujours en mangeant.	Ten chłopiec śmieje się zawsze jedząc *ou* podczas gdy je.
Pendant que j'étais à l'église, j'entendis un beau sermon.	Będąc w kościele słyszałem piękne kazanie.

En général on se sert du participe terminé en *ąc*, pour rendre le participe présent français, mais si le sujet du participe n'est pas le même que celui du verbe du second membre de la phrase, on traduit ces participes en polonais par le présent ou le passé précédé d'une conjonction :

Notre leçon étant facile, nous l'apprendrons vite.	Ponieważ nasza lekcya jest łatwa, nauczymy się jej prędko.
Notre route étant longue et monotone, nous la ferons en chantant.	Ponieważ nasza droga jest długa i jednostajna, przejdziemy ją śpiewając.

Le deuxième participe présent se nomme participe variable, *Imiesłów odmienny*, ou participe adjectif, *Imiesłów przymiotny*, et il se forme du premier en y ajoutant la terminaison de l'adjectif *y, a, e* : *mówiąc, mówiący, a, e*.

Ce participe étant adjectif et verbe, doit s'accorder avec son substantif en genre, en nombre et en cas, et en même temps il gouverne le régime du verbe dont il est dérivé et ne doit jamais précéder le substantif dans une phrase :

L'élève écrivant (qui écrit) ses cahiers.	Uczeń piszący swoje zeszyty.

Comme le participe verbal sert à remplacer le verbe précédé d'une conjonction, de même le participe adjectif remplace le verbe précédé du pronom relatif *qui* en français (który, która, które) :

Le professeur qui explique la leçon.	Nauczyciel tłumaczący lekcyę, albo który tłumaczy lekcyę,

C'est par ce participe qu'on traduit l'infinitif après les verbes : voir, *widzieć* ; entendre, *słyszeć* :

Je te vois venir,	Widzę cię przychodzącego.
Je vous entends bavarder,	Słyszę was gadających.

Pour savoir lequel de ces deux participes on doit employer en polonais, afin de traduire le participe présent français, on le soumet à l'épreuve suivante :

Chaque fois qu'on peut mettre devant le participe français *en*, on doit le traduire en polonais par le participe verbal en *qc* ; et chaque fois que le participe français se laisse changer en verbe précédé du pronom *qui*, on le traduit en polonais par le participe adjectif en *qcy, qca, qce* :

L'élève en apprenant ou plutôt en n'apprenant pas sa leçon, s'est endormi.	Uczeń ucząc się, a raczej nieucząc się swej lekcyi, zasnął.

Le verbe *być* forme son participe présent de la troisième personne du pluriel du futur : *będą, będąc.*

Le participe présent du verbe *mieć*, suivi de l'infinitif d'un autre verbe, forme une espèce de participe futur comme allant ou devant faire quelque chose : *mający umrzeć,* devant mourir.

L'infinitif français précédé de la préposition *sans*, se rend en polonais par le participe présent précédé de la négation *nie* : *Sans* savoir pourquoi — *Nie* wiedząc dla czego.

LES PARTICIPES PASSÉS.

Ils sont également au nombre de deux :

Le participe passé actif, *Imiesłów czynny* czasu przeszłego, ou participe passé invariable, *Imiesłów nieodmienny* czasu przeszłego.

Le participe passé *Imiesłów bierny*, ou participe passé variable, *Imiesłów odmienny* czasu przeszłego.

Le premier est invariable, et se forme de la troisième personne du singulier masculin du passé de l'indicatif en changeant la finale *ł* en *wszy* : *czytać*, lire ; *czytał, czytawszy.*

Mais si la lettre *ł* est précédée d'une consonne, on ne la retranche pas, mais on ajoute *szy* : *wyszedł, wyszedłszy.*

On se sert du participe passé actif pour traduire le passé du participe français, ou le passé de l'indicatif précédé de la préposition *après* : s'étant levé, ou après s'être levé, *wstawszy.*

Pour se servir de ce participe, il faut que le sujet du participe et celui du verbe suivant soient le même, autrement on emploie le passé du verbe précédé des conjonctions : *kiedy, gdy, jak, ponieważ* :

L'élève ayant fini ses examens est parti en vacances.	Uczeń pokończywszy swoje examina, wyjechał ne wakacye.
Cette leçon étant apprise, je vous en dicterai une autre.	Gdyście się nauczyli tej lekcyi, zadam wam inną.

Le participe passif passé, *Imiesłów bierny czasu przeszłego*, est un adjectif formé du verbe ; par conséquent il s'accorde avec le substantif en genre, en nombre et en cas. On le fait de toutes les formes du verbe en lui donnant les terminaisons : *any, ony, ty, ły : kochany, a, e ; szyły, a, e ; skończony, a, e ; bity, a, e.*

On forme ce participe de la troisième personne du singulier du passé de l'indicatif, de différentes manières :

1° Dans les verbes terminés à la troisième personne du singulier du passé de l'indicatif en *ł*, on retranche cette lettre et on met à sa place *ny, na, ne* :

Słyszeć, słyszał, — słyszany, a, e

2° Les verbes polysyllabiques terminés à la troisième personne du passé en *ił* ou *ył*, ou ayant une consonne devant *ł* (excepté *r*), retranchent cette syllabe et prennent *ony, ona, one,* en modifiant les consonnes sifflantes en douces :

ć en *c*, *z* en *ż*,
dź en *dz*, *ść* en *szcz*.
ś en *sz*,

Ex. : rzucić, rzucił, rzucony.
uczyć, uczył, uczony.
prosić, prosił, proszony.

3° Les verbes terminés à la troisième personne du singulier masculin du passé de l'indicatif par *ąl* ont généralement leur participe en *ęty* :

dąć, souffler, *dęty* ;
odepchnąć, repousser, *odepchnięty*.

Quelques verbes de cette terminaison peuvent former

leur participe en *ęty* ou en *ony* : *uniknąć, uniknął, unikniony* ou *uniknięty*.

4° Les verbes terminés à la troisième personne du singulier du passé de l'indicatif masculin par *rł*, ainsi que les verbes monosyllabiques changent *ł* en *ty* :

drzeć, déchirer ; *darł, darty* ;
przeć, pousser ; *parł, party* ;
bić, battre ; *bił, bity* ;
szyć, coudre ; *szył, szyty* ;
pić, boire ; *pił, pity*.

Les verbes neutres n'ont pas, à proprement dire, de participe passé passif ; quand on voit par exemple *zbladły* pâli de *zbladnąć, osiwiały* blanchi de *osiwieć*, ce sont plutôt des adjectifs.

Le verbe *módz* n'a pas de participe passé passif ; il en est de même des verbes pronominaux qui cessent d'être tels en perdant *się* au participe :

zamknąć się, s'enfermer, *zamknięty, a, e*.
przelęknąć się, s'effrayer, *przelęknięty, a, e*.

Les participes passés passifs servent à former les substantifs verbaux en retranchant leur terminaison adjective (*y, a, e*) et en leur substituant la terminaison *ie* : *czytać, czytany, czytanie*, la lecture ; mais le participe terminé par *ony* change *o* en *e* : *tłuc, tłuczony, tłuczenie*, action de casser.

Les participes en *ty* changent *ty* en *cie* : *myć, myty, mycie, bić, bity, bicie*.

THÈME XLVII.

Acquérir, nabywać;
les ancêtres, przodkowie;
l'anecdote, powiastka;
assurer, zapewnić, zabezpieczyć;
attraper, złapać;
avertir, upomnieć;
la cage, klatka;
le combattant, walczący;
la conviction, przekonanie;
craquer, pękać;
distrait, roztargniony;
écorcher, zedrzeć;
l'écrivain, pisarz;
envahir, najechać;
être aisé, być łatwym;
exigence, wymaganie;
fier, dumny;
la fourrure, futro;
grelotter, drżeć, dzwonić zębami;
indifférent, obojętny;
juger, sądzić;
livrer, wydać, stoczyć bitwę;
une mine, mina;
le moyen, sposób;
penser, myśleć;
présager, przepowiadać;
réciter, wydawać;
le retardataire, opóźniający się;
le rire, śmiech;

(*Mardi, le* 15 *Mars* 18.., *à* 1 *heure moins* 20.)

1. Bonjour, mon ami, je suis bien aise de t'avoir rencontré ; te sachant absent depuis quelque temps, je commençais à m'inquiéter pour toi. — C'est que j'étais malade. — Cependant la souffrance ne t'a pas changé, car tu as toujours une excellente mine. — Où vas-tu ? — Mais je vais à l'école ; n'y vas-tu pas aussi ? — Sans doute, j'y vais. — Allons donc ensemble, tout en causant. Mais dépêchons-nous, car il est déjà tard, et nous avons pour dix minutes de chemin ; nous pourrions arriver trop tard et tu sais que le directeur ne plaisante pas avec les retardataires. — Le concierge l'avertit par un coup de sonnette sec, qui vous fait frissonner. Alors le directeur sort de sa chambre et secoue la tête tout en vous faisant un petit compliment qui ne présage rien de bon. — Tu as raison, la semaine passée, j'ai manqué d'être puni pour être venu tard ; cependant j'assurai le directeur qu'il n'y avait pas de ma faute, car, en courant, j'étais tombé et j'avais fait craquer mes culottes. — Je m'écorchai même le genou et je fus forcé de retourner à la maison, pour changer de vêtements et me laver les mains ; je devais nécessairement être en retard. Mais à propos, sais-tu ce que le professeur de polonais nous a dit ? — Ma foi non, j'ai à penser à autre chose ; j'ai commencé un filet que je n'ai pas le temps de terminer ; je suis en train de faire des cages pour les oiseaux que je pense attraper pendant les vacances de Pâques ou dénicher au mois de mai prochain. — Mais raconte toujours ce qu'il a dit. Peut-être que je le sais ; car si on voulait se souvenir de tout ce qu'on nous dit, on n'aurait pas le temps de penser à autre chose. — Je vais te parler de son exigence : il veut que nous parlions polonais. — Il est bon ; comment veut-il que nous parlions, puisque nous ne savons pas assez de mots. — Il dit qu'à celui qui veut, rien n'est difficile, et que si on commence une fois à parler tant bien que mal, cela va tout seul, et puis, ne sommes-nous pas Polonais ? — Sans doute nous le sommes ; quant à moi, j'en suis fier. — Eh bien ! pourquoi éviter d'apprendre la langue que nos pères ont parlée depuis tant de siècles, et pourquoi être indifférent à la connaître? N'oublions pas que les ennemis de notre patrie, après avoir envahi notre terre, et après nous avoir ravi notre liberté, s'acharnent encore à nous arracher notre unique bien, la langue polonaise, que nos pères nous ont laissée en héritage. Or, en vous abstenant de parler polonais, vous passez au camp de l'ennemi et, au contraire, en cultivant cette langue vous êtes un combattant de plus ; et ce serait une lâcheté de déserter le champ de bataille au moment du

danger, en abandonnant une juste cause. — Tu dis vrai, mon ami, en parlant de la sorte, et ta parole ne tombe pas sur un sol stérile. En apprenant le passé de ma patrie et en parlant la langue de mes pères, je veux me préparer à un combat plus sérieux que je livrerai un jour aux ennemis de notre patrie.

2. En passant devant la porte de la VIIe classe j'ai entendu rire les élèves à plusieurs reprises. Sais-tu de quoi ils riaient de si bon cœur ? — C'est que le professeur de langue française, ayant fini de bonne heure la leçon, leur racontait une anecdote. — La connais-tu ? — Tout le monde la connaît ; mais elle est si plaisante qu'on ne peut pas l'entendre sans rire : Au siècle passé, sous le règne de Louis XV, il arriva qu'un gentilhomme gascon, qui n'avait qu'un petit habit d'été très usé, se promenait un jour de janvier, par un froid très rigoureux, sur le Pont Neuf, en s'éventant avec son mouchoir. Juste à ce moment le roi passait dans une voiture bien close. En voyant un homme dans ce costume, il en fut surpris et, après l'avoir appelé, il lui adressa cette question : « Dites donc, mon ami, comment se fait-il que vous vous promeniez en vous éventant, couvert d'un léger habit d'été, par ce froid, tandis que moi je n'ai pas trop chaud dans ma voiture, bien que je sois enveloppé dans une bonne fourrure ? » — « Majesté, répondit le Gascon, en grelottant de froid, si Votre Majesté faisait comme moi, elle n'aurait jamais froid. » — « Comment faites-vous, mon ami ? » — « Pardieu ! c'est bien simple ; je porte tous mes habits sur moi. » — Le roi, ayant beaucoup ri de cette réponse, ordonna de s'informer de la situation du Gascon et, ayant acquis la conviction qu'il était très honnête, quoique pauvre, il le fit placer à la cour. — Nous lisons dans l'histoire que les hommes pourvus de moyens supérieurs, comme Alexandre le Grand, Jules César, Charles XII et Napoléon Ier, dictaient plusieurs lettres à la fois à leurs secrétaires, tout en causant avec des personnes présentes. — Ce soir, après avoir écrit la fin de notre thème, nous nous sommes mis à l'étudier, et demain, après avoir déjeuné, nous le réciterons. — En écoutant ce qu'on dit je ne peux pas écrire. — Celui qui veut être un modèle pour les autres doit se distinguer par sa conduite. — Si tu crains les loups, ne va pas au bois. — Notre professeur impatienté par la turbulence d'un élève qui avait fait du bruit, l'a frappé avec un livre qu'il tenait à la main. — J'ai connu un homme tellement distrait qu'il cherchait son cheval, étant assis dessus. — Ayant trouvé un canif en classe, nous le rendîmes au directeur. — On raconte qu'un certain poète persan se tenait debout sur une

jambe, et composait ainsi plusieurs centaines de vers. Je répète les choses que j'ai lues sans en garantir la vérité.

THÈME XLVIII.

Affligeant, zasmucający;
attristé, smutny;
s'attrister, zasmucać się;
avec ferveur, gorliwie, żarliwie;
avouer, wyznać;
le cabriolet, powozik;
chasser, wypędzić;
se coucher, kłaść się spać;
conjurer, zaklinać;
se considérer, uważać się;
se consoler, pocieszyć się;
contenir, zawierać;
la crainte, obawa;
dangereux, niebezpieczny;
déjeûner, jeść śniadanie;
dormir, spać;
l'égard, wzgląd;
empirer, pogorszać;
l'espérance nadzieja;
l'espoir, nadzieja;
être fâché, być rozgniewanym:
être trompé, być zwiedzionym;
expérimenté, biegły;
extrêmement, bardzo;
le faubourg, przedmieście;
forcé, zmuszony;
la gravité, powaga, niebezpieczeństwo;
habile, zręczny;
inactif, nieczynny;
l'incertitude, niepewność;
invincible, niezwyciężony;
labourer, orać;
nuisible, szkodliwy;
offenser, obrażać;
pénible, przykry;
pensif, zamyślony;
préparer, przygotować;
prévenir, uprzedzić;
prononcer, przemówić;
questionner, wypytywać;
respirer, oddychać;
saisir, schwycić;
semer, siać;
le serviteur, sługa;
le seuil, próg;
songer, myśleć;
le sort, los;
tout haut, głośno;
transmettre, donieść;
traverser, przebyć;
vivre, żyć;
le zèle, gorliwość;

(*Vendredi, le* 18 *Mars* 18,.., *à* 6 *heures du matin.*)

1. Que faites-vous ? vous paraissez être pensif et attristé. — Je viens de recevoir une lettre de mes parents, qui m'annonce que mon grand-père est mort. — Sans doute c'est une triste nouvelle, mais il faut vous consoler, car c'est notre sort à tous de mourir, après avoir vécu plus ou moins longtemps. — Avez-vous lu les journaux d'aujourd'hui ? — Je les lis tous les jours avant de me coucher, mais aujourd'hui, par exception, je les ai lus en déjeunant. — Est-ce qu'ils annoncent quelque chose de nouveau ? — On écrit que l'ennemi après avoir traversé le fleuve s'est retranché, se considérant comme invincible dans cette position. Cependant nos troupes l'ont chassé d'autres positions plus fortes et les battront sans doute, car elles ont une meilleure artillerie et des officiers plus expérimentés. — Je vous ai vu refuser de prêter votre cahier à votre voisin ; voulez-vous me dire pourquoi ? — Parce qu'il n'a pas de parole ; l'autre fois en m'empruntant un cahier il m'a dit : « prête-moi plutôt deux ou trois cahiers » ; et les ayant emportés et perdus chez lui, il a osé me dire qu'il me les avait rendus. — Quand on veut vivre

et travailler il faut manger et boire ; il y a des personnes qui, après avoir mangé, ne songent qu'à s'amuser ou à dormir ; ce sont des êtres nuisibles, passant leur vie dans l'inaction ; ils offensent Dieu, ils font tort au prochain, car d'autres sont forcés de travailler pour eux ; travaillons donc sans perdre le temps et reposons-nous après avoir travaillé. — Etant un peu libre, je suis sorti pour respirer l'air de la campagne et après avoir dépassé le faubourg j'ai vu un paysan labourant les champs et un autre semant son blé.

2. Rentré à la maison sur les dix heures du soir, j'ai trouvé une lettre de ma cousine ; elle me priait instamment de venir le plus tôt possible, car elle avait quelque chose de très grave à me communiquer ; le lendemain je m'éveillai un peu tard à cause de ma promenade de la veille, et, m'étant habillé et ayant pris mon déjeuner, je me suis rendu chez elle à pied, car je ne pouvais pas trouver de cabriolet si matin. J'arrive, et, rencontrant ma sœur au seuil de la porte, je commençai à la questionner tout de suite sur le motif de sa lettre. Elle me conduisit dans son cabinet, et me prenant le bras, elle fondit en larmes ; puis, saisissant une lettre, elle me la remit sans pouvoir prononcer un mot. J'ouvris cette lettre ; après avoir lu ce qu'elle contenait, je compris sa douleur. — De qui était cette lettre et que contenait-elle ? M'est-il permis de le savoir ? — Ce n'est pas un secret ; je l'ai justement sur moi, prenez-la et lisez tout haut.

« Wola, le 10 mars 18..., à minuit.

« Je suis extrêmement fâché en me trouvant dans la nécessité de vous envoyer une nouvelle désagréable et affligeante à l'égard de votre fils Ladislas ; il y a deux semaines qu'il a été pris d'un rhume de poitrine qui ne présentait d'abord aucune gravité. Malgré tous les soins, la maladie empira et il s'en suivit une fièvre de plus en plus forte, dont il souffre encore en ce moment. Nous appelâmes un médecin des plus habiles, qui s'occupe de lui avec le plus grand zèle ; mais il m'est pénible de vous avouer que de jour en jour il est plus malade, et qu'il y a une heure, le médecin, l'ayant examiné, a déclaré qu'il était dans un état dangereux. Ne vous fâchez pas, je vous en conjure, de ce que je ne vous ai pas prévenu plus tôt de sa maladie. J'espérais que cela passerait et qu'il serait rétabli avant que vous ne l'eussiez appris, et sans vous alarmer. Mais, mon espoir étant trompé, je suis forcé de vous transmettre cette triste nouvelle sans vous y avoir préparé ; je vous prie de croire qu'on n'a rien négligé et que nous l'avons soigné comme notre propre enfant.

La fièvre ne le quitte pas, mais dans ses moments de lucidité, il désire vous voir en disant qu'il a quelque chose à vous communiquer. Si vous venez, nous aurons une chambre à votre disposition. Au moment où je termine cette lettre, on dirait qu'il y a un changement en mieux. Si mes espérances ne m'avaient trompé si souvent, peut-être n'aurais-je pas encore expédié cette lettre ; mais l'incertitude et la crainte l'emportent et me forcent de l'envoyer. Je désire ardemment qu'à votre arrivée vous le trouviez bien portant. J'ai l'honneur d'être votre dévoué cousin et serviteur. » — Il est vrai que c'est une lettre capable d'attrister le cœur d'une mère et je conçois la douleur et le chagrin de ta cousine.

Leçon XXXI

(Trzydziesta pierwsza Lekcya).

DES VERBES RÉFLÉCHIS OU PRONOMINAUX

(O SŁOWACH ZWROTNYCH LUB ZAIMKOWYCH).

Les verbes réfléchis ou pronominaux servent à exprimer une action qui, partant du sujet, revient sur le sujet lui-même. Ils se forment à l'aide du pronom *się*, qui est invariable au singulier et au pluriel :

uczę się, uczysz się, uczy się, etc.
bawię się, bawisz się, bawi sie, etc.

Się ne commence jamais la phrase ; on peut le mettre avant ou après le verbe, mais quand le verbe est précédé de la négation *nie* ou de la conjonction *i*, ou quand le verbe commence la phrase, *się* se met toujours après le verbe, ex. :

Je n'avais pas envie de me lever, mais je me suis levé tout de même, parce que je redoutais une punition.	Nie chciało mi się wstać, wstałem jednakże, lękając się kary.

Il y a des verbes pronominaux de leur nature, appelés en français verbes pronominaux ou réfléchis essentiels, qui ne peuvent être employés sans *się* ; dans ce cas le pronom *się* reste invariable, et le régime du verbe pronominal se met au cas exigé par le verbe :

Il ne craint ni hommes, ni Dieu.	Nie boi się ani Boga ani ludzi.
Il joue à la balle.	Bawi się piłką.
Il s'adonne à l'étude.	Oddaje się nauce.

De même qu'en français il y a des verbes pronominaux accidentels, de même en polonais le pronom *się* peut être employé avec un verbe ordinaire, et alors il marque une action retombant sur le sujet et doit suivre le régime du verbe et se mettre au cas qu'il exige :

Je me suis acheté une canne.	Kupiłem sobie laskę.
Je me flatte de savoir l'arithmétique.	Pochlebiam sobie, że umiem arytmetykę.

Les Polonais emploient souvent *sobie* dans un sens difficile à traduire en français :

Ten sobie mówi, a ten sobie mówi.	Chacun parle en même temps pour son compte.
Idzie żołnierz polem, lasem, przyśpiewując sobie czasem.	Le soldat marche à travers vallons et bois en s'accompagnant quelquefois de chants.
Ta sobie, a ta sobie, płakały dziewice obie.	Les deux filles pleuraient, chacune de son côté.
Ja sobie mówię tak, a on sobie mówi nie.	Je me dis oui, et lui se dit non.

Quand on emploie, avec le verbe français, le pronom personnel suivi de *même*, comme *moi-même, toi-même*, ce pronom se traduit par *się*, suivi de *sam, sama, samo*, s'accordant en genre avec le sujet, en cas avec le pronom *się* ; *się* cesse d'être en ce sens pronom et devient régime et son accusatif ne sera plus contracté en *się*, mais exprimé par *siebie* :

Je me connais moi-même.	Znam siebie samego.
Nous nous sommes montré nos livres.	Pokazywaliśmy sobie nasze książki.

On place souvent *sam, sama, samo* au nominatif en l'accordant en genre avec le sujet, mais indépendamment du cas du pronom *się* :

Je me suis dit en moi-même ;	Mówiłem sam sobie ;
Vous trouverez la récompense de vos vertus en vous-mêmes.	Znajdziecie w samych sobie nagrodę waszych cnót.

PRÉPOSITIONS GOUVERNANT DEUX CAS

1° LE GÉNITIF ET LE DATIF.

Przeciw, contre ; *przeciwko*, vis-à-vis ; *naprzeciwko*, en face de :

Dans le sens de vis-à-vis et en face de, *przeciw* gouverne le génitif, et dans le sens de contre, le datif :

Naprzeciwko szkoły jest rogatka.	En face de l'école il y a une barrière.
Mieszka przeciwko mnie.	Il demeure vis-à-vis de moi.
Płynąć przeciw prądowi.	Nager contre le courant.

2° LE GÉNITIF ET L'ACCUSATIF.

Mimo, à côté de ; *pomimo*, malgré :

Dans le premier sens, *mimo* veut le génitif ; dans le sens de *malgré*, l'accusatif ou le génitif :

Il a passé à côté de moi sans dire mot.	Przeszedł mimo mnie nie mówiąc słowa.
Il est sorti malgré le mauvais temps.	Wyszedł mimo niepogody.
J'ai fait ceci malgré ma volonté.	Zrobiłem to pomimo mej woli (albo mimo mą wolę).

3° L'ACCUSATIF ET L'INSTRUMENTAL.

Między, *pomiędzy*, parmi, entre, gouvernent : l'accusatif, avec un verbe marquant le mouvement, et l'instrumental avec un verbe marquant le repos :

Włóżmy nasze zeszyty między książki.	Mettons nos cahiers entre nos livres.
Rozdaj te gruszki pomiędzy swoich kolegów.	Distribue ces poires entre tes camarades.
Polska leży pomiędzy Odrą i Dnieprem.	La Pologne est située entre l'Oder et le Dnieper.

Ty odpoczywasz między drzewami i pomiędzy kwiatami. — Tu reposes entre les arbres et au milieu des fleurs (*parmi les fleurs*).

Nad, gouverne généralement l'instrumental mais, pour marquer la supériorité absolue, il gouverne l'accusatif :

Au-dessus de la ville. — Nad miastem.
Je préfère les fruits au-dessus de tout. — Przenoszę owoce nad wszystko.

Nad, traduit en français par *sur*, gouverne toujours l'instrumental avec le verbe qui marque la pitié, *litość* ; l'étonnement, *zadziwienie* ; l'affliction, *zmartwienie*, etc. :

J'ai pleuré longtemps (*sur*) mon ami. — Płakałem długo nad przyjacielem.
Prendre quelqu'un en pitié, (s'apitoyer sur quelqu'un). — Litować się nad kimś.
Réfléchir sur un sujet. — Rozmyślać nad jakim przedmiotem.

Pod, traduit par *sous*, gouverne soit l'accusatif soit l'instrumental, selon qu'il marque le mouvement ou le repos :

Schował się pod ławkę. — Il s'est caché sous le banc.
Zeszyt leży pod ławką. — Le cahier est sous le banc.

La préposition *przed* (devant) suit la même règle :

Il a jeté devant sa maison. — Wyrzucił przed dom.
Il est assis devant la maison. — Siedzi przed domem.

Przed, dans le sens de *avant*, se rapportant au temps, exige toujours l'instrumental :

Przed godziną, przed wiekiem, przed miesiącem, przed półrokiem.

4° LE GÉNITIF ET L'INSTRUMENTAL.

La préposition *z* (*de* ou *avec*) dans le sens de *de*, marquant le mouvement pour venir de quelque part, régit le génitif, et dans le sens de *avec*, l'instrumental :

Je viens de Paris. — Przychodzę z Paryża.
Je viendrai avec mon ami. — Przyjdę z moim przyjacielem.

La préposition *z* veut encore le génitif pour marquer la cause ou la raison d'un sentiment ou d'une action :

Il éclata en larmes de colère. Rozpłakał się ze złości.
Il mourut de désespoir. Umarł z rozpaczy.

La préposition *z* veut le génitif pour marquer l'étoffe ou la matière dont une chose est faite :

Une table de marbre. Stół z marmuru.
Un pot de grès. Garczek z gliny.
Un glaive d'acier. Miecz ze stali.

La préposition *z*, gouverne le génitif après les substantifs, les adjectifs et les verbes qui désignent un mouvement de l'intérieur ou du haut d'un endroit.

Wyjść z domu. Sortir de la maison.
Wyjechać z kraju. Partir du pays.
Upaść z wieży Tomber d'une tour.

Z, exige le génitif pour marquer soit l'origine de la famille, soit une manifestation en dehors :

Pochodzę z ojca Polaka i z matki Francuzki. Je suis issu d'un père polonais et d'une mère française.
Bóg z ciebie mówi. Dieu parle par ta bouche.

Z, exige le génitif après le superlatif ; ou quand on veut nommer une partie enlevée d'une totalité :

Najwaleczniejszy z wodzów Le plus vaillant des chefs.
Najlepszy z uczni. Le meilleur des élèves.
Nic mu nie zostało z majątku. Il ne lui est rien resté de sa fortune.

Z, s'emploie dans les expressions :

Mówić z pamięci. Réciter de mémoire.
Z razu. Au premier abord.
Z przypadku. Par accident.

et entre dans la formation des adverbes de temps et de lieu :

Z rana — dès le matin. Zkąd — d'où.
Z wieczora — dès le soir. Ztąd — de là.
Ztamtąd — d'autre part.

Z s'imploie avec le nominatif ou l'accusatif dans le sens *d'environ* ou d'à peu près, mais alors il cesse d'être préposition et devient adverbe marquant une quantité approximative, et le substantif précédé par cet adverbe suit le régime du verbe :

Zostawcie nam z pół godziny do pracy.	Laissez-nous encore une demi-heure de travail.
Zapisaliśmy ze trzy arkusze.	Nous avons rempli à peu près trois feuilles d'écriture.
Pożyczył mi z dziesięć złotych.	Il m'a prêté à peu près une dizaine de florins.

THÈME XLIX.

D'abord, najpierw;
actif, czynny;
ajouter, dodać;
ambulant, wędrowny;
analyser, rozbierać;
l'arme, broń;
attaquer, napaść;
l'autorité, władza;
une bagatelle, drobnostka;
bientôt, wnet;
blanchir, posiwieć, bielić;
la bosse, guz;
brun, brunatny, czarny;
un camarade, kolega;
par cœur, na pamięć;
cogner, uderzyć;
collin-maillard, ślepa ba-
le commun, czeladź; [ka;
compter, rachować;
concerner, tyczeć się cze-
contre, przeciw; [go;
défaut, brak, niedostatek;
défendre, bronić;
dépendre, zależeć;
derrière, z tyłu;
désespérer, rozpaczać;
devenir, stać się;
la division, dzielenie;
d'enfant, dziecinny;
enseigner, nauczać;
ensuite, potem;
examiner, egzaminować;
la fête, święto;
gagner, wygrać, zarobić;
la gorge, gardło;
grossir, powiększać się;
guérir, leczyć;
le hasard, przypadek;
jaser, gwarzyć;
le jouet, zabawka;
journellement, codziennie;
le mal, ból, zło;
la moitié, połowa;
notamment, mianowicie;
nullement, wcale nie;
à outrance, do ostatka;
de part en part, na wylot;
pendant, podczas;
la peur, strach;
la pitié, litość;
la pluie, deszcz;
le poing, pięść;
le progrès, postęp;
quelque part, gdzieś,
rappeler, przypomnieć;
répéter, powtarzać;
un rhume, katar;
sauter, podskakiwać;
sécher, wysychać;
sembler, zdawać się;
séparément, oddzielnie;
soulagement, ulga;
taire, milczeć;
technique, techniczny;
la toupie, fryga;
tourner, kręcić;
traduire, tłumaczyć;
tremper, zmoczyć;
la tristesse, smutek;
trouver, znaleźć;
vis-à-vis, naprzeciwko;
voisin, sąsiad;
se voûter, zgarbić się.

(*Vendredi, le* 28 *Mars* 18.., *à* 8 *heures* 5 *minut. du matin.*)

1. Ayant passé six mois en VIe classe, veuillez me dire ce que vous y avez appris. — Cela dépend de ce qu'on

a enseigné ; il y a des leçons que nous prenons en commun avec la division technique, et il y en a d'autres que chaque division prend séparément. — Mais je veux parler de la langue polnaise. — En ce qui concerne le polonais, nous avons appris la grammaire, notamment les verbes actifs ; nous les avons traduits, analysés et appris par cœur, de sorte qu'à la rigueur nous pouvons déjà parler. — Je crois que vous vous flattez d'avoir appris tout cela et vous ne savez pas la moitié de ce que vous dites. — Nous ne nous flattons pas le moins du monde ; d'abord nous n'avons pas l'habitude de nous flatter nous-mêmes, puis nous n'avons personne qui nous flatte. — Au contraire, deux fois l'année, pendant les examens le Directeur de l'école et journellement les professeurs nous répètent que nous ne faisons pas assez de progrès. — Comment te portes-tu, mon cher Jean ? tu es silencieux et triste, ne serais-tu pas malade par hasard ? — Non, mon cher ; Dieu merci ! je me porte bien, mais j'ai du chagrin, parce que mes parents sont malades ; c'est là ce qui m'attriste. — Ne te chagrine pas tant ; espérons qu'ils seront bientôt guéris, et puis la tristesse n'est nullement un soulagement. — Ecoute, petit garçon : pourquoi t'exposes-tu à la pluie ? tu vas être trempé de part en part. — Qu'est-ce que cela me fait ? Quand je serai trempé, je me sécherai. — Mais tu seras affecté d'un rhume, d'un mal de gorge, ou, ce qui est pire, de maux de dents. — Que comptez-vous faire cet été ? — Nous comptons bien étudier pendant la semaine ; les dimanches et les jours de fête nous sortirons chez nos parents, et les jeudis nous irons au bain. — Connaissez-vous ce monsieur que vous examinez ainsi ? — Il me semble que je l'ai vu quelque part, mais je ne le reconnais plus. — Je vous aiderai à vous le rappeler ; c'est un ancien voisin qui tenait vis-à-vis de notre maison une boutique de jouets d'enfants. — Mais l'autre était plus grand et brun, et celui-ci est plus gros et a des cheveux blancs. — Mais, mon Dieu ! il y a dix ans de cela ; il a grossi, blanchi et est devenu voûté. — Pourquoi cet homme s'arrache-t-il les cheveux ? — On dit qu'il a beaucoup de chagrin et qu'il est très malheureux ; il paraît qu'il a perdu la moitié de sa fortune. Il fait mal de se désespérer ainsi, car il ajoute la douleur au chagrin ; il perdra une partie de ses cheveux sans recouvrer sa fortune. — Qu'avez-vous à la main ? — Oh ! ce n'est rien ; je me suis coupé avec un canif en voulant tailler mon crayon. — Et à la jambe ? — C'est une bagatelle ; en sautant, je me suis donné une légère entorse. — Et au front qu'avez-vous ? — Une bosse, qui m'est venue parce que je me suis cogné contre un arbre, en me sauvant devant un camarade qui voulait me battre. — Mais à l'œil qu'avez-vous ? — En jouant à colin-maillard, votre garçon m'a enfoncé le doigt dans l'œil. — Mais, mon cher, vous êtes un hôpital ambulant, et, à vous seul, vous occuperiez un médecin et une pharmacie. — Qu'a votre voisin ? allez le voir, on dirait qu'il est fou ; il se parle à lui-même ; il fait aller ses bras comme un moulin, il frappe sa poitrine de ses poings, il pousse des cris et se désole comme un possédé. — Je ne sais pas au juste ce qu'il a, mais on dit que c'est un avare, et je crois qu'on lui a volé de l'argent. Il a tort de se désespérer tant ; pense-t-il par hasard que le voleur le prendra en pitié et lui rendra sa bourse ? — Dites-moi ce que vous feriez étant attaqué par des voleurs ? — N'ayez pas peur, je ne perdrais pas la tête ; je me sauverais à toutes jambes. — Moi je ne me sauverais pas, parce qu'ils me battraient par derrière, mais je me défendrais à outrance. — Et avec quoi vous défendriez-vous ? — Avec tout ce que je trouverais sous ma main, et, à défaut d'armes, avec un bâton, avec des pierres, et, si je manquais d'armes, avec le pied, le poing, les ongles et les dents. — Asseyez-vous et taisez-vous ; vous tournez comme une toupie et vous jasez comme une pie. — Je demandais quelque chose à mon voisin, et je cherche mon cahier que je ne peux pas trouver parmi mes papiers.

THÈME L.

Eh bien, a zatem, co;
s'approcher, zbliżać się, przybliżyć się;
armer, uzbroić;
au milieu de, pośród;
aussitôt, natychmiast;
la banque, bank;
la barque, łódka;
une botte, un paquet, pęk;
le brigand, rozbójnik;
le brouillard, mgła;
cacher, ukrywać;
cachette, ukrycie;
la cause, sprawa;
certain, pewny;
le champ de bataille, plac boju;
chapelier, kapelusznik;
le chef, wódz, naczelnik;
découvrir, odkryć;
la défense, obrona;
le dépit, przekora, gniew;
le détail, szczegół;
la discorde, niezgoda;
le discours, mowa;
doubler, podwoić;
ducat, dukat;
l'écu, talar;
l'embouchure, ujście;
emmener, wyprowadzić;
empiéter, wdzierać się w cudze sprawy;
enfoncer, wbić;
énorme, ogromny;
entre, między;
l'époque, epoka;
l'état, państwo, stan;
en face de, naprzeciwko;
inconvénient, niedogodność;
intérieur, wewnętrzny;
interroger, wypytywać;
l'inscription, napis;
l'Italie, Włochy;
la liberté, wolność;
la lune, księżyc;
malgré, mimo, pomimo;
monument, pomnik;
nager, pływać;
la nationalité, narodowość;
nommer, nazywać;
omettre, opuszczać;
la paille, słoma;
palpiter, drżeć;
pareil, podobny;
partir, pójść, odjechać, pojechać;

le clocher, dzwonnica;
combattre, walczyć;
concorde, zgoda;
conduire, prowadzić;
confluent, napływnik;
par conséquent, a więc;
contre, przeciw;
courageusement, odważnie;
le courant, bieg, prąd;
le cuivre, miedź;

le florin, złoty (moneta)
la force, siła;
gauche, lewy;
géographie, jeografia;
gros, grosz;
demi-gros, szeląg;
habiter, mieszkać;
hésiter, wahać się;
Hollande, Holandja;
hôtel de ville, ratusz;
important, ważny;

périr, zginąć;
personnellement, osobi- [ście;
la plaine, równina;
pleuvoir, padać (deszcz);
plonger, zanurzać;
pluvieux, deszczowy;
le plus tôt possible, najprędzej;
préparer, przygotować;
présumer, przypuszc[illegible];
prétendre, mniema[illegible]

procuration, pośrednictwo;
protéger, opiekować się;
la providence, opatrzność;
puissant, potężny;
rameau, gałązka;

le rateau, grabie;
remontrance, napomnie- {nie;
renfermer, zawierać;
repasser, wyprasować;
représenter, przedstawiać;
résister, opierać się;

retenir, zatrzymać;
rivière, rzeka;
le territoire, kraj;
le torrent, potok;
la troupe, wojsko;
vrai, prawdziwy.

(*Mardi le* 29 *Mars* 18.., *à* 1 *heure moins* 20.)

1. Quelles sont les nouvelles d'Italie ? — Elles sont très importantes. Les Autrichiens ont empiété sur le territoire sarde ; aussitôt les troupes italiennes se sont portées au-devant de l'ennemi, et leur chef les ayant conduites sur le champ de bataille, les a haranguées en engageant les soldats à combattre courageusement pour défendre leur nationalité, leurs foyers, leur liberté et leur indépendance ; il a terminé son discours en disant : le droit et Dieu sont avec nous ; qui sera contre nous ? — Chez qui portez-vous ce chapeau ? — Je le porte chez un chapelier qui demeure dans la grande rue, pour le raccommoder et le repasser. — Dites donc, farceur, pourquoi ne me rapportez-vous pas les livres que je vous ai prêtés depuis deux mois ? Rapportez-les le plus tôt possible, car je ne peux pas m'en passer. — Eh bien ! ne vous fâchez pas tant ! je vous les rapporterai si vous en avez tant besoin. — Dites-moi où est la maison de votre parent ? Dimanche passé je l'ai cherchée tout l'après-midi sans pouvoir la découvrir. — Cependant je vous ai dit qu'elle était située au bord de la Seine, en face de l'Hôtel de Ville, entre un menuisier et un marchand de vin. — Au milieu de la plaine, entre la ville et le village, il y a une vieille église avec deux clochers bâtis pendant ou peut-être avant la première invasion des Suédois ; elle renferme les tombeaux d'hommes très connus dans l'histoire et beaucoup de monuments de ces temps-là. — Jeudi passé, pendant

une nuit pluvieuse et sombre, on ne voyait personne sur la route ; j'allais chez mon ami habitant la campagne, éloignée d'une lieue de la ville ; je n'étais qu'à quelques pas de sa demeure, lorsque je vis un homme qui s'approchait de moi ; il avait le chapeau enfoncé sur les yeux et il était armé d'un fusil. Une pensée me traversa subitement la tête : si c'était un brigand ! J'étais seul, éloigné de toute habitation, privé de tout secours et sans armes ; comme je l'ai déjà dit, la maison de mon ami n'était qu'à quelques pas ; mais j'en étais séparé par la rivière, que je ne pouvais franchir si tôt, parce qu'il n'y avait pas de pont et je ne voyais pas de barque, ni personne au bord de la rivière. Sans hésiter plus longtemps sur ce que je devais faire, je revins sur mes pas et je me retirai, en doublant le pas, vers le bois d'où je sortais. J'arrivai essoufflé au bois ; là, me cachant derrière un arbre, j'attendis quelques moments et, le cœur palpitant, je vis mon prétendu brigand s'approcher de ma cachette qui était près d'un chantier ; au clair de la lune je distinguai alors que c'était une vieille femme portant sur son dos une énorme botte de paille, et ce que j'avais pris pour un fusil, c'était un râteau. — Savez-vous nager ? — Je ne nage pas mal, mais je ne sais pas nager sur le dos, et je ne peux pas nager contre le courant, et en plongeant je bois toujours de l'eau. — Etes-vous assez préparé pour votre examen de géographie ? — J'ai travaillé sans omettre une seule leçon ; cependant je ne suis pas certain d'être bien préparé. Interrogez-moi en me donnant des questions faciles. — Eh bien dites-moi sur quelle rivière est situé Posen ? — Sur la Warta. — Et Kraków ? — Sur la Vistule. — Et Varsovie ? — Sur la rive gauche de la Vistule. — Et Gdańsk ? — A l'embouchure de la Vistule. — Et Wilno ? — Au bord de la Wilia. — Et Kowno ? — Au confluent de la Wilia et du Niemen. — Et Léopol ? — Sur le bord d'un petit torrent appelé Peltew. — Je vois que vous en savez plus que je ne présumais. — Quel temps fait-il aujourd'hui ? Est-ce qu'il pleut ? — On ne peut pas dire qu'il pleut, mais il fait un temps humide ; il y a un brouillard qui vous mouille de part en part et je crois qu'il va pleuvoir pendant quelques jours. — Vous savez que l'année passée, à pareille époque, il a plu pendant deux semaines. — Est-ce que votre ami est parti pour son voyage ? — Oui, il est parti malgré la mauvaise saison ; je l'ai retenu de toutes mes forces, je lui ai représenté l'inconvénient de voyager en une pareille saison. Mais il s'est obstiné et il est parti malgré mes remontrances, en dépit de mes observations, et malgré le mauvais chemin, il a résisté même à ses parents et à ses amis. — Dites-moi quel argent circule en Pologne ? — Dans le grand commerce circule la monnaie d'or et d'argent de tous les pays et les papiers de toutes les banques; mais dans le commerce de détail et d'intérieur, il y a des écus, des florins, des gros et des demi-gros en cuivre. — Est-ce qu'il n'y a pas de monnaie d'or ? — Oui, il y a des pièces nommées ducats, venant surtout de Hollande, avec l'inscription : « Par la concorde grandissent les petits États, par la discorde, périssent les plus puissants ». — Connaissez-vous Mme D. ? — Je ne la connais pas personnellement, mais j'ai entendu dire d'elle beaucoup de bien; à ce qu'il paraît, c'est une vraie Providence ; elle prend en pitié tous les pauvres et elle protège les malheureux ; elle les soulage, les soigne à ce point que vous ne trouverez pas un malheureux qui ne parle d'elle comme d'un ange. — Quand aurons-nous la fête de Pâques cette année? — Le 23 avril ; par conséquent dans 25 jours. — La fête des Rameaux tombera le 16. — Mais si vous voulez passer les Pâques en liberté, il faut travailler et vous bien conduire, car malgré votre application vous méritez toujours des retenues. — Vous dites que vous vous trouvez mal à votre aise ; je vous dirai que ce n'est encore rien au prix de ce qui peut arriver. Il y a un proverbe qui dit : Le loup n'engraisse pas par procuration ; et un autre : « Passez doucement sur le pavé et sur le pont, si vous voulez avoir les côtes en bon état ». — Un autre proverbe dit : « Il n'y a rien au-dessus de la santé » ou « qui dépense plus qu'il n'a, n'ira pas loin ». — Un pauvre soldat allait demander des secours en pleurant sur son malheur. Dieu ! ayez pitié de lui ! — Il n'y a que les méchants qui tourmentent les plus faibles.

Leçon XXXII (Trzydziesta druga Lekcya).

DE LA CONJUGAISON PASSIVE

(O CZASOWANIU BIERNEM).

Les verbes passifs se conjuguent en polonais à l'aide du verbe *być*, employé comme auxiliaire, et du *participe passé passif*, qui est terminé en : *any*, *ony*, *ily*, *yly* qu'on fait accorder avec le sujet en nombre, en genre et en cas :

Je suis aimé,	Jestem kochany.
Elle est vue,	Jest widziana.
L'enfant sera puni,	Dziecko będzie ukarane.

Mais on se sert rarement en polonais de la voix passive, et l'on emploie plutôt l'actif en changeant le sujet français en régime et le régime en sujet ; ainsi on traduit :

Le père est aimé de ses enfants,	Dzieci kochają ojca (Les enfants aiment leur père).
Sa mauvaise conduite a été punie par le Directeur.	Dyrektor ukarał jego złe prowadzenie (Le directeur a puni sa mauvaise conduite).

Mais si les verbes passifs français n'ont pas de régime, qui puisse devenir sujet en polonais, on change ces verbes passifs en verbes impersonnels, ce qui se fait de trois manières.

1° On emploie le pluriel, surtout la troisième personne du pluriel du verbe actif, en faisant du sujet français le régime du verbe polonais :

Ces enfants sont récompensés parce qu'ils étudient bien (On récompense ces enfants parce qu'ils étudient bien).	Nagradzają te dzieci bo się dobrze uczą.

2° On transforme le verbe passif en verbe pronominal :

Les enfants sages sont généralement récompensés.	Zwykle się nagradza grzeczne dzieci.

3° On traduit le verbe passif par le verbe pronominal, en l'employant à la troisième personne du singulier, et alors le sujet français devient régime en polonais :

Les mauvais élèves sont punis et les bons récompensés (On punit les mauvais élèves et on récompense les bons).	Karze się złych uczniów a nagradza się dobrych.
Au jugement suprême, les méchants seront punis, et les bons récompensés.	Na sądzie ostatecznym złych się ukarze, a dobrych się nagrodzi.

De ces trois manières, la deuxième est la moins usitée.

Ces trois formes de verbes impersonnels ne sont usitées que pour le présent et le futur. Pour le passé, on emploie le passé impersonnel formé du participe passif en changeant ces terminaisons adjectives en *o* : Kochany, kochano ; widziany, widziano ; bity, bito.

Ce temps passé étant impersonnel n'a jamais de sujets définis et il régit le même cas que le verbe actif dont il est formé :

Ce livre a été lu et relu ;	Czytano i odczytano tę książkę.
On l'a battu comme il faut.	Obito go jak należy.

Le verbe pronominal, employé impersonnellement au présent et au futur, ainsi que le passé impersonnel terminé en *o*, peuvent se traduire en français par le même temps actif, ayant pour sujet le pronom indéfini *on* :

On lisait beaucoup de livres et on apprenait peu de choses ;	Czytano dużo książek a uczono się mało.
Autrefois on divisait la France en provinces.	Dzielono niegdyś Francyję na prowincye.

THÈME LI.

Après-midi, popołudnie;
champs-Elysées, Elizejskie pola;
cher, drogi;
le cœur, serce;
le congé, urlop;
content, zadowolniony;
jamais, nigdy;
la jambe, noga;
jeudi saint, wielki czwartek;
long, długi;
louer, chwalić;
la matinée, poranek;
médire, obmawiać;
mentir, kłamać;
natif, urodzony;
nauséabond, niezdrowy, ckliwy;
le nom, nazwisko;
contraire, przeciwny;
cordialement, serdecznie;
distribuer, rozdać;
l'escalier, schody;
étouffer, dusić;
faire tort, krzywdzić;
l'occasion, sposobność;
une orange, pomarancza;
particulièrement, szczególnie;
poli, grzeczny;
présenter, przedstawić;
le quai, wybrzeże;
rassasier, nasycić;
récompenser, wynagrodzić;
refroidir, ochłodzić;
remonter, płynąć w górę;
remplir, napełnić;
royal, królewski;
gâter, psuć;
la grâce, łaska;
la guerre, wojna;
habituel, zwyczajny;
impossible, niepodobny;
inventer, wynaleźć;
satisfaire, zadowolnić;
serviable, usłużny;
sombre, ciemny, pochmurny;
souvent, często;
tarder, zwlekać;
tellement, tyle;
tout au plus, najwięcej;
tout de suite, natychmiast;
traverser, przejść, przebyć.

(*Lundi le 4 Avril* 18.., *à* 6 *heures du matin.*)

Je vous souhaite le bonjour, mon ami; comment avez-vous passé la nuit? — J'ai dormi parfaitement bien, fatigué de ma promenade d'hier et ayant passé la nuit précédente sans dormir. — Dites-moi quel temps il fait dehors. — Il paraît faire sombre. — Est-ce qu'il pleut par hasard ? — Il ne pleut pas pour le moment, mais je crains qu'il ne pleuve et je voudrais sortir. — Ne craignez rien ; une matinée sombre est le présage habituel d'une belle journée. Au contraire, quand le soleil levant est trop ardent, le temps se gâte souvent dans le courant de la journée. — Mais d'où revenez-vous de si grand matin? Je reviens de chez mon cousin qui est malade. J'avais l'intention de rester plus longtemps chez lui, mais malgré moi je l'ai quitté. On étouffe chez lui, tellement il fait chaud ; de peur de se refroidir, il ne donne jamais d'air à sa chambre, remplie de toutes sortes d'odeurs nauséabondes. — De quelle province de la Pologne êtes-vous? — Je suis de la petite Pologne, mais mon père était natif de Lithuanie. — Sortez-vous souvent de l'école ? — Pas souvent, mais je sortirai le Jeudi-Saint, si je ne suis pas retenu ; car c'est bien triste d'être privé de sortie, quand il y a plusieurs jours de congé de suite. — Cela dépend de vous ; travaillez avec zèle, conduisez-vous bien, et personne ne pourra vous priver de sortie. — Je suis bien content de ce que vous me dites là, car le Directeur m'a dit qu'il était satisfait de moi. — Eh bien! je vous félicite de tout mon cœur. — Votre frère restera-t-il longtemps en Allemagne ? — Je crois qu'il ne tardera pas à revenir : j'ai reçu de lui une lettre dans laquelle il m'écrit qu'après Pâques, ou tout au plus au commencement du mois prochain, il reviendra. — Aimes-tu les oranges ? — Je les aime beaucoup ; le jour de l'an on m'a donné pour mes étrennes une pièce de cinq francs ; tout de suite, en sortant de la maison, j'ai acheté pour trois francs d'oranges. Cependant il faut dire la vérité ; j'en ai distribué la moitié; mais comme, à cette époque, elles étaient assez chères, je ne m'en suis pas bien rassasié ; j'en ai mangé six ou sept pendant deux jours. — Irons-nous quelque part aujourd'hui ? — Je veux bien si tu as le temps. — Où irons-nous d'abord ? — Nous irons d'abord aux Champs-Elysées, ensuite nous traverserons la place de la Concorde, et, après avoir traversé le jardin des Tuileries et le pont Royal, nous longerons le quai Voltaire en remontant la Seine, puis la rue du même nom ; nous traverserons le jardin du Luxembourg, et, arrivés au boulevard du Montparnasse, nous le descendrons jusqu'au Jardin des Plantes. Eh bien! peut-on trouver une plus belle promenade ? — En vérité elle est bien belle, mais elle est trop longue et toute chose, si belle qu'elle soit, si elle dure par trop longtemps, fatigue à la fin. — Qui est donc ce monsieur qui vous a salué si cordialement ? — C'est un homme qui me connaît depuis mon enfance, qui est un ami de notre famille et dont je suis aimé particulièrement. — Que faut-il faire pour être aimé ? — D'abord, il faut être poli avec tout le monde, ne jamais faire de tort à personne et ne médire de personne et ne jamais mentir. Puis, il faut être serviable et, quand l'occasion s'en présente, faire du bien même à ceux qui nous ont fait du mal. — Pourquoi a-t-on tellement loué cet enfant ? — On l'a loué parce qu'il travaille bien. — Et pourquoi cet autre enfant a-t-il été puni ? — Parce qu'il a été paresseux et méchant. — Votre fille est-elle souvent récompensée ? — Elle est souvent récompensée parce qu'elle étudie bien. — Que dit-on à la Bourse ? — On dit que nous aurons la guerre. — Le croyez-vous ? — Pourquoi ne le croirais-je pas ? il n'y a rien d'impossible ; au contraire, c'est très probable. — Avez-vous été hier chez votre tante ? — Oui, j'y ai été tout l'après-midi. — Dites-moi de grâce : y avait-il quelqu'une de mes connaissances ? — Il me semble qu'il y en avait plusieurs. — Vous m'avez dit que votre oncle était malade ; qu'a-t-il ? — Il est tombé dans les escaliers, et il s'est cassé la jambe.

Leçon XXXIII

(Trzydziesta trzecia Lekcya).

DES VERBES IMPERSONNELS

(O SŁOWACH NIEOSOBISTYCH).

Les verbes impersonnels ont tous les modes et tous les temps, mais ils ne peuvent se conjuguer qu'à la troisième personne du singulier et, au temps passé, ils n'ont que le genre neutre : grzmieć, tonner, grzmi, il tonne, grzmiało, il tonnait, zagrzmi *ou* będzie grzmiało, il tonnera.

Il y a deux espèces de verbes impersonnels : les uns expriment une action ou un état, où l'on ne saurait exprimer un sujet ; alors ils se traduisent par le verbe précédé de *il*. Les plus usités de ces verbes sont ;

Grzmieć, tonner, *padać*, tomber, *marznąć*, geler, *dziać się*, se faire, *dnieć*, poindre, *świtać*, commencer à faire jour, *ciemnieć*, *zmierzchać*, *się*, faire sombre ;

Les autres constituent les verbes unipersonnels, qui se conjuguent à la troisième personne du singulier et du pluriel ; ils peuvent avoir un sujet et un régime ; et lorsqu'ils ont un sujet, ils s'acordent avec lui en genre et en nombre.

Lorsqu'un verbe impersonnel en polonais sert à traduire un verbe français qui est personnel, le sujet français devient régime en polonais, et on met celui-ci à l'accusatif ou au datif, selon le cas régi par le verbe :

Ma mère a mal aux dents ;	Zęby bolą moją matkę.
Il a mal à la tête ;	Głowa go boli.

On peut former un verbe impersonnel des verbes actifs ou neutres, en ajoutant le pronom *się*, et en mettant le verbe à la troisième personne, mais le sujet, en français, devient régime en polonais ; ainsi au lieu de dire :

Ja chcę, *on dira* : chce mi się.
On dobrze spał — dobrze mu się spało.

Le verbe *być* peut être employé impersonnellement, et il sert à traduire le verbe *avoir* en français :

Il y a un homme.	Jest człowiek.
Il y a des hommes.	Są ludzie.
Il n'y aura pas de leçon.	Nie będzie lekcyi.

Il y a quatre verbes impersonnels qui ne s'emploient qu'à l'infinitif et dont la conjugaison se complète par le verbe auxiliaire *być* ; ce sont :

czuć, sentir, *znać*, connaître, *widzieć*, voir, *słychać*, entendre.

Le verbe *jest*, qui devrait s'employer au présent de ces quatre verbes, reste sous-entendu ; dans d'autres temps il s'exprime à la troisième personne du genre neutre :

On voit d'ici l'heure,	widać ztąd godzinę.

On ne doit pas oublier que les verbes polonais suivent

la construction impersonnelle après les nombres cardinaux et les adverbes de quantité :

Il y avait beaucoup de personnes.	Było wiele osób.
Cela coûte beaucoup d'argent.	To kosztuje dużo pieniędzy.
Ce verre me sert depuis quatre ans.	Ta szklanka służy mi już cztery lata.

Le verbe *stać się* ou *stawać się*, devenir, a une double construction : il est impersonnel, quand il indique une chose accidentelle ; et personnel, quand on énonce une qualité acquise par le propre effort du sujet :

Qu'est-ce qu'il est devenu.	Co się z nim stało?
Chaque jour il devient plus méchant.	Co dzień staje się gorszym.

Outre les verbes impersonnels, il y a des expressions unipersonnelles formées du verbe auxiliaire *być* et de quelques substantifs et adverbes :

Szkoda, c'est dommage ; *przykro*, c'est fâcheux ; *prawda*, c'est vrai.

Ces expressions peuvent être formées de presque tous les adjectifs, en les terminant en *o* et en les construisant avec le verbe *być* :

Smutno mu.	Il est triste.
Niezdrowo jest siedzieć długo.	Il est malsain d'être assis longtemps.

Il y a encore des expressions impersonnelles, qui se conjuguent avec le verbe *być* comme : *trzeba*, il faut, *można*, on peut, *podobna*, il est probable.

THÈME LII.

A peine, ledwie, zaledwie;	la branche, gałązka;	cueillir, rwać;
attacher, przywiązać;	le cadeau, podarunek;	charger, obciążać;
d'autant plus, zwłaszcza;	le cahier, zeszyt;	conserver, zachowywać;

convenir, przystać, umówić się;
couvert, pokryty;
cruel, okrutny;
se distraire, rozerwać się, zabawić się;
dorer, złocić;
l'éclair, błyskawica;
éclaircir, wyjaśnić;
en effet, rzeczywiście;
s'élancer, rzucić się;
enjamber, przekroczyć;
s'ennuyer, nudzić się;
entreprendre, przedsiębrać;
éviter, unikać;
l'excès, zbytek;
fâcheux, przykry;
geler, marznąć;
imaginer, wymyślić;
interrompre, przerwać;
laver, myć;
nulle part, nigdzie;
oublier, zapominać;
le parti, strona, stronnictwo;
parvenir, dojść;
se passer, dziać się;
le poirier, grusza;
promettre, przyrzec;
se réjouir, cieszyć się;
réussir, udać się;
le rêve, sen;
réveiller, obudzić;
rêver, śnić;
la rosée, rosa;
savoureux, wyborny;
tonner, grzmieć.

(*Le* 11 *Avril* 18.., *à* 6 *heures* 5 *minutes du matin.*)

Il faut travailler pour parvenir à quelque chose dans ce monde, et surtout tant qu'on est jeune. Pour vivre longtemps et conserver sa santé, il faut éviter les excès. — De quoi a-t-on besoin pour faire des emplettes ? — Quant à cela il faut deux petites choses : la volonté d'acheter et de l'argent. — N'oublie pas, mon jeune ami, que la modestie convient bien à un jeune homme. — Que se passe-t-il dehors ? — Il tombe de l'eau, mais il fait chaud, ce qui est d'autant plus étonnant qu'hier il a plu toute la journée ; il a même tonné, il faisait des éclairs et le temps ne s'est pas refroidi. — Levez-vous, paresseux ! il est déjà tard. — Il fait à peine jour. — Tu le dis parce que tu as sommeil, et tu n'as pas ouvert les yeux. — En effet, il me semble qu'il fait déjà jour, mais c'est fâcheux que tu m'aies réveillé ; tu m'as interrompu dans un bien beau rêve. Imagine-toi, je rêvais que nous étions déjà en vacances ; j'étais à la campagne, il n'y avait plus de leçons, pas la moindre retenue au monde. Mes livres et mes cahiers attachés avec une forte corde, gisaient sous la table, tout couverts de poussière, et par une croisée ouverte on voyait des champs couverts de blé ; près de la fenêtre garnie de ceps de vigne s'élevait un magnifique poirier tellement chargé de fruits que les branches en craquaient ; j'enjambais la croisée, je m'élançais sur l'arbre et je cueillais à pleines mains les belles et savoureuses poires lavées par la rosée et dorées par le soleil ; et toi, cruel, tu choisis un moment pareil pour me réveiller. — Savez-vous ce qu'est devenue la veuve de notre ami Antoine ? — Elle est partie pour la Russie ; après avoir perdu son mari et ses parents, elle ne savait trop que faire ici ; elle avait entrepris un petit commerce, mais elle ne réussissait pas ; elle a eu honte de demander du secours aux amis de son mari, et elle s'est décidée à accepter une place de gouvernante à Saint-Pétersbourg, où elle est assez bien. — Comment allez-vous ? — Je vous remercie, je vais assez bien, mais tous les miens sont malades ; celui-ci a mal à la tête, celui-là a mal aux yeux, et mon fils aîné a mal à la jambe depuis l'accident qui lui est arrivé l'autre jour. — De quoi vos enfants se sont-ils tant réjouis hier ? — Ils se sont réjouis, parce que je leur ai promis de leur acheter des cadeaux pour récompenser leur bonne conduite. — Est-ce que vous êtes malade ? — Je ne suis pas malade, mais je suis triste, je m'ennuie. Le temps est couvert, on ne peut sortir et je n'ai rien à faire, ni aucun livre pour me distraire. — A-t-il gelé cette nuit ? — Il n'a pas gelé, il ne gèle plus depuis deux semaines, mais il a plu ; il pleut même encore, mais le temps va s'éclaircir vers midi, je l'espère, et nous aurons chaud cet après-midi.

Leçon XXXIV

(Trzydziesta czwarta Lekcya).

SUITE DES PRÉPOSITIONS QUI GOUVERNENT DEUX CAS

(DALSZY CIĄG PRZYIMKÓW KTÓRE RZĄDZĄ DWOMA PRZYPADKAMI).

ACCUSATIF ET PRÉPOSITIONNEL

1° *Na* (Sur), gouverne l'accusatif après les verbes marquant un mouvement dirigé vers un endroit et se traduit alors en français par *sur* ou *à* : iść na plac, jechać na wieś.

2° *Na*, employé dans le même sens avec les verbes marquant le repos, gouverne le prépositionnel : być na placu, mieszkać na wsi.

3° *Na* s'emploie lorsqu'après le verbe marquant le mouvement dans un lieu ou chez une personne, on indique le but du mouvement par un substantif ; celui-ci est précédé de *na* avec l'accusatif ;

Je vais à la leçon,	Idę na lekcyę.
Je vais à la guerre,	Idę na wojnę.
Je vais chez mon ami pour une conversation.	Idę do mego przyjaciela na rozmowę.

On voit que dans ce sens *na* veut dire *pour* et qu il remplace l'infinitif français précédé de *pour* :

J'ai l'argent pour acheter une maison.	Mam pieniądze na kupienie domu.

4° C'est encore dans ce sens que *na* gouverne l'accusatif après les verbes marquant l'invitation : -

Je vous invite à dîner,	Zapraszam cię na obiad.

Mais dans le même sens, avec un verbe qui n'exprime pas le mouvement ou qui ne le suppose pas, *na* gouverne le prépositionnel :

Quand je suis en récréation, je m'amuse de bon cœur ;	Gdy jestem na rekreacyi bawię się serdecznie.
Quand je suis à la leçon, j'étudie.	Gdy jestem na lekcyi, uczę się.

5° *Na* veut l'accusatif pour exprimer la manière, et se traduit en français par *à* :

Acheter à crédit,	Kupić na kredyt.
Apprendre par cœur,	Uczyć się na pamięć.
Ouvrir la porte à deux battants.	Otworzyć drzwi na rozcież.

C'est aussi pour marquer la manière que *na* régit l'accusatif pluriel après les verbes : *vendre, acheter, mesurer, compter*, mais alors il signifie *par* :

Kupiec sprzedaje cukier na funty,	Le marchand vend le sucre par livre.
Jedwabie kupują się na łokcie.	Les soieries s'achètent par mètre.

6° C'est encore en marquant la manière que *na* veut l'accusatif après un verbe qui indique *la souffrance, la plainte* ; il se traduit par la préposition *de* :

Il se plaint de son sort,	Skarży się na swój los.
Je souffre de la tête.	Cierpię na głowę.

Après le verbe se battre *bić się*, *Na* veut l'accusatif :

Ils se sont battus au sabre. Bili się na pałasze.

Il arrive cependant que l'on se sert de *na* régissant le prépositionnel même après les verbes indiquant *la manière*, surtout si le verbe n'exprime pas le mouvement ; ainsi après le verbe *grać* se rapportant à l'instrument dont on joue, le nom de l'instrument est précédé de *na* régissant le prépositionnel :

Grać na skrzypcach, Jouer du violon.

On dit aussi :

Chodzić na palcach, Marcher sur la pointe des pieds.
Leżeć na boku, Etre couché sur le côté.

Na, avec le nom marquant le temps, gouverne l'accusatif et exprime la longueur du temps ; il rend la préposition française *pour* :

Arrêtez-vous pour un moment, Zatrzymaj się na chwilę.
Il est venu à Paris pour tout l'hiver. Przyjechał do Paryża na całą zimę.

Souvent on emploie *na* avec l'accusatif, où il n'y a point de prépositions en français, surtout pour marquer le temps prochain :

L'été prochain nous irons à Londres. Na przyszłe lato pojedziemy do Londynu.

Na gouverne l'accusatif après les quarts-d'heure et les minutes sur l'heure suivante :

Kwadrans na siódmą, Six heures et un quart.
Dwadzieścia minut na szóstą. Cinq heures et vingt minutes.

Na s'emploie après quelques substantifs, pour marquer leur rapport ou leur destination à quelque chose comme : drap pour manteau, *sukno na płaszcz* ; papier à lettre, *papier na list* ; et après les adjectifs : *długi*, long, *szeroki*, large, *głęboki*, profond, *wysoki*, haut ; *na* veut l'accusatif des mots marquant la longueur, la largeur, la profondeur, la hauteur :

Most długi na dziesięć sążni.	Un pont long de dix toises.

O qui se traduit par : *sur, contre, par, de, à propos de* veut l'accusatif après les verbes : se heurter, *potknąć się, uderzyć się* ; s'accrocher, *zaczepić się, zawadzić się o coś* ; s'appuyer, *oprzeć się* :

Se heurter contre une pierre,	Potknąć się o kamień.
S'accrocher à un clou,	Zawadzić się o gwóźdź.
S'appuyer contre un arbre.	Oprzeć się o drzewo.

O gouverne l'accusatif avec les verbes marquant dispute *kłótnię*, procès *prawowanie się*, concours *współubieganie*, lutte *walkę*, et se traduit par *pour, de, à propos de* :

Les élèves se disputent avec le moniteur pour une feuille de papier.	Uczniowie kłócą się z monitorem o arkusz papieru.
Trois élèves ont concouru pour le premier prix,	Trzej uczniowie ubiegali się o pierwszą nagrodę.
Ils ont fait un procès à propos de la maison.	Prawowali się o dom.

O régit encore l'accusatif avec le verbe qui marque : *une demande, une prière, une démarche, un souci*, et se traduit en français par *pour*, et quelquefois il ne se rend pas du tout :

Que lui demandez-vous ?	O co się pytasz.
Je lui demande ce que nous avons pour la leçon.	Pytam się go o to co mamy na lekcyę.
Je vous prie de me donner un livre.	Proszę Pana o książkę.
Tâchez de me procurer une place.	Postaraj się dla mnie o miejsce.
Il s'agit ici d'une grande affaire.	Chodzi tutaj o ważną sprawę.
Je ne me soucie de rien.	Nie troszczę się o nic.

Le mot marquant la différence du temps ou la distance d'un endroit à un autre est précédé de la préposition *o* gouvernant l'accusatif. Dans cette acception *o* se rend en français par *à* ou *de* :

Je suis plus âgé que lui d'une année.	Jestem starszy od niego o rok.
Je demeurais à une lieue de vous.	Mieszkałem o milę od Pana.

O régit le prépositionnel avec les verbes : parler, *mówić*, entendre, *słyszeć*, juger, *sądzić*, lire, *czytać*, écrire, *pisać*, s'informer, *dowiedzieć się*, *myśleć*, penser et d'autres verbes ayant un sens analogue et se traduit en français par *de* et quelquefois par *sur* ou *à* :

Que vous a-t-il dit de moi ?	Co ci mówił o mnie ?
Avez-vous lu l'ouvrage sur la fabrication du sucre ?	Czy czytałeś dzieło o wyrobie cukru ?
Avez-vous entendu parler de la guerre en Italie, et qu'en pensez-vous ?	Czy słyszałeś o wojnie we Włoszech i co myślisz o niej ?

O s'emploie encore avec le prépositionnel pour indiquer les heures ; mais pour marquer les divisions d'une heure on emploie *o* à l'accusatif et on le traduit en français par *à* :

Je me suis levé à une heure et, au quart, j'étais déjà sorti.	Wstałem o pierwszej, a o kwadrans na drugą jużem wyszedł.

O est usité avec le prépositionnel dans les noms de temps, dans les expressions suivantes :

O południu, à midi.
O północy, à minuit.
O wschodzie słońca, au lever du soleil.
O świtaniu, à l'aube.
O zachodzie słońca, au coucher du soleil.
O zmroku, au crépuscule.

Enfin *o* s'emploie avec le prépositionnel en énumérant les qualités ou les parties du corps d'un homme et d'un animal ou les parties d'un objet ; alors il signifie en français *à* :

Le jeune homme aux cheveux rouges.	Młodzieniec o włosach rudych.
Le chameau aux deux bosses.	Wielbłąd o dwóch garbach.

Un fort à trois bastions,	Twierdza o trzech basztach.
Un vaisseau à quatre-vingts canons et à trois mâts.	Okręt o ośmdziesięciu działach i o trzech masztach.

C'est dans ce sens qu'on dit :

Chodzić o kiju,	Marcher à l'aide d'un bâton.
Chodzić o kuli,	Marcher à l'aide de béquilles.
Chodzić o żebranym chlebie.	Faire sa route en mendiant son pain.

THÈME LIII.

Achever, dokończyć;
l'adieu, pożegnanie;
affamer, ogłodzić;
l'air, mina;
l'angle, kąt;
s'assommer, zabijać się;
avant hier, przedwczoraj, onegdaj;
le boutiquier, kramarz, kupiec;
le bras, ramię;
calmer, uspokoić;
le cercle, koło;
la chemise, koszula;
le commis, pomocnik;
complet, zupełny;
continuer, kontynuować, trwać w czem;
créer, tworzyć;
la démarche, postępek;
déranger, przewrócić, mięszać;
dernier, ostatni;
la mésaventure, przygoda;
écarter, odsunąć;
échapper, uniknąć;
l'endroit, miejsce;
engager, zastawić;
entier, cały;
l'entrée, wejście;
l'épaule, ramię;
former, ukształtować;
la foule, tłum;
frapper, uderzyć;
froisser, zmiętosić;
l'habillement, ubranie;
habituer, przyzwyczaić;
heureusement, szczęśliwie;
hourter, trącić;
l'indifférence, obojętność;
indigner, oburzyć,
l'infirme, kaleka;
insipide, niesmaczny;
inviter, zapraszać;
maltraiter, krzywdzić;
marcher, chodzić;
la modération, umiarkowanie;
mutuellement, wzajemnie;
nourrir, karmić;
orgueilleux, dumny;
à peu près, prawie;
pourvoir, zaradzić;
prochain, bliźni;
raconter, opowiedzieć;
ramener, odprowadzić;
relever, podnosić;
le remède, lekarstwo;
le remerciement, podziękowanie;
le retard, spóźnienie;
la roue, koło;
le sang, krew;
séparer, odłączyć;
sortir, wychodzić;
le timon, dyszel;
la toile, płótno;
toiser, zmierzyć kogo od stop do głów;
tomber à la renverse, upaść na wznak;
vanter, chwalić;
le vent, wiatr.

(*Vendredi après les Pâques le* 29 *Avril* 18.., *à* 6 *heures précises du matin.*)

Pourquoi tes parents t'ont-ils envoyé à l'école ? — Ils m'ont mis ici pour que je travaille, et je dois apprendre pour savoir quelque chose. — Fait-il assez beau aujourd'hui pour sortir ? — Oui, il fait beau, le temps est sec il ne fait pas de vent et le soleil est très ardent, quoiqu'il soit de bonne heure. — Qu'avez-vous fait hier toute la journée ? — Ma journée d'hier a été très occupée, et si tu veux m'écouter, je te raconterai mes occupations d'hier. Je suis sorti de chez moi à 5 heures et demie du matin ; ayant descendu la rue de Clichy et la Chaussée d'Antin, j'ai traversé les boulevards et je me suis rendu dans un magasin de la rue Saint-Denis qu'on ouvre de très bonne heure ; je suis arrivé juste au moment où l'on ouvrait la boutique ; j'y suis entré, on m'a demandé ce qu'il me fallait ; j'ai demandé de la toile et du drap noir pour un habillement complet. « Combien de pièces vous faut-il ? » m'a-t-on demandé. Etonné de la question, je réponds : « Il me faut assez de toile pour faire six chemises et à peu près six mètres de drap. » Alors le commis, me toisant des pieds à la tête, me dit avec un air offensé : « Monsieur, nous ne sommes pas des boutiquiers. Nous ne vendons pas par mètres, mais par pièces. » « Je suis bien fâché de vous avoir dérangé de vos occupations », répondis-je et, confus de cet orgueil de marchand et de ma démarche inutile, je sortis de ce magasin et j'allai chez un de mes amis qui demeure dans cette partie de la ville. J'allai lui raconter ma mésaventure, parce que c'est justement lui qui m'avait tant vanté ce magasin. Il se levait justement quand je vins chez lui ; il allait déjeuner et il m'invita à prendre du café au lait. J'en pris à peu près une demi-tasse et je mangeai le tiers d'un petit pain, parce que je ne suis pas habitué à déjeuner de si bonne heure ; après quoi je lui fis mes adieux pour aller voir un autre de mes amis qui m'avait invité pour huit heures. Il n'était que sept heures 10 minutes quand je descendis l'escalier ; de sorte que j'avais encore bien du temps pour achever ma course. J'allais donc doucement et je vis devant la boutique d'un boulanger une foule d'hommes, et au milieu de la foule qui formait un cercle, je vis deux ouvriers qui se battaient pour un pain que l'un d'eux tenait sous le bras. Je m'arrêtai et, indigné de la sotte indifférence des assistants qui, de sang-froid, permettaient à un homme de maltraiter son prochain et voyaient deux être créés à l'image de Dieu s'assommer pour un peu de nourriture, je tâchai de m'approcher d'eux, de les calmer, de les séparer et de les ramener à la modération. Les ayant séparés, je leur dis : « Comment, mes amis, vous n'avez pas honte de vous battre pour du pain ? » « Mais vous ne savez pas de quoi il s'agit, répondit l'un d'eux ; voici le seul et dernier pain qui reste au boulanger, et chacun de nous a chez lui des parents infirmes et des petits enfants affamés qui n'ont rien mangé depuis avant-hier et qui meurent de faim. » « Cependant, il y a à cela un remède ; prenez chacun la moitié du pain et vous en aurez assez pour le moment pour votre famille, et Dieu et les gens bienfaisants pourvoiront au reste demain. » Après quoi, je les emmenai chez le boulanger et j'engageai ce dernier, en le payant d'avance, à leur fournir du pain pendant une semaine. Ensuite je partis vite pour échapper à leurs remerciements et je continuai ma route pour ne pas être en retard. Je marchais d'un pas précipité et, à l'entrée de la rue où demeure mon ami, en tournant l'angle, je me heurtai contre une voiture ; le timon me frappa à l'épaule ; je tombai à la renverse et la roue me passa sur la jambe en me froissant le bras. Je perdis connaissance et je ne pouvais pas me relever. Quelques passants me relevèrent et me portèrent dans une pharmacie. Par les soins du pharmacien je repris connaissance ; je pus alors indiquer la demeure de mon ami qui habite, vous le savez déjà, à quelques pas de l'endroit où l'accident m'était arrivé. Je suis resté chez lui jusqu'à la fin de la journée, et ce n'est qu'au coucher du soleil qu'on a amené une voiture qui m'a conduit chez moi. Heureusement, comme vous voyez, j'en ai été quitte à bon marché. Je me porte tout à fait bien aujourd'hui.

THÈME LIV.

L'aube, brzask, świt;
bégayer, jąkać się;
la boite à lettres, skrzynka na listy;
le bourdonnement, brzęczénie;
la comédie, komedja;
corriger, poprawić;
le coucher, zachód;
crépuscule. zmrok;
curieux, ciekawy;
le défaut, wada;
déménager, przeprowadzać się;
se dépêcher, śpieszyć się;
envers, względem;
excepté, wyjąwszy;
exciter, podniecać;
faible, slaby;
humide, wilgotny;
indiquer, wskazać;
inquiet, niespokojny;
jeter, rzucić;
la livre, funt;
maillot, pieluchy;
mener, prowadzić;
musical, muzykalny;
obtenir, otrzymać;
se plaindre, skarżyc się;
une pleurésie, zapalenie płuc;
le point de côté, kłucie w boku, kolka;
prompt, prędki;
qualifier, tytułować, oznaczać;
racler, rzempolić;
le rang, szereg, rząd;
rencontrer, spotkać;
la réponse, odpowiedź;
selon, według;
une soirée, wieczór;
soutenir, wspierać;
le talent, zdolność, talent;
tomber malade, zachorować;
toujours, zawsze;
valoir, być wartym;
la vanité, próżność;
le violon, skrzypce;
le violoniste, skrzypek.

(Mardi, le 3 Mai 18.., à 1 heure 5 minutes de l'après-midi.)

Qu'est devenu ton cousin Charles? Il y a un an moins trois mois que je ne l'ai vu. — Mais tu oublies que j'ai une famille très nombreuse, et parmi mes cousins il y en a trois de ce nom. — Mais je ne parle pas de ton oncle qui est en province, ni de ton neveu qui est au maillot, mais, tu sais, de Charles aux cheveux noirs et qui bégayait un peu en parlant. — Celui-ci n'est pas à Paris ; il est parti pour Nantes, où il tâche d'obtenir une place dans le commerce. — Quand as-tu vu M. D... ? — Quel M. D... ? Celui qui n'a qu'une jambe ? Je le vois souvent, je l'ai vu même avant-hier ; nous avons été au café, où nous avons beaucoup parlé de toi et de ta famille. — Je suis très curieux de savoir le sujet de votre conversation. — Mon ami, la curiosité est un défaut et pour t'en corriger je ne te dirai absolument rien, d'autant plus que le sujet de notre conversation pourrait exciter ta vanité qui est assez grande sans cela. — Votre oncle est-il encore chez lui ? — Il y est encore, mais dépêchez-vous, car il va sortir ; vous savez qu'il sort toujours en promenade au coucher du soleil, parce que le grand jour est mauvais pour sa vue qui est faible. — Que ferons-nous pendant la soirée d'aujourd'hui ? — Le temps est humide, il pleut. Allons au spectacle. — Je ne demande pas mieux. A quel théâtre irons-nous ? — Allons au théâtre Français ; on y joue aujourd'hui une pièce de Molière. — Et quelle pièce ? — On joue « l'Avare », une des plus belles d'entre toutes les comédies de Molière. — Bonjour, mon voisin ; comment allez-vous ? — Merci je vais bien ; et vous ? — Cela ne va pas trop mal aussi ; mais j'ai la maison remplie de malades. — Oh ! mon Dieu, que dites-vous là ? qui est malade chez vous ? — D'abord c'est ma tante qui vient d'arriver d'Angleterre, ensuite c'est ma fille cadette, puis ma femme, ma sœur et la femme de chambre, qui viennent de tomber malades dans la même semaine. — Mais qu'est-ce qu'elles ont ? Sont-elles toutes atteintes de la même maladie ? — Mais je crois que oui, parce que chacune d'elles a commencé par se plaindre du froid et de maux de tête, de bourdonnements dans les oreilles et de maux de gorge ; excepté la tante qui, par-dessus tout, se plaint d'un point de côté. Je présume qu'elles ont la petite vérole, sauf la tante, qui, selon le médecin, aurait un commencement de pleurésie. — Est-ce qu'il dit qu'il y a du danger ? — D'abord il n'a rien voulu répondre à ma question, et puis il m'a dit que, la malade ayant reçu de prompts secours, on peut espérer que la maladie sera enrayée. Cependant je vous avoue que je suis inquiet pour la malade. — Acceptez nos souhaits sincères pour leur rétablissement. — Avez-vous déjà répondu à la lettre de votre père, reçue samedi dernier ? — Justement je viens de terminer ma réponse, j'allais cacheter la lettre et la porter à la poste. — Eh bien ! il ne faut pas que je vous retienne. Cachetez-la ! puis nous sortirons tous les deux et vous la jetterez à la boîte aux lettres. — Pourquoi vous voit-on si rarement ? Jadis, je vous rencontrais plusieurs fois par jour, maintenant des semaines se passent sans que je vous voie. — Depuis deux mois j'ai déménagé et je demeure à la campagne à une demi-lieue d'ici. Je me lève à l'aube, je sors après le lever du soleil et je retourne à la maison au crépuscule. — Qu'est-ce que vous portez, enveloppé dans ce papier ? — C'est du café. — Combien payez-vous la livre ? — Je le paye 30 sous. — Comment, vous le payez si bon marché en achetant à la livre ? Indiquez-moi votre marchand, et je m'en ferai une provision pour toute l'année. — Monsieur, vous êtes un artiste. — Pourquoi me le dites-vous ? — Parce que vous jouez du violon. — Il ne vaut pas la peine d'en parler ; je râcle tant bien que mal. — Vous êtes bien sévère envers vous de qualifier ainsi votre jeu, puisque tous ceu qui vous ont entendu soutiennent que vous êtes un violoniste de premier ordre. Il faut absolument que je vous mène bon gré mal gré à la soirée musicale de monsieur K... pour faire apprécier votre talent.

Leçon XXXV (Lekcya trzydziesta piąta).

SUITE DES PRÉPOSITIONS QUI GOUVERNENT DEUX CAS

(CIĄG DALSZY PRZYIMKÓW RZĄDZĄCYCH DWOMA PRZYPADKAMI).

W, veut dire en français, *dans*, *en* ou *à*, et il régit l'accusatif :

1° Après les verbes désignant un mouvement à l'intérieur d'un objet, d'un lieu ou d'une personne :

Aller au bois,	Pójść w las.
Jeter au feu,	Rzucić w ogień.
Persuader quelqu'un,	Wmówić w kogoś.
Verser dans le verre.	Wlać w szklankę.

C'est surtout après les verbes composés de la parti[illegible]e *w* qu'on emploie cette préposition avec l'accusatif :

Wpaść w studnię; wejść w towarzystwo

Pour marquer un mouvement à l'intérieur, on peut rendre la préposition *w* par la préposition *do*, surtout quand il s'agit du mouvement à l'intérieur d'un endroit clos :

Wejść do klasy,	Entrer en classe.
Wejść do twierdzy.	Entrer dans une place forte.

Quand l'endroit ne présente pas une position close, la préposition *do* ne peut pas être employée.

Ex. : on ne peut pas dire : wejść *do* mojego położenia, mais on dit : wejść *w* moje położenie.

2° *W*, régit l'accusatif, pour marquer la manière dont on fait quelque chose ou quelque action :

Réduire en cendres,	Obrócić w popiół.
Plier en quatre,	Złożyć w czworo.
Rouler en tube.	Zwinąć w trąbkę.

De là viennent les expressions particulières à la langue polonaise :

Słowo w słowo,	Mot à mot.
Kubek w kubek,	Comme deux gouttes d'eau.
Chłop w chłopa,	Quand on parle de deux hommes d'élite.
Pójść w nogi,	S'esquiver, déguerpir (prendre ses jambes à son cou).
Spotkać się oko w oko,	Se trouver tête à tête.
Żyj w najdłuższe lata,	Vivez le plus longtemps possible.
Wdał się w ojca,	Il ressemble tout à fait à son père.
Ruszaj w cwał,	Pars au galop.
Iść w prost,	Aller tout droit.
Krzyknąć w głos,	Crier à haute voix.

3° *W*, gouverne l'accusatif après les verbes jouer, *grać*, dans le sens de s'amuser pour désigner le jeu, alors il veut dire *à* :

Jouer à la balle.	Grać w piłkę.

4° *W* régit l'accusatif après les adjectifs et les verbes marquant l'abondance :

Obfity w zboże,	Abondant en blé.
Bogaty w naukę,	Riche en science.
Zamożny w pieniądze,	Bien pourvu d'argent.

et après les verbes *obfilować*, abonder, *stroić się*, se parer, i *ubierać się*, s'habiller.

5° *W*, veut l'accusatif avec les noms de la semaine :

Lundi, w poniedziałek. Mercredi, w środę.
Le jour des cendres, w popielec.

6° *W*, veut l'accusatif avec les noms qui désignent le temps écoulé depuis l'instant où l'on parle et signifie en français *après* :

W tydzień potem, Une semaine après cela ;
W rok później, Une année après cela.

On emploie *w* aussi avec l'accusatif pour marquer la longueur du temps :

Pourrez-vous terminer cela en une heure ? Czy możesz to skończyć w godzinę ?

7° *W* s'emploie avec l'accusatif avec les noms de temps :

Pendant le jour, w dzień. Pendant la gelée, w mróz.
Pendant la nuit, w noc. Pendant la pluie, w deszcz.

1° La préposition *w* gouverne le prépositionnel pour marquer l'endroit où l'on se trouve et lorsque le verbe ne marque pas de mouvement :

Żyjemy we Francyi. Nous vivons en France.
Jesteśmy w szkole. Nous sommes à l'école.

2° *W* gouverne le prépositionnel avec les noms de temps répondant à la question *quand* ? et surtout pour marquer le milieu d'une époque :

Au milieu de la nuit, w nocy ; En été, w lecie.
En hiver, w zimie ; L'année passée, w przeszłym roku.

3° Après les adjectifs marquant les dispositions bonnes ou mauvaises, *w*, employé avec le prépositionnel, se traduit en français par *en* ou *à* :

Modeste en paroles, Skromny w mówieniu.
Vaillant au combat, Waleczny w boju.
Fier dans la fortune, Dumny w szczęściu.
Lâche dans l'adversité. Nikczemny w niedoli.

Po gouverne l'accusatif :

1° Quand il désigne la limite et se traduit par *jusqu'à* :

Aż po Dniepr,	Jusqu'au Dniepr.
Aż po Dźwinę,	Jusqu'à la Dwina.
Byłem w błocie po kostki,	J'avais de la boue jusqu'aux chevilles.

2° Avec les nombres cardinaux ou collectifs, pour marquer la répétition :

Po pięć razy,	Par cinq fois.
Po trzy miesiące,	Durant trois mois.
Po trzy razy na dzień,	Trois fois par jour.

3° *Po* est employé avec l'accusatif après les verbes marquant le mouvement : *iść*, aller, *biedz*, courir, *posłać*, envoyer, *udać się*, s'adresser, et se traduit par aller *chercher* :

Posłać po lekarza,	Aller chercher le médecin
Iść po księdza,	Aller chercher le prêtre.
Biedz po mleko,	Courir chercher du lait.

1° *Po* régit le prépositionnel quand il signifie *après*, en français :

Po długiem czekaniu,	Après une longue attente.

2° Pour marquer une action qui se passe le long de quelque endroit, il se traduit alors en français par : *le long de* :

Chodzić po pokoju,	Marcher le long de la chambre.
Spuścić się po sznurze,	Descendre le long d'une corde.

3° Pour marquer la répartition entre plusieurs individus, on emploie *po* avec le prépositionnel du nom qui désigne la quantité :

Każdy uczeń dostał po jednym groszu.	Chaque élève a reçu un sou.
Owczarz dał każdemu baranowi po miarce owsa.	Le berger a donné à chaque mouton une mesure d'avoine.

4° *Po* veut le prépositionnel pour marquer le mouvement par lequel on reconnaît quelqu'un :

Poznałem go po chodzeniu (chodzie).	Je l'ai reconnu à (par) sa démarche.

5° *Po* veut encore le prépositionnel après *co* et *nic*, qui répondent à la question *à quoi bon* ?

Co temu po bótach, który nie ma nóg ?	A quoi bon les bottes à celui qui n'a pas de jambes ?
Nic mi potem,	Cela ne m'est bon à rien.

De là vient l'adverbe : *nic potem*, bon à rien.

1° La préposition *po* employée avec un adjectif au datif marque la manière dont une action est faite et se traduit en français par *en* ou *à* :

Po bratersku — En frère.
Po ludzku — En homme.
Po naszemu — à notre manière.
Po francuzku — à la française.

Ces expressions constituent des expressions adverbiales, comme les adverbes : *po polsku, po niemiecku, po łacinie, po grecku*.

Il y a une préposition qui gouverne trois cas différents; c'est la préposition *za*.

1° *Za* gouverne le génitif dans le sens de *pendant* ou *au temps de* :

Za króla Stanisława,	Sous le roi Stanislas.
Za dawnych czasów,	Dans les anciens temps.
Za naszej pamięci.	De notre temps.

2° *Za* gouverne l'accusatif :

A) Avec les verbes marquant le mouvement au delà d'un endroit, pour traduire *hors* ou *au delà* :

Wyjść za rogatkę,	Sortir hors de la barrière.
Chodźmy za rzekę,	Allons au delà de la rivière.

B) Pour marquer une action faite après un certain temps dans le sens de *après* :

Za godzinę,	Dans (après) une heure.
Za trzy dni,	Dans trois jours ou au bout de trois jours.

3° *Za* gouverne l'accusatif après les verbes : *wziąć*, prendre, *chwycić*, saisir, *uwiązać*, attacher, *złapać*, attraper.

On emploie avec l'accusatif les parties du corps ou du vêtement *par* lesquelles on attrape quelqu'un :

Złapał go za nos,	Il l'a attrappé par le nez.
Wziął go za czuprynę,	Il l'a saisi par le toupet.
Uwiazał go za łapę,	Il l'a attaché par la patte.

4° *Za* avec les verbes *iść*, *pójść*, *wyjść* (sortir, s'en aller), veut l'accusatif et correspond au verbe français *se marier*, en parlant d'une femme :

Elle a épousé mon oncle.	Poszła za mąż za mojego wuja.

Remarque. — Avec le verbe *être*, *za* gouverne le prépositionnel dans la même acception et alors le mot *mąż* reste sous-entendu, ex. : jest za moim wujem, elle est mariée à mon oncle.

En parlant d'une fille, on dit *iść* ou *wyjść za mąż* ; en parlant d'un homme on dit : *żenić się* avec la préposition *z* :

Moja siostra poszła za mąż.
Mój brat ożenił się z Angielką.

5° *Za* régit l'accusatif après les verbes : *dziękować*, remercier, *nagrodzić*, récompenser, *zapłacić*, payer, *kupić*, acheter, *ukarać*, punir, *sprzedać*, vendre et d'autres analogues ; il se traduit par *pour* ou *de* ; quelquefois il est sous-entendu :

Je vous remercie de la bonté que vous avez eue pour moi,	Dziękuję Panu za dobroć, którąś miał dla mnie.
Pour combien avez-vous acheté cette maison ?	Za ile kupiłeś ten dom ?
J'ai payé vingt sous pour un carreau cassé.	Zapłaciłem dwadzieścia groszy za szybę wybitą.
S... był ukarany za lenistwo,	S... a été puni pour sa paresse.
Nagroda za pilność,	Un prix pour l'application.

6° *Za* régit l'accusatif après les verbes *passer pour quelqu'un*, ou *se déguiser* :

Il passe pour un homme riche,	Uchodzi za bogatego.
Il s'est déguisé en Espagnol.	Przebrał się za Hiszpana.

Za gouverne l'instrumental dans le sens de la préposition française *derrière* ou *après* :

La vieille femme se promenait derrière l'église, et ses chiens favoris couraient après elle.	Staruszka przechadzała się za kościołem, a jej pieski ulubione biegły za nią.

Za gouverne l'instrumental avec les verbes *parler, voter*, pour traduire la préposition française *pour* ou *en faveur de* :

Pour qui votez-vous ?	Za kim głosujesz ?
Parlez au ministre en ma faveur.	Przemów za mną do ministra.

Za veut encore l'instrumental après les verbes suivre ou poursuivre, *iść, gonić, biegać*, et c'est dans ce sens qu'on l'emploie quelquefois dans la langue familière, après les verbes *aller* ou *envoyer*, pour remplacer la préposition *po* :

Pobiegł za lekarzem,	Il est allé chercher le médecin.
Poszedł za owocami na targ.	Il est allé au marché acheter des fruits.
Pójdę za winem albo po wino.	J'irai chercher du vin.

THÈME LV.

Accourir, przybiegać;
le baptême, chrzest;
céder, odstąpić;
cérébral, mózgowy;
la chanson, śpiew;
la circonstance, okoliczność;
commode, wygodny;
emporter, zabrać;
épouser, iść za mąż, ożenić się;
éprouver, doświadczyć;
l'étage, piętro;
facilement, łatwo;
grand-duc, wielki książę;
informer, uwiadomić;
l'os, kość;
l'ouverture, otwór;
le pied, stopa;
pressentir, przeczuć;
publier, wydać, ogłosić;
le quartier, okrąg, cyrkuł;
le refroidissement, zaziębienie;

le consentement, zezwolenie;
déplorer, opłakiwać;
déshabiller, rozebrać;
la détresse, strapienie, nędza;
la diminution, zmniejszenie;
l'effroi, przestrach;
l'invitation, zaproszenie;
lutter, walczyć;
la modiste, modniarka;
le moniteur, monitor;
la mort, śmierć;
se noyer, tonąć;
l'oreiller, poduszka;
sacrifier, poświęcić;
séparer, rozłączyć;
sévèrement, surowo;
survenir, nadejść;
le village, wieś;
la volonté, wola.

(*Lundi, le* 16 *mai* 18.., *à* 6 *heures* 2 *minutes du matin.*)

1. De quoi votre cuisinière se réjouit-elle tant ? — Elle est heureuse, parce que nous donnons un grand dîner, où il y aura beaucoup de monde, où on servira un grand nombre de plats ; alors elle aura l'occasion de prouver son talent. — Qu'a donc votre frère ? Il est triste. — Il vient de voir son plus grand ami qui a perdu ses parents et qui déplore leur mort en disant qu'il ne leur survivra pas. — Qui reste là à la fenêtre ? — C'est le petit fils de ma vieille voisine ; elle lui a fait fermer la fenêtre, parce qu'il faisait trop de vent ; il l'a laissée entr'ouverte, et il regarde maintenant le vent passer par l'ouverture, ce qui paraît l'amuser beaucoup. — Vous n'êtes pas bon, mon ami ; vous n'êtes pas venu hier chez moi ; j'ai donné un bal ; tout le monde y était, excepté vous. — Est-ce que je savais qu'il y avait un bal chez vous ? Si j'avais pu pressentir cela, je serais peut-être venu. Pourquoi ne m'avez-vous pas envoyé une invitation ? — Je n'ai pas pressenti non plus que vous étiez de retour de la campagne. — Que veut dire cette musique et d'où vient-elle ? — C'est mon jeune voisin du troisième et sa sœur, qui demeurent à côté de la modiste ; elle chante une chanson et il l'accompagne sur le piano. — D'où viens-tu ? tu me parais très ému. — En effet, je viens de voir un bien triste accident ; je me promenais le long de la rivière, lorsque tout d'un coup j'entends des cris de détresse. J'accours au bord de la rivière, et je vois un jeune homme luttant contre le courant du fleuve qui l'emportait ; il avait déjà plongé à plusieurs reprises, il perdait connaissance et avant que je me fusse déshabillé pour nager à son secours, il se noya. — Où êtes-vous allé hier, lorsque nous nous sommes séparés ? — Comme vous le savez, je voulais aller jusqu'au bois de Boulogne. Mais la pluie survint et je fus mouillé jusqu'aux os ; alors je suis rentré en ville. — Est-ce que votre tailleur viendra aujourd'hui chez vous ? — Cela dépendra du temps ; je pense qu'il viendra s'il ne fait pas d'orage, car il craint tellement la foudre que si tôt qu'il commence à faire des éclairs il se cache dans son lit et met sa tête sous l'oreiller pour ne rien entendre et ne rien voir. — Pourquoi n'entrons-nous pas au

théâtre ? Voici une demi-heure que nous restons à la porte, et je commence à avoir froid aux pieds, car il est fatigant de se tenir si longtemps debout. — Nous y resterons encore plus longtemps, car on n'ouvrira la porte que dans une heure. — Mais pourquoi êtes-vous venu avec nous, puisque vous vous fatiguez si facilement et puisque vous êtes impatient? — Ce n'est ni ceci, ni cela ; mais je suis fatigué d'hier ; j'ai marché toute la journée pour trouver un logement et j'ai visité toutes les maisons du quartier ; j'ai monté et descendu je ne sais combien d'étages, et je n'ai pu trouver un logement commode et à la portée de ma bourse. — Moniteur, vous avez inscrit le nom de cet élève sur la liste des retenues ? — Je ne l'ai pas encore inscrit, mais je vais le faire tout de suite. — Est-ce que le professeur a puni cet élève pour sa mauvaise conduite ? —Il l'a puni, mais pas assez sévèrement ; d'abord le professeur voulait le mettre à la porte, mais l'élève se mit à le prier tellement de lui pardonner, qu'il a obtenu une diminution de punition, et le professeur lui a dit à cette occasion : « Écoute bien, mon garçon ; je te pardonne parce que tu es plus étourdi que méchant ; cette fois-ci tu l'as échappé belle à force de prières, mais une autre fois tu n'échapperas pas. » — Sous quel règne la Lithuanie a-t-elle été réunie à la Pologne ? — Sous le règne d'Hedvige qui épousa le grand-duc de Lithuanie Jagellon lequel devint chrétien et prit à son baptême le nom de Ladislas. — Est-ce que le mariage se fit avec le consentement des deux parties ? — Quant à lui, il désirait de tout son cœur épouser la belle reine, mais elle se maria en se sacrifiant au bien de la Patrie et en cédant à la volonté de la nation, car elle aimait un autre prince. — Avec qui votre sœur est-elle mariée ? — Elle est mariée avec le colonel K... et ils demeurent maintenant dans leurs terres en Podolie. — Vous habitez derrière ce bois ? — Oui, je demeure derrière ce bois, au pied de la montagne qui sépare notre village de la ville. — Où est votre fils ? je ne le vois pas depuis longtemps. — Il est allé à l'étranger, et il ne reviendra que dans deux ou trois ans. — Y a-t-il longtemps que vous êtes allé voir ce pauvre K... ? — J'ai passé chez lui hier, parce que je suis allé de l'autre côté de la Seine pour m'informer de quelques cartes nouvellement publiées. — Eh bien ! comment l'avez-vous trouvé ? — Il va un peu mieux, mais il paraît que sa maladie était très grave ; il était atteint d'une fièvre cérébrale, qu'il avait contractée par le refroidissement et la peur. — Je n'ai rien entendu dire de tout cela, racontez-moi donc cet accident. — Je vous le raconterais bien volontiers, mais le temps presse ; on vient de sonner ;

je vous raconterai donc la chose pendant la promenade prochaine.

THÈME LVI.

L'âge, wiek;
apprêter, przygotować;
averse, ulewa;
en bandoulière, na plecach;
la barbe, broda;
se battre, bić się;
blesser, zranić;
la blessure, rana;
la boue, błoto;
cache-cache, chowany, (gra dziecinna);
le canot, łódka;
la ceinture, pas;
le cercueil, trumna;
le champignon, grzyb;
chasser, polować;
la cheville, kostka;
le col, kołnierz;
la colère, złość;
la corde, sznur;
le cou, szyja;
coûter, kosztować;
décharger, wystrzelić;
se déguiser, przebrać się;
démolir, rozwalić;
déprécier, nizko szacować;
se disputer, kłócić się;
domino, domino;
la douzaine, tuzin;
le droit, prawo;
les échecs, szachy;
s'élever, powstać;
l'enterrement, pogrzeb;
l'entretien, rozmowa;
extravagant, dziwaczny;
faux, fałszywy;
la fête, święto;
le fond, głąb, dno;
froid, zimny;
le gibier, zwierzyna;
l'humidité, wilgoć;
le juif, żyd;
jusqu'à, aż do;
marchander, targować;
menacer, grozić;
néfaste, nieszczęsny, zgubny;
panier, koszyk;
le paroi, ściana;
le pèlerinage, pielgrzymka;
la perte, strata;
le plomb, śrót (ołów);
de plus en plus, coraz więcej;
le prix, cena;
le rebut, resztki, wybiórki;
le rhumatisme, reumatyzm;
le sentier, ścieżka;
être sans souci, nieturbować się;
se souvenir, przypominać sobie;
en même temps, zarazem (jednocześnie);
violent, gwałtowny;
voyage, podróż.

(*Mercredi, le* 18 *Mai* 18..)

1. Avant-hier, avant le déjeuner, nous avons parlé de l'accident de l'infortuné K., vous avez voulu savoir comment la chose s'était passée. Eh bien ! écoutez : Il y a environ sept semaines, ou deux mois tout au plus, il sortit, le fusil en bandoulière et un livre à la main, hors de la ville. Vous savez qu'il est distrait et extravagant ; il s'imagine qu'on peut chasser et faire la lecture en même temps, et, suivant un sentier à travers les champs en lisant un livre, il ne vit pas un vieux puits à moitié démoli qui était au bord du chemin. Le malheur voulut qu'en tombant dans le puits, pendant sa chute le fusil se déchargeât en se heurtant contre les parois du puits, et le blessât au cou. En chargeant son fusil, notre chasseur ne savait pas qu'au lieu de gibier son fusil le blesserait lui-même. Il resta sans connaissance dans ce puits la moitié de la journée. Enfin plusieurs passants l'ont découvert et, en lui passant une corde attachée à la ceinture, ils l'ont retiré couvert de boue et de sang ; heureusement il n'y

avait presque pas d'eau dans le puits ; cependant, l'humidité du sol lui fit attraper une fièvre violente et des rhumatismes. Si vous ajoutez le froid à la blessure, vous comprendrez que son état a dû être dangereux. Ajoutez encore à ces douleurs les souffrances que le malade éprouva quand on lui retira du cou les grains de plomb ; mais maintenant il va beaucoup mieux. Hier il a même plaisanté sur son accident, en disant qu'il regrettait beaucoup qu'étant sorti en ce jour néfaste avec un fusil et un livre, il eût négligé d'emporter avec lui un panier pour ramasser des champignons au fond du puits. — Dis donc, Albert, pourquoi ne viens-tu pas souvent chez nous ? te souviens-tu comme nous nous sommes bien amusés l'année passée, quand tu venais chez nous tous les dimanches et jours de fête ? Chez qui vas-tu jouer maintenant ? — Je vais ordinairement chez Casimir. Ses parents ont un vaste jardin et occupent à eux seuls une maison entière ; viens un jour avec moi, et tu verras comme nous nous amuserons bien ; lorsque le temps le permet, nous jouons à la balle ou à cache-cache, nous nous promenons dans un canot sur un vivier, et le soir nous jouons aux dominos ou aux échecs ; quelquefois, quand la compagnie est nombreuse, c'est encore mieux, car nous sortons en voiture et nous dînons hors de la ville, et quand nous revenons nous jouons la comédie. Tout est déjà apprêté d'avance, les costumes sont faits par ses sœurs, les rôles appris d'avance ; chacun se déguise d'après son rôle et la comédie commence. — Si tu veux venir dimanche prochain, je te donnerai un beau rôle dans la comédie que nous allons jouer ; je te déguiserai si bien que personne ne te reconnaîtra. — Mais je ne connais pas le rôle et je n'ai pas de costume. — Sois sans souci à cet égard ; je t'apprendrai ce que tu dois dire. Tu auras le costume d'un bohémien et moi je me déguiserai en juif ; tu marchanderas mon cheval, tu le déprécieras ; ensuite tu me payeras avec de la fausse monnaie. Alors je me mettrai en colère ; nous nous disputerons, nous nous dirons des injures, et nous nous battrons ; tu me tireras la barbe et moi je te saisirai par le col, que je mettrai en pièces, et le public rira de ton habit à s'en tenir les côtes. — Pour combien avez-vous acheté cette voiture ? — Mon père l'a payée 2.000 francs, et encore celui qui l'a vendue disait qu'il n'y gagnait pas un sou ; il a eu beau dire, mais tout ce qu'un marchand donne pour la vérité n'est pas parole d'évangile. — Savez-vous que notre fidèle serviteur Jean est mort ce matin ? — Vraiment, je suis très fâché de l'apprendre ; c'était un bien brave homme ; et de quoi est-il mort ? — Vous savez qu'il n'était plus jeune et depuis quelque temps il se plaignait de maux de reins, et il respirait difficilement ; il y a quelques jours, lui voyant mauvaise et triste mine, je lui demandai ce qu'il avait ; « je ne sais pas, monsieur, ce que j'ai, répondit-il, mais je suis de plus en plus faible et il ne me reste plus longtemps à vivre. » Le soir, après cet entretien, il se sentit plus mal ; il se mit au lit et ne voulut rien prendre. Mon père, le voyant plus mal, fit venir le médecin ; celui-ci vint, s'approcha du lit du malade, l'examina, ensuite il entra dans le cabinet de travail. « Eh bien ! docteur, lui dit mon père, qu'allez-vous prescrire au malade ? » — « Il n'y a rien à lui prescrire, répondit le docteur ; dans quelques heures d'ici il n'aura plus besoin de nos soins ; l'âge fait valoir ses droits sur lui. Tout ce que vous pouvez faire, c'est d'aller chercher le menuisier et de lui commander un cercueil, et d'aller à l'église pour convenir de l'heure de l'enterrement. » — Cet entretien avec le docteur eut lieu hier soir, et ce matin à 4 heures notre pauvre Jean ne vivait plus. — Quel temps fait-il aujourd'hui ? — Le temps est sombre et la pluie menace de tomber.

Leçon XXXVI

(Trzydziesta szósta Lekcya).

DES ADVERBES (O PRZYSŁÓWKACH)

Il y a dix espèces d'adverbes en polonais, savoir :

1° Les adverbes affirmatifs, *Przysłówki twierdzenia* ; ce sont : *bez wątpienia*, sans doute, *istotnie*, en effet, *prawdziwie*, vraiment, *rzeczywiście*, réellement, *w samej rzeczy*, en effet, *oczywiście*, évidemment, *niewątpliwie* ou *nieinaczej*, sans doute, *zapewne*, certainement, *zaiste*, en vérité, *tak* ou *tak jest*, oui.

2° Les adverbes négatifs, *Przysłówki przeczące* : *nie*, non ou ne pas ; *ani*, *ni*, *bynajmniej*, ni, pas le moins du monde ; *inaczej*, autrement ; *jako żywo* ou *wcale*, *zgoła*, point du tout ; *nigdzie*, nulle part ; *znikąd*, de nulle part ; *nigdy*, jamais ; *przenigdy*, au grand jamais ; *przeciwnie*, au contraire ; *owszem*, si.

3° Les adverbes interrogatifs *Przysłówki pytające* ; ils sont divisés en :

A. Adverbes interrogatifs dubitatifs, *Pytania z wątpieniem* ; *ażali, albo, czy*, est-ce que ?

B. Adverbes interrogatifs de lieu, *Pytające o miejscu* : *gdzie*, où, sans mouvement, *dokąd*, où, avec mouvement, *kędy, którędy*, où, par où ; *dopokąd, zkąd*, jusqu'où, d'où.

C. Adverbes interrogatifs de temps, *pytające o czas* : *kiedy*, quand ; *jak długo*, combien de temps.

Remarque. — Outre les adverbes interrogatifs, on forme des interrogations à l'aide des particules *ż, że, żeto* et *li* qu'on peut joindre à n'importe quel mot de la phrase et même aux adverbes interrogatifs pour renforcer l'interrogation :

Czyż widziałeś *ou* albożeś widział, czyliżeś widział ;	As-tu vu ?

4° Les adverbes dubitatifs, *Przysłówki wątpienia*, ex. : *podobno* il paraît, *zapewne* probablement, *pono* selon l'apparence, *snadź* il se peut, *może* peut-être.

5° Les adverbes comparatifs, *Przysłówki porównania*, ex. : *tak* si, *jak* comme; *jednako, jednakowo* pareillement; *równie* également ; *niż, niżli* que ; *niżeli* ou *aniżeli* que ; *tak dalece* au point que ; *nie tak* pas ainsi.

6° Les adverbes de temps, *Przysłówki czasu*, qui répondent à la question : *kiedy* quand, ou *jak długo* combien de temps, désignant soit un temps indéfini soit un temps défini. Il y a donc :

A. Des adverbes de temps présent ; *teraz* maintenant, *obecnie* présentement, *dziś* ou *dzisiaj* aujourd'hui.

B. Des adverbes de temps passé : *dopiero* seulement, *dawno* il y a longtemps, *dawniej* autrefois, *niegdyś* jadis, *wczoraj* hier, *onegdaj, przedwczoraj, zawczoraj* avant-hier, *ongi* ou *przedtem* autrefois.

C. Des adverbes de temps futur : *jutro* demain, *pojutrze* après-demain.

Les adverbes qui expriment les temps indéfinis *aż, aż to, blizko* près ; *ciągle* continuellement ; *często* souvent ; *długo* longtemps ; *dopóki, dopokąd* tant que ; *do póty, do potąd* jusqu'à, jusqu'à ce que ; *jak* comme, *jeszcze* encore, *już* déjà ; *kiedy* quand ; *kiedybądź* n'importe quand ; *kiedy indziej* une autre fois; *kiedykolwiek* un jour quelconqe; *kiedy niekiedy* de temps en temps ; *nagle* subitement ; *na ten czas* alors ; *natychmiast* à l'instant, *niekiedy* parfois ; *niezwłocznie* sans retard ; *nigdy* jamais ; *przenigdy* au grand jamais ; *podczas* pendant ; *pokąd* ou *póki* tant que ; *potąd* ou *póty* jusqu'alors ; *potem* plus tard ou après cela ; *późno* tard ; *prędko* vite ; *przed południem, przed nocą* avant midi, avant la nuit ; *rzadko* rarement ; *wkrótce, wnet* bientôt ; *wtem* tout à coup ; *wraz* ensemble ; *zaraz* tout de suite ; *zawsze* ou *zawżdy* toujours.

7° Les adverbes de lieu, *Przysłówki wskazujące miejsce*, répondant aux questions :

A. *Gdzie, gdzieś, gdzieśkolwiek, gdzie bądź*, quelque part, n'importe où, *gdzie indziej* ailleurs, *gdzie niegdzie* par-ci, par-là, *nigdzie* nulle part.

B. *Kędy, kędyś, kędykolwiek* n'importe par où, *blizko* près de, *daleko* loin, *opodal* à quelque distance, *podle* à côté, *powyżej* au-dessus, *poniżej* au dessous, *tu i ówdzie* çà et là, *wszędy* ou *wszędzie* partout, *tam* là, *tu* et *tutaj* ici, *tuż* tout près.

C. *Którędykolwiek, którędybądż* n'importe par où, *tędy* par ici, *tamtędy* par là, *tędy i owędy* par ici par là.

D. *Dokąd, pokąd, dopókąd* jusqu'où ; *dotąd, potąd, dopotąd* jusqu'ici ; *dokądkolwiek, dokądś* quelque part, *nazad* en arrière.

E. *Odkąd* depuis quand, *odtąd* depuis là.

F. *Zkąd, zkądś, zkądkolwiek* de quelque part, *znikąd* de nulle part, *ztąd* d'ici, *ztamtąd* de là, *ni ztąd ni z owąd* de je ne sais où, *zkądinąd* d'ailleurs, *zewsząd* de partout.

8° Les adverbes d'ordre, *Przysłówki porządku* ; tels sont : *najprzód* et *pierwej* d'abord, *potem*, *następnie* ensuite, *znowu* de nouveau, *nakoniec* enfin.

9° Les adverbes de quantité, *Przysłówki ilości*, tels que : *ile* combien, *ilebądź* ou *ilekolwiek* n'importe combien, *wiele*, *dużo* beaucoup, *tyle* tant, *dość*, *dosyć* assez, *nadto* trop, *bardzo* ou *nader* très, *mało* peu, *zbyt*, *nazbyt* trop.

10° Les adverbes de qualité, *Przysłówki jakości* ou *sposobu* répondant à la question : *jak* comment, *jakbądź*, *jakeokolwik* n'importe comment ; et puis tous les adverbes qualificatifs, *oznaczające przymiot* : *dobrze* bien, *źle* mal, *szybko* prestement, *pokornie* humblement.

Ces derniers adverbes se forment des adjectifs qualificatifs en changeant la terminaison adjective *y*, *i* en *e* ou *o* : przyjemny *przyjemnie*, śmiały *śmiało*, słodki *słodko*, zły *źle*.

Les adverbes qui se terminent en *e* sont formés des adjectifs en *ity*, *yty*, *iwy*, ainsi que des participes en *ty* ; les adverbes de ces terminaisons changent *ty* en *cie* et *wy* en *wie*: pracowity *pracowicie*, należyty *należycie*, poczciwy *poczciwie*.

Il y a des exceptions à cette règle :

1° Les adverbes formés par les adjectifs désignant la couleur, ont la terminaison en *o* : czarny *czarno*, biały *biało*, czerwony *czerwono*, zielony *zielono*.

2° Les adverbes formés des adjectifs terminés en *gi*, *ki*, *y* se terminent en *o* : drogi *drogo*, gładki *gładko*.

Quelques adverbes ont une terminaison double en *e* et en *o* : leniwy *leniwie*, *leniwo* ; śmiały *śmiele*, *śmiało*.

Les adverbes qualificatifs ont des degrés de comparaison semblables aux adjectifs dont ils proviennent.

DEGRÉS DE COMPARAISON DES ADVERBES

(O STOPNIOWANIU PRZYSŁÓWKÓW).

Les adjectifs formant les adverbes, ceux-ci doivent suivre la même règle ; aussi les adverbes terminés en *e* forment leur comparatif en *ej* c'est-à-dire en ajoutant un *j*, ex. : grzecznie *grzeczniej*.

Les adverbes terminés en *o*, *oko*, *ko*, précédés d'une consonne, changent au comparatif ces terminaisons en *ej*, en adoucissant la consonne précédente, d'après les règles de l'adoucissement : śmiało *śmielej*, głęboko *głębiej*, szeroko *szerzej*.

Mais quand la terminaison en *ko* est précédée des consonnes *b*, *k*, *p*, *r*, *rz*, on ne fait que changer *o* en *ej*, et la consonne *k* s'adoucit en *cz* ou en *c* : szybko *szybciej*, miękko *miękciej*, ostro *ostrzej*.

La terminaison en *ko* précédée de *z* change au comparatif en *ż* : nizko *niżej*, blizko *bliżej*.

Le superlatif des adverbes se forme en mettant devant le comparatif le préfixe *naj*, ex. : ładnie, ładniej, *najładniej*.

Les adverbes et les particules qu'on emploie pour renforcer la qualité des adjectifs s'emploient aussi avec les adverbes : bardzo dobrze, arcydoskonale, przewybornie.

FORMATION IRRÉGULIÈRE DES ADVERBES

(STOPNIOWANIE NIEFOREMNE PRZYSŁÓWKÓW.)

Daleko loin, *dalej* plus loin ; *dobrze* bien, *lepiej* mieux ; *gorąco* chaudement, *goręcej* plus chaudement ; *lekko* légèrement, *lżej* plus légèrement ; *mało* peu, *mniej* moins ; *prędko* lestement, *prędzej* plus lestement ; *źle* mal, *gorzej* plus mal, pis ; *wiele* et *dużo* beaucoup, *więcej* plus.

L'adverbe *bardzo*, quoi qu'il ne dérive pas d'un adjectif, fait au comparatif *bardziej*, et il sert à remplacer le comparatif ou le superlatif des adjectifs qui, par leurs terminaisons, ne sont pas susceptibles de changement de degrés, ex. : *zmęczony* fatigué, *bardziej zmęczony*, *najbardziej zmęczony*.

THÈME LVII.

L'anniversaire, rocznica;
l'appétit, apetyt;
la bataille, bitwa;
le bouleversement, przewrócenie porządku;
le crédit, kredyt;
désaltérer, gasić pragnienie, napić się;
la disposition, rozkład;
la distraction, rozrywka;
la droite, prawa strona;
s'endormir, zasnąć;
engager sa parole, dać słowo;
enrôler, zaciągnąć;
franchir, przejść;
guère, niewiele;
l'hôtel, hotel, dom zajezdny;
illisiblement, nieczytelnie;
incorrectement, niepoprawnie;
nullement, w żaden sposób;
la peine, trud;
personnel, osobisty;
le ragoût, potrawka;
régner, panować;
rétablir, przywrócić;
salir, brudzić;
selon, według;
le séminaire, seminaryum;
le seuil, próg;
timide, nieśmiały;
la vocation, powołanie;

(*Mercredi, le* 26 *Mai, à* 9 *heures* 35 *minutes. Anniversaire de la bataille d'Ostrołęka, qui fut livrée en* 1831.)

Avez-vous vu votre petite nièce ? — Je la vois souvent, je l'ai vue encore avant-hier, c'est une très bonne fille qui travaille bien et qui se conduit encore mieux ; aussi est-elle aimée et honorée de tout le monde. — Et son frère que fait-il ? — Ne m'en parlez pas ; c'est un méchant garçon, qui écrit toujours mal, illisiblement, et qui parle encore assez mal le polonais ; aussi il n'est aimé de personne ; en revanche il aime beaucoup les bons morceaux ; mais quant aux livres, il ne les aime pas, il les salit et les déchire. Quelquefois il fait le malade pour se mettre au lit en plein jour ; mais pour se mettre à table il est tout de suite rétabli. Selon le projet de ses parents, il doit étudier un jour le droit, mais il n'en a ni l'envie ni les dispositions ; il parle presque toujours d'amusements qu'il aime à la passion et son père est extrêmement désolé ; dernièrement il disait à ses parents : Je me ferai enrôler aussitôt que la paix sera signée. — Pourquoi parlez-vous toujours en français et jamais en polonais ? — Je n'ose pas, car je suis timide de mon naturel. — Est-ce que vous plaisantez ? celui qui est né en France et qui a l'honneur d'être Polonais ne doit jamais avoir peur. — D'où venez-vous et où allez-vous si vite ? — Je cours en ville pour voir mon cousin qui vient d'arriver du Havre et qui part demain pour Marseille. — Où trouverez-vous ce cousin ? Avez-vous son adresse ? — Il est logé dans un hôtel de la rue Blanche. — Savez-vous par où il faut aller pour trouver cette rue ? — Allez par ici, tout droit, puis ayant passé la deuxième barrière, vous tournerez à droite et vous vous trouverez dans la rue en question. — Est-ce que vous ne faites que de vous lever ? vous avez l'air à moitié endormi. — Oui, je viens seulement de me lever ; hier, je me suis endormi tard, et lorsque je me couche tard, il arrive quelquefois que je me réveille avec peine. — Comment se fait-il qu'on vous voie si rarement ? — Pourquoi me le demandez-vous ? — Parce que je voudrais vous voir plus souvent. Je n'ai été nulle part pendant la journée ; je reste chez moi pour travailler le plus possible, mais le soir je cours par-ci, par-là, cherchant des distractions. — Que veut dire ce bouleversement qui règne dans votre chambre ? Est-ce que vous déménagez ? — Non, mais je pars demain pour l'Italie. — Comment ! vous nous quittez pour toujours ? — Ne craignez rien ; je reviendrai dans quinze jours et aussitôt descendu de voiture, j'irai vous voir, vous et votre famille. — Tous ces voyages ne m'amusent guère. — Quand nous retournerons dans notre patrie, ce n'est qu'alors que nous serons heureux.

Leçon XXXVII

(Trzydziesta siódma Lekcya).

DES CONJONCTIONS (O SPOJNIKACH).

La conjonction sert à lier deux mots ou à désigner la relation d'une proposition avec une autre, et même d'une phrase avec une autre.

On emploie souvent des substantifs et des pronoms dans le sens conjonctif et les mêmes mots sont quelquefois *adverbes* et *conjonctions* :

Kiedy przyszedł ? — Quand est-il venu ?
Daj mu, *kiedy* przyszedł — Donne lui, puisqu'il est venu.

Les conjonctions se divisent en :

1° Conjonctions d'union, *Spójniki łączące* : *i* ou *a* et ; *także, też, takoż* aussi ; *tudzież, oraz* ainsi que.

2° Conjonctions d'exclusion, *Spójniki wyłączające* : *albo, lub* ou ; *bądź* soit ; *ni, ani,* ni ; *nietylko, ale,* non seulement, mais.

3° Conjonctions d'opposition, *Spójniki przeczące* : *a* et, *zaś* au contraire, *ale* mais, *choć, chociaż* quoique, *jednak, przecie* cependant, *wszakże* pourtant, *pomimo że* bien que.

4° Conjonctions de comparaison, *Spójniki porównania* : *by, gdyby, jakby* comme si ; *jakoby, niż, niżeli* que ; *tak jak* ainsi que ; *tak że* de sorte que ; *niż, niżeli, aniżeli* que ; *im tém* plus plus.

5° Conjonctions de condition, *Spójniki warunkowe* : *jeżli, chyba* à moins que, *jeżeli* si.

6° Conjonctions de déduction, *Spójniki wnioskujące* : *zatem* par conséquent, *więc* donc.

7° Conjonctions de temps, *Spójniki czasu* : *gdy* lorsque ; *nim* avant que ; *skoro* dès que ; *jak tylko* aussitôt que ; *aż* jusqu'à ce que ; *wtedy* alors.

8° Conjonctions de cause, *Spójniki przyczyny* : *bo, ponieważ, gdyż, bowiem, albowiem*, parce que, puisque.

9° Conjonctions d'affirmation, *Spójniki twierdzące* : *że, iż* que ; *otóż, jakoż*, or.

10° Conjonctions d'explication, *Spójniki objaśniające* : *jakoto* comme ; *to jest* c'est-à-dire ; *otóż* voici.

La conjonction *a* marque :

1° L'opposition :

Chłop strzela *a* Bóg kule nosi,	L'homme propose et Dieu dispose.

A sert aussi à lier quelques propositions qui expriment des actions qui se passent en même temps :

Ia czuwam *a* ty śpisz jak zabity,	Je veille et tu dors comme un assommé.

A s'emploie encore entre deux noms quand on veut marquer l'identité ou la ressemblance.

Ojciec *a* ojciec ; noc *a* noc.

2° Entre deux adjectifs ou deux verbes réfléchis, *a* marque une suite sans interruption :

Piszę *a* piszę.	J'écris sans cesse.
Gorzki *a* gorzki,	Toujours amer.

3° Entre la négation répétée deux fois, *a* renforce la négation :

Nigdy a nigdy,	Au grand jamais,
Nic *a* nic,	Absolument rien.

4° Entre l'adjectif *wszystek* répété deux fois (*wszystek a wszystek*), *a* veut dire sans exception.

5° Après les pronoms *ten* et *taki* répétés, *a* exprime une personne inconnue :

Ten *a* ten człowiek,	Tel et tel homme.

Les adverbes peuvent se répéter de la même manière et alors ils deviennent conjonctions ; ex : to to, już już.

Remarque. — *Już*, non répété, veut dire *déjà* ; *już już*, non séparé par d'autres mots, indique une action prompte ou le danger :

Już już miał go chwycić,	Il allait le saisir à l'instant.

Les conjonctions d'exclusion *albo, lub*, distinguent deux choses ou expliquent un mot par un autre :

Jest to robota cieśli albo stolarza,	C'est un travail de charpentier ou de menuisier.

Dans les conjonctions d'opposition, il y en a qui changent ou adoucissent la signification des autres :

Choć mały ale silny,	Quoique petit, mais vigoureux.
Chociaż ubogi ale poczciwy.	Quoique pauvre, mais honnête.

La conjonction *zaś* ne commence jamais la phrase ; elle veut dire souvent : *quant à* ou *au contraire* :

Jestem leniwy, on zaś bardzo pilny,	Je suis paresseux, quant à lui il est très studieux.

DES INTERJECTIONS (O WYKRZYKNIKACH)

L'interjection sert à rendre la pensée et les sentiments d'une manière violente ; elle comprend deux variétés :

1° Les interjections exprimant la joie *radość*, la frayeur [illegible] *strach* lub *trwogę*, la surprise *zdziwienie*, la [illegible] *rozpacz*, l'affirmation *zapewnienie*, la doute *wątpliwość*, la menace *groźbę*, l'appel *wołanie* ; ex. : *niestety* ! hélas ! *ha, ha* ! ou *hi, hi* ! *oh* ! *ah* ! *biada* ! *nieszczęście* ! malheur ! *przebóg* ! *dla Boga* ! *dalibóg* ! ou *jak mi Bóg miły* ! par Dieu (en invoquant le témoignage de Dieu) ; *jakiem człowiek uczciwy* ! sur ma foi ! *Hej* ! *hej* ! *no* ! (en appelant) ; *Ruszaj* ! avance ! *Pójdź tu* ! viens ici ! *Sza* ! imposant silence ; *dalej* ! poursuivez ! avancez ! *baczność* ! attention ! *patrzaj go* ! *widzisz go* ? en voilà un ! *z drogi* ! gare !

2° D'autres interjections se composent de sons inarticulés ou imitant la nature (onomatopées). Ex. :

Bęc ! patatras, pour indiquer la chute ; *hop* ! un saut ou un coup ; *brrum* ! une sensation de froid ; *paf* ! une détonation ; *trzask* ! un claquement ; *brzęk* ! le bruit d'un verre cassé ou la chute d'une monnaie ; *chlap* ! chute dans l'eau ; *pst* ! imposant silence ; *miau* ! imitant le miaulement des chats ; *hau* ! imitant le jappement des chiens.

Certains verbes proviennent d'interjections : *bęcnąć* faire une chute, *chlapnąć* donner un coup sur l'eau, *psykać* rappeler au silence, *miauczyć* miauler, *beczyć* beugler, *gęgać* imiter le cri des oies.

Ces interjections n'ont point de régime ; elles n'ont aucune influence sur la construction des phrases.

Après les interjections *biada, niestety* — hélas ! malheur! on emploie souvent le datif, qui ne dépend pas des interjections, mais d'un verbe impersonnel sous-entendu; ex.:

Biada nam ! — malheur à nous !

FIN

SUPPLÉMENTS

(DODATKI)

SUPPLÉMENTS DODATKI

DES TITRES (O TYTUŁACH)

D'après la grammaire, on se sert du vocatif pour désigner les personnes à qui on parle ; ex. : Boże, królu, panie, ojcze, jenerale, sędzio, chłopcze, etc.

Mais, outre cette manière de parler, il y a dans chaque langue des expressions pour marquer soit le respect envers une personne, soit la dignité, et elles constituent des titres. En les employant, nous nous conformons aux usages ; par conséquent, ces titres ne résultent pas de la nature de la langue, mais sont l'expression des mœurs d'une nation, de son état social.

Comme les relations réciproques des hommes et les coutumes changent avec le temps, ainsi changent aussi les titres.

Dans les temps anciens on employait la deuxième personne du pluriel à côté d'un nom au singulier ; ex. : Ojcze ! zkąd idziecie, ce qui se fait encore chez le peuple polonais quand il parle aux supérieurs.

L'expression *Pan* sert pour désigner la supériorité et l'expression *miłość*, qu'on a abrégée ensuite en *mość*, ajoutée au titre, désigne un emploi élevé ; ex. : Wasza miłość Pan wojewoda, Wasza miłość Pan hetman.

Avec le temps, les titres se multiplièrent et se modifièrent d'après les idées qui gouvernaient la société.

Voici la suite des titres en commençant par l'échelon le plus élevé jusqu'à l'expression *ty* :

Au roi : Najjaśniejszy król, Pan nasz miłościwy.

A un prince : Jaśnie oświecony książe.

A un haut fonctionnaire : Jaśnie wielmożny Pan.

A un noble : Wielmożny Pan.

A un homme sans titre : Pan.

Pour rehausser ce dernier terme on ajoutait souvent : *Dobrodziej.*

L'expresion *ty* est employée dans la prière à Dieu ou dans une expression familière, en donnant un ordre à un inférieur ou dans un emportement de colère.

Aujourd'hui on remplace souvent les titres anciens par les expressions : *Laskawy Panie* ou *Szanowny Panie.*

Le mot *Pan*, comme les autres titres, s'emploie avec la troisième personne ; ex. :

Czy pan chce ?	Voulez-vous, Monsieur ?
Czy książe widział ?	Est-ce que M. le Prince a vu ?
Czy jenerał chciał ?	Est-ce que M. le général voulait ?

Les expressions, *Pani*, *Panna* ne désignent pas absolument une personne mariée ou une demoiselle. On a l'habitude de dire aux demoiselles, *Pani*, dans la conversation, et *Panna*, s'emploie souvent quand il précède le nom de famille ; ex. :

Pani Stamirowska ; Panna Stamirowska.

On n'emploie pas le mot *Pan* devant le titre ; ainsi on ne dit pas : *Pan* ksiądz, *Pan* pleban, *Pan* biskup ; en adressant la parole à ces personnes on dit : *księże plebanie, księże biskupie.*

Le titre des religieux est : *ojciec*, père, et à ceux qui n'ont pas reçu les ordres on dit : *brat* frère.

OBSERVATIONS GÉNÉRALES SUR LA LANGUE

(UWAGI OGÓLNE O JĘZYKU).

La langue polonaise, telle qu'on la parle, est un dialecte de l'ancienne langue slave. L'ancienne langue slave n'existe plus, mais à sa place se sont formées des langues modernes : la langue polonaise, la plus riche et la plus cultivée, la langue bohême qui a subi l'influence de la langue allemande, la langue serbe divisée en plusieurs dialectes et la langue russe moderne qui a subi aussi l'influence des voisins et des conquérants.

La langue polonaise, telle qu'elle existe, a été formée avant les langues française, italienne, espagnole, portugaise, anglaise, allemande, suédoise, danoise et hollandaise, qui sont plus modernes. Le dictionnaire de la langue polonaise renferme environ 100.000 mots.

SIGNES ORTHOGRAPHIQUES

, virgule, *przecinek* ;

. point, *kropka* ;

; point et virgule, *średnik* ;

: deux points, *dwukropek* ;

— signe d'interruption, *znak zawieszenia* ;

! point d'exclamation, *wykrzynik* ;

? point d'interrogation, *znak zapytania* ;

..... plusieurs points, *domyślnik* ;

() parenthèse, *nawias* ;

(*) astérisque, *odsyłacz* ;

- trait d'union, *łącznik*, pour conduire d'une ligne à une autre lorsque le mot n'est pas terminé.

POLONISMES ET GALLICISMES

Chaque langue a ses expressions à part et ses locutions qu'on ne peut traduire mot-à-mot sous peine d'être inintelligible, ou de mal exprimer sa pensée.

Cette particularité de la langue française s'appelle gallicisme, tandis que la même particularité de la langue polonaise s'appelle polonisme.

Ainsi on ne peut pas dire :	Mais on doit dire :
Moje okna dają na ogród.	Okna moje wychodzą na ogród.
Masz dobrą minę.	Dobrze wyglądasz.
Czy nie weźmiesz czego.	Czy nie zjesz czego *où* Czy nie przyjmiesz czego.
Cały świat wie o tem.	Wszyscy wiedzą o tem.
Zrób mi tę grzeczność.	Uczyń mi tę grzeczność.

POLONISMES

Płacić z góry.	Payer d'avance.
Jak się masz.	Comment te portes-tu.
Pół do pierwszej.	Midi et demie.
Gryziesz się.	Tu as du chagrin.

GALLICISMES

Couler à fond ;	Zatopić.
Je suis à vous à l'instant ;	Zaraz wrócę ;
Etre dans les transes ;	Być w strachu.
Les murs travaillent ;	Ściana pęka.
Il ne m'est rien ;	On mnie nie obchodzi.
Je me sens mal ;	Słabo mi.
Je suis à mon aise ;	Jest mi wygodnie.
Vaille que vaille ;	Bądź co bądź.
Une mémoire ingrate ;	Krótka pamięć.
Faire des confidences à quelqu'un ;	Zwierzać się komuś.
Sauf le respect que je vous dois ;	Za pozwoleniem Pana.
Il gèle à pierre fendre ;	Tęgi mróz.
Je l'ai sur le bout de la langue;	Kręci mi się na języku *ou* mam go na końcu języka.
Le cheval a pris le mors aux dents ;	Koń się uniósł.
Avoir des vertiges ;	Mieć zawroty głowy.
A plus forte raison à la longue ;	Tembardziej z czasem.
Je ne demande pas mieux ;	I owszem.
Prendre les devants ;	Uprzedzić.
Etre aux prises avec quelqu'un ;	Bić się z kim.
Se donner une entorse ;	Wywichnąć sobie nogę.
De longue main ;	Od dawna.
Donner le bras à quelqu'un ;	Podać rękę komu.
Avoir la vue basse ;	Mieć krótki wzrok.

Peu m'importe ;	Niedbam o to.
De qui tenez-vous cela ?	Kto ci to powiedział ?
Plaît-il ?	Co Pan mówi ?
Au revoir ;	Do zobaczenia.
Cela va sans dire ;	Ma się rozumieć.
Il se mit à rire ;	Zaczął się śmiać.
Passer la nuit à la belle étoile ;	Przepędzić noc wa dworze.
Mettre à la voile ;	Odpłynać.
Chercher la pierre philosophale ;	Gonić za wiatrem po polu.
A vos souhaits ;	Na zdrowie (pańskie).
Passez, monsieur ;	Proszę iść naprzód.
Faire de l'esprit ;	Dowcipkować.
Au pis aller ;	W najgorszym razie
Donner un coup de brosse ;	Wychędożyć.
Venir à bout ;	Dokazać czegoś.
Faire quartier ;	Darować życie.
Tomber d'accord ;	Zgodzić się.
Jeter l'ancre ;	Zarzucić kotwicę.
Touchez là ;	Przyrzecz.
Soyez sur le qui-vive ;	Strzeż się.
Vous y êtes ;	Trafiłeś.
Il vous en veut ;	Wścieka się na was.
Ecorcher la langue ;	Kaleczyć język (polszczyznę).

Remarque. — Les polonismes, comme les gallicismes, se rencontrent dans certaines phrases ou locutions populaires, qu'on appelle soit proverbes, *przysłowia*, soit dictons *przypowiastki*, qui expriment le mieux les idées et les pensées d'une nation.

PROVERBES

Il faut savoir hurler avec les loups ;	Kiedy wleziesz między wrony, krakaj jak i ony.
Il faut ménager la chèvre et le chou ;	Trzeba żeby był wilk syty i owca cała.
Promettre monts et merveilles ;	Obiecywać złote góry.
Qui ne dit mot, consent ;	Kto milczy, to się zgadza.
Prendre les jambes à son cou ;	Wziąć nogi za pas.

Il me va comme une paille dans l'œil ;	Stoi mi kością w gardle.
Quand on sert, on est esclave;	Służba wolność traci.
Il a jeté son bonnet par-dessus le moulin ;	Rozpuścił się jak cygański bicz.
Il a été à Rome sans avoir vu le pape ;	Był w Rzymie, a Papieża nie widział.
Ne chante pas victoire avant d'avoir réussi ;	Nie mów hop aż nie przeszkoczysz.
Il a changé son cheval borgne contre un aveugle ;	Zamienił stryjek za siekierkę kijek.
Près de l'église et loin de Dieu ;	Modli się pód figurą, a ma djabła za skórą.
C'est un panier percé.	To dziurawy worek.
Chacun a sa dose d'esprit ;	Każdy dudek, ma swój czubek.
Un vaurien prend à témoin son semblable ;	Masz cyganie świadki? Mam : żonę i dziatki.
Quand on ferre un cheval, la grenouille présente sa patte	Gdy konia kują, żaba nogę nadstawia.
Il ne faut pas vous mêler de ce qui ne vous regarde pas ;	Nie wścibiaj nosa, gdzieś nie dał grosza .
Il est toqué ;	Jest postrzelony.
Pile ou face ;	Starosta albo kapucyn
Sot comme un pot ;	Ciemny jak tabaka w rogu..
Bête comme une cruche ;	Głupi jak stołowe nogi.
Un âne n'entend rien à la musique ;	Zna się jak świnia na pieprzu.
Coiffer sainte Catherine ;	Usiąść na koszu.
Qui paie ses dettes s'enrichit ;	Kto długi płaci, ten się bogaci.
Chat échaudé craint l'eau froide ;	Kto się na gorącem sparzy, to na zimno dmucha.
Les petits ruisseaux font les grandes rivières ;	Ziarnko do ziarnka, a będzie miarka.
Qui va à la chasse perd sa place ;	Kto późno przychodzi, sam sobie szkodzi.
Qui court après deux lièvres, n'en attrape aucun ;	Kto na dwóch stołkach siada, na ziemię upada.
Robe de velours, et ventre de son ;	Na szyję cztery chustki, a wkieszeni same pustki.
Pierre qui roule n'amasse pas mousse ;	I kamień na miejscu porasta.
Le gibet ne perd pas ses droits ;	Kto ma wisieć, nie utonie.
Qui se ressemble s'assemble ;	Kto z kim przestaje, takim się staje.
Il a mangé de la vache enragée;	Był na wozie i pod wozem.

Tel maître, tel valet ;	Jaki pan, taki kram.
Telle roue, tel moulin ;	Jakie koło taki młyn.
Tel père, tel fils ;	Jaki ojciec taki syn.
L'appétit vient en mangeant ;	Nie wierz gębie, a połóż na zębie.
Au renard endormi rien ne tombe dans la gueule ;	Pieczone gołąbki (same) nie wlecą do gąbki.
Ce qui est différé n'est pas perdu ;	Co się przewlekło, to nie uciekło.
La moutarde après dîner ;	Łyżka po rosole *ou* Musztarda po obiedzie.
Charbonnier est maître chez lui ;	Szlachcic na zagrodzie, równy wojewodzie.
Pauvre comme Job ;	Goły jak święty turecki.
Faux comme un jeton ;	Chytry jak Judasz.
Aller de fil en aiguille ;	Trafić za nitką kłębka.
Il est volé par tout le monde ;	Ma się jak groch przy drodze.
Beaucoup de caquets, peu d'effets ;	Z wielkiej chmury mały deszcz.
Un cautère sur une jambe de bois ;	Pomoże mu jak umarłemu kadzidło.
Chacun a sa marotte qui le ronge ;	Każdy ma swego móla, co go gryzie.
D'une buse on ne peut faire un épervier ;	Nawet w Paryżu, nie zrobią z owsa ryżu.
Rien n'est plus cher que le bon marché ;	Tanie mięso, psy jedzą : *ou* za tanie pieniądze psy mięso jedzą.
Ne dis jamais : fontaine je ne boirai pas de ton eau ;	Nie pluj w wodę, bo się jej napijesz.
Qui se sent morveux se mouche ;	Uderz w stół, nożyce się odezwą.
Il est bon comme du pain ;	Dobry, choć do rany go przyłożyć.
Il n'y a point de meilleure santé que l'appétit ;	Kto się wypości, ten je i kości.
Vous mangez vos mots ;	Twój język jest jak w pantoflu.
Mettre du beurre dans ses épinards ;	To woda na jego młyn.
Qui veut noyer son chien, dit qu'il est enragé ;	Kto chce psa uderzyć ten kij znajdzie.
Nulle rose n'est sans épine ;	Bez pracy nie ma kołaczy.
Qui plaisir fait, plaisir attend ;	Ręka rękę myje.
Il souffle le froid et le chaud ;	I strzyże i goli.
Il n'est bon ni à cuire, ni à rôtir ;	Ani ryba ani mięso *ou* ani ryba ani rak.

Il viendra encore cuire à mon four ;	Przyjdzie koza do woza.
Il n'y a pire eau que celle qui dort ;	Cicha woda brzegi rwie.
Pendant que la corde est au puits, il faut tirer de l'eau.	Kuj żelazo póki gorące, *ou* Drzyj łyko póki się daje.

PARIS — IMPRIM. LEVÉ, RUE DE RENNES, 71.